幼儿园劳动教育丛书

刘颖 虞永平 / 主编

江苏省"十四五"时期重点出版物出版专项规划项目

江苏省教育科学"十四五"规划课题"可持续发展视域下重构幼儿园'全收获'课程的实践研究"（批准号：B/2021/04/02）成果

亲近自然 快乐劳动

幼儿园种植劳动教育实践

U0860785

杨帆 李芬 王颖 著

江苏凤凰教育出版社
Phoenix Education Publishing, Ltd

> 感谢您使用本书。您在使用时如有建议或发现质量问题，请联系我们。
> 【内容质量】电话：4008283622
> 【印装质量】电话：4008283610

图书在版编目（CIP）数据

亲近自然 快乐劳动：幼儿园种植劳动教育实践 / 杨帆, 李芬, 王颖著. -- 南京：江苏凤凰教育出版社, 2024.12. --（幼儿园劳动教育丛书 / 刘颖, 虞永平主编）. -- ISBN 978-7-5743-1687-4

Ⅰ. G613.3

中国国家版本馆 CIP 数据核字第 2025LH9014 号

幼儿园劳动教育丛书

书　　名	亲近自然 快乐劳动——幼儿园种植劳动教育实践
作　　者	杨帆 李芬 王颖
出版策划	刘 煜
责任编辑	严小英
出版发行	江苏凤凰教育出版社（南京市湖南路 1 号 A 楼　邮编210009）
苏教网址	http：//www.1088.com.cn
照　　排	江苏凤凰制版有限公司
印　　刷	江苏扬中印刷有限公司（电话：0511-88420818）
厂　　址	江苏省扬中市大全路 6 号
开　　本	787 毫米 × 1092 毫米　1/16
印　　张	16.75
版　　次	2024 年 12 月第 1 版
印　　次	2024 年 12 月第 1 次印刷
书　　号	ISBN 978-7-5743-1687-4
定　　价	68.00 元
网店地址	http：//jsfhjycbs.tmall.com
公 众 号	苏教服务（微信号：jsfhjyfw）
邮购电话	025-85406265, 025-85400774
盗版举报	025-83658579

苏教版图书若有印装错误可向出版社调换

序

　　劳动对人类而言，有着特殊且重要的价值。劳动能够创造财富、创造世界。劳动对个体的发展更有着不可替代的价值。劳动能够让人发现自我、改造自我、确证自我，因此我们说，劳动"使人真正成其为'人'，根本超越了动物界"[①]。劳动是人全面发展的重要途径，劳动教育是全面发展教育体系的重要组成部分。在2018年的全国教育大会上，习近平总书记特别强调了劳动教育的重要性，强调要在学生中弘扬劳动精神，教育引导学生崇尚劳动、尊重劳动，懂得劳动最光荣、劳动最崇高、劳动最伟大、劳动最美丽。2020年3月，中共中央、国务院印发了《关于全面加强新时代大中小学劳动教育的意见》，强调了劳动教育是中国特色社会主义教育制度的重要内容，并要将劳动教育纳入人才培养的全过程。

　　遗憾的是，在过去的一段时间内，有关劳动教育的政策话语和研究热点主要出现在大、中、小学阶段，对幼儿园劳动教育的研究处于相对滞后的状态。然而，我们不能就此忽视劳动以及劳动教育对幼儿发展和学前教育质量提升的意义。

　　劳动活动是幼儿综合的学习。劳动需要动手。年龄较大的儿童，以对间接经验的学习为主，学习的场所能够发生在课堂中，学习的方式能够以讲解为主。而幼儿是在直接感知、实际操作、亲身体验的过程中学习的。让幼儿获得经验，就是让幼儿去做事。幼儿的劳动，就符合这里所说的做事的特点。劳动对幼儿学习的意义直接体现在为幼儿提供了更多做事的机会。

　　劳动能够促进儿童全面的发展。尽管劳动强调身体的参与，劳动教育强调劳动态度、劳动习惯和劳动情感的涵养，但其价值绝不仅仅局限在身体发展和价值

[①] 赵敦华，孙熙国. 中西哲学的当代研究与马克思主义哲学创新[M]. 北京：人民出版社，2011：298.

观的培养上。劳动的过程，是多个领域的经验有机结合的过程，也指向多个领域经验发展的过程。杜威在中国访问演讲时，就曾对南京高等师范学校附属幼稚园养蚕一事深有感触，并以此阐释劳动对学前儿童多领域发展的综合作用。

劳动教育是落实《3—6岁儿童学习与发展指南》（以下有时简称"《发展指南》"）精神、提升学前教育质量的重要抓手。劳动教育重在亲身参与和实践，强调幼儿动手能力的发展。开展劳动教育，为幼儿提供了丰富的直接感知、实际操作和亲身体验的学习机会，有利于改变学习方式小学化的倾向。劳动教育关注对儿童劳动素养的培养，促进儿童体、智、德、美和创造力的全面发展，有利于改变当前教育中"扬心抑身"的倾向，能更好地落实《发展指南》的精神。

尽管劳动教育未曾远离过我国幼儿园教育实践一线，我们在幼儿园中也总能看到这样那样热火朝天的劳动场景，但有关幼儿园劳动教育的理论与实践还充满着挑战和难题。例如，如何在我们的课程中定位劳动教育？如何处理劳动教育中劳动品质涵养和其他方面发展的关系？怎样合理地处理劳力和劳心的关系？如何为新时代的幼儿园劳动教育注入时代发展的特点？如何提供满足当代幼儿需要的劳动教育？如何不断丰富幼儿劳动教育的内容和形式？如何建构幼儿园劳动教育的资源和环境？如何在劳动活动中有效地回应幼儿，并为幼儿提供充分的机会和挑战？如何协同家庭、社区的力量共同参与到幼儿园劳动教育的实践当中？

基于对幼儿劳动以及幼儿园劳动教育价值的考量，我们和全国有志于从事劳动教育研究的十多所幼儿园一道，从2019年开始，开展了系统的幼儿园劳动教育研究。参与研究的幼儿园来自我国各个地区，有着不同的园情和研究基础。但共同的，是他们研究劳动教育的决心、热情和努力。每一所参与劳动教育实践研究的幼儿园，既整体性地对幼儿园劳动教育进行了探究，又从园所自身的基础条件、幼儿发展的现实需求出发，选择了种植劳动、饲养劳动、工艺劳动、工程劳动、生活自理劳动、社群服务劳动、家庭劳动中的一类，进行了深入的实践与研究，以获得更扎实的幼儿园劳动教育研究经验和研究成果。

在这数年时间中，参与幼儿园劳动教育研究的各所幼儿园迎难而上，在实践中重新审视了幼儿园劳动教育的价值，凝练了劳动教育的理念，总结了组织劳动教育活动的策略，梳理了与《发展指南》对接、符合幼儿身心发展规律的劳动教育目标，建构了与幼儿生活密切相关的劳动教育内容体系，探索了多种形式的劳动教育组织形式,并尝试开展幼儿劳动教育的评价工作。在与实验园所园长、老师们共同研究的过程中,我们见证了完整儿童的发展,见证了老师们教育观念的更新、教育方法的改善、教育能力的提升,见证了《发展指南》精神的逐渐落地。

江苏凤凰教育出版社策划并出版的这套"幼儿园劳动教育"丛书,是对幼儿园劳动教育理论和实践研究的总结与展示,是对幼儿园劳动教育理念、立场、观点、策略、方式、机制的挖掘和整理。作为国内第一套系统呈现幼儿园劳动教育研究成果的书籍,本套丛书在内容、形式、体例上都还有诸多不尽如人意之处,我们也将在后续的研究中不断完善。此时推出这套丛书,我们希望能够给更多的学前教育同行以启发,让更多的幼儿园深刻地认识到幼儿园劳动教育的价值和实现价值的可能性,让更多的幼儿园参与到幼儿园劳动教育研究的队伍中来,让幼儿园劳动教育研究的成果造福更多的儿童。

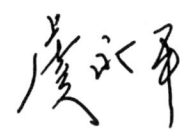

目录

导言：幼儿园种植劳动的发展变化

一、种植劳动的发展历程 　　001
二、种植劳动教育的改革创新 　　006

第一章　幼儿园种植劳动教育的理性认识与课程目标

第一节　幼儿园种植劳动的概念、价值及特点　　011

一、幼儿园种植劳动的概念 　　011
二、幼儿园种植劳动的价值 　　012
三、幼儿园种植劳动的特点 　　014

第二节　幼儿园种植劳动的理论依据　　016

一、自然教育理论 　　016
二、"活教育"理论 　　017
三、生活教育理论 　　019
四、可持续发展观 　　020
五、新时代劳动教育指导思想 　　022

第三节　幼儿园种植劳动的基本理念　　024

一、幼儿园课程理念 　　024
二、幼儿园种植劳动理念 　　026

第四节　幼儿园种植劳动的课程目标　　029

一、幼儿园种植劳动课程目标的制订依据 　　029

二、幼儿园种植劳动课程目标的特点　　030
　　三、幼儿园种植劳动课程的总目标　　031
　　四、幼儿园种植劳动课程的年段发展目标　　033
　　五、幼儿园种植劳动活动的目标　　036

第二章　幼儿园种植劳动教育的环境与规划

第一节　种植空间和种植品种规划　　041
　　一、种植空间规划　　041
　　二、种植品种规划　　047

第二节　种植劳动工具的提供和运用　　058
　　一、种植劳动工具的必要性和特殊性　　058
　　二、幼儿园种植劳动工具的特点　　059
　　三、幼儿园种植劳动中的工具与用品　　060

第三节　种植劳动教育信息化建设　　071
　　一、信息技术与幼儿园种植劳动相融合的时代背景　　071
　　二、创建信息化空间对幼儿园种植劳动教育的意义　　072
　　三、信息技术在幼儿园种植劳动教育中的运用原则　　073
　　四、信息化教育环境的创设　　074
　　五、信息技术支持下的种植劳动创新实践　　078

第四节　种子与根博物空间　　081
　　一、种子博物空间的创设与利用　　082
　　二、根博物空间的创设与利用　　098
　　三、创设幼儿园博物空间的基本方法　　114

第三章　幼儿园种植劳动教育的实施路径及多元融通

第一节　幼儿园种植劳动教育的实施路径　　123
　　一、班本劳动日活动　　123
　　二、场馆日活动　　145

三、项目活动　　158

　　四、家园共育活动　　192

第二节　种植劳动与其他劳动之间的多元融通　　201

　　一、种植劳动与其他劳动的相同之处　　202

　　二、支持幼儿参与多样化的劳动　　203

　　三、种植劳动与工程劳动的关系　　204

　　四、种植劳动与饲养劳动的关系　　209

　　五、种植劳动与班级自然角活动的有效融合　　213

第四章　幼儿园种植劳动的课程管理、审议及观察研究

第一节　幼儿园种植劳动课程管理制度　　223

　　一、活动设置与安排　　223

　　二、师资配备与培训　　225

　　三、资源保障与管理　　227

　　四、家、校、社协同　　228

第二节　幼儿园种植劳动课程审议　　233

　　一、种植劳动课程审议的内涵　　233

　　二、种植劳动课程审议的过程　　233

　　三、种植劳动课程审议的类型及例举　　234

第三节　幼儿园种植劳动中教师的观察研究　　245

　　一、种植劳动教育中，教师观察什么　　245

　　二、种植劳动教育中观察幼儿的具体做法　　247

　　三、种植劳动教育中幼儿行为表现观察记录表例举　　248

后　记

导言：
幼儿园种植劳动的发展变化

南京市香山路幼儿园创办于 2010 年，占地面积 1 万平方米，建筑面积 7856 平方米。在虞永平专家工作室的引领下，现阶段我们的园本课程已经转型为注重可持续发展的"全收获"课程，意在培养热爱生活、热爱自然、热爱探究、热爱交往与表达的儿童，力求促进幼儿全面、和谐、可持续发展。

种植劳动是我园园本课程中的重要内容，经过持续、深入的园本研究和实践探索，种植劳动场域已成为我园课程理念践行的重要实践场。我们以户外小农场优势资源为契机，以"全收获"课程理念为引领，以种植劳动为突破口，开展全园幼儿劳动教育。

一、种植劳动的发展历程

我园的种植劳动经历了三个发展阶段：

（一）第一阶段：小农场种植活动（2010 年—2015 年）

1. "小蜜蜂农场"的诞生

"十二五"期间，我园依托江苏省教育教学规划重点资助课题"基于方案教学的儿童主题场馆建构的实践研究"，充分利用我园优势地理资源，以儿童经验建构和情感体验为中心，建立了四个儿童主题场馆：生活馆、农艺馆、造型艺术馆、建筑活动馆。其中，农艺馆被孩子们亲切地称呼为"小蜜蜂农场"，是建园初在两栋行政楼的中间场地规划并设计开发的、占地 600 平米小菜地，具有浓郁的田园风情，由开心牧场、爱心小池塘、菜园子组成。开心牧场饲养着小香猪、小兔子、小鸡、小鸭等陆地动物；爱心小池塘里养着金鱼、鲤鱼、乌龟、泥鳅、河蚌、螺蛳等水生动物；菜园子则根据季节和幼儿的兴趣特点，高低错落种植着蔬菜瓜果等农作物，有食用叶类的、食用根茎类的，有成株生长的、援架爬藤的……这里为我园生活在城市里的幼儿和老师打造了一块清新自然的小天地。

2. 种植活动中"全收获"理念的由来

小农场的种植活动得到了家长、幼儿和教育人士的一致认可和好评，在菜园伯伯的管理和协助下，幼儿的种植活动开展得非常顺利，并且，南京师范大学虞永平教授在日常指导我园种植活动实践时，首次提出了种植活动中的"全收获"理念："小农场里的收获，不仅仅是果实的收获，更应当关注植物根、茎、叶、花、果实等各个部位的收获，关注植物生长的整个生命历程。种植活动不仅仅是科学活动，更是一种综合性的实践活动。"

小农场里"全收获"来的宝贵资源，可以延伸、整合到其他儿童主题场馆，在场馆相应的区域里继续对材料的功能进行深度挖掘，让儿童体验大自然给予我们的美的享受和趣味。同时，"全收获"的宝贵资源又能够与幼儿园的一日活动课程相互融合、相互渗透。种植园地活动中的"全收获"是一种课程理念，也是一种实践，它超越了种植，超越了传统种植价值观。这里的"全"我们理解为多层次、多方面、多主体，具体可以归纳为全流程、全要素、全主体三个方面。"全流程"是指关注生命成长和材料充分利用的全过程；"全要素"是指在关注完整植物的同时，了解根、茎、叶、花、果及生长条件、习性、天敌、功用、劳作方式等多方面的知识；"全主体"是指在关注幼儿获得经验的同时，关注教师、家长等其他相关人员的经验获得。

3. "全收获"理念指导下的种植园地实践与探索

此阶段，我园开启了以农艺馆为突破口、以种植园地资源为生发地的研究，成立了小农场专项研究课题组，开展班级日常种植观察活动，随即又成立了小农场种植观察活动教研组。在"全收获"理念的指引下，教师、儿童和家长共同参与农艺馆的建设和活动，进行农艺馆空间环境的改造，充分开发和合理利用种植园地的课程资源，形成了"小农场种养殖品种价值分析量表""各年龄段种植观察内容和幼儿发展目标体系"，开展了20多个小农场"全收获"实践活动。《小小农艺师——幼儿园农艺活动》一书被收入"幼儿园课程资源丛书"，得以正式出版。"全收获"理念指导下的种植园地活动给幼儿带来了多样化、多方面的经验，促进了教师、家长等成人的专业发展。

（二）第二阶段：户外游戏场（2015年—2020年）

1. "全收获"课程理念的逐步深化

种植园地里的"全收获"为我园"全收获"课程的建构提供了机遇和发展可能，成为我园"全收获"课程建构的起点和基础。种植活动中的"全收获"是一种课程实践，逐渐深化为我园园本课程的核心思想。我们逐步明晰幼儿园课程建设的基础、原则与内涵，不断优化"全收获"课程理念，努力寻找强有力且有针对性的理论支撑，不断深化我们自己对于课程实践与儿童发展的理解。"十三五"期间，我园正式开启了"全收获"园本课程的探究之路,引申和拓展了种植活动"全收获"理念,努力探寻、深入挖掘我园"全收获"课程的内涵和特点:我们的"全收获"课程强调收获的丰富与多样,旨在实现多元主体的共同成长,同时,它是一种过程与结果并重的行动。总之,"全收获"课程的目标是促进儿童在探索、经历、体验的过程中学习、进步和发展。当然,"收获"是逐步积累来的,不是一蹴而就的。

2. 户外游戏场的分类形成

我们还形成了以"主题场馆中儿童'自主收获'的实践探索"理念(江苏省基础教育前瞻性教学改革实验项目成果)为指导的教科研网络,初步建构了以小农场为突破口的儿童主题场馆特色课程体系:打破了儿童主题场馆的空间限制,将儿童主题场馆延伸拓展至室外更加广阔的天地,逐渐形成了室内场馆(包含生活馆、综合馆、阅读馆)和户外游戏场(包含户外种植、户外建构、户外创造性游戏区)两大部分。儿童主题场馆课程的建构与发展推动了幼儿园园本课程的整体变革。在种植活动成为幼儿户外游戏场一个重要部分的同时,我们也依托南京市建邺区"智慧校园"项目的创建以及省级信息化相关课题的研究,为小农场打造了信息化学习环境,为幼儿增添了适宜的信息化设备,开发了一系列信息化资源,以更好地支持师幼在活动中自主建构经验。

3. "全收获"课程体系的初步架构

在全收获理念的指引下,我们不断梳理与探究适宜的课程实施路径,对"全收获"课程架构进行顶层设计。我们始终坚持以下理念:课程的中心是儿童;课程的理念是让儿童亲近自然、感受生活、探索世界;幼儿园、家庭、社区等联合构成多元教育主体;在《发展指南》指引下,从五大领域、九个维度出发,以三维图的形式呈现课程目标,期待在教育合力的作用下,促进儿童全面发展。当然,该课程架构形式还有待进一步完善。

随着农艺馆资源向其他主题场馆的融合与渗透,我们受到启发,在前瞻理念的引领下,形成了课题专项研究网络,改变了原来分类型的主题场馆设计与儿童活动相分离的状况,以儿童的自主学习、自主发展为目标,立足整体性、系统性思维,从整体环境、区域设置、资源开发、活动内容与方式、教师指导评价等方面入手,对现有的儿童主题场馆进行全面、整体的架构,将主题场馆的空间延伸至户外,增设了户外创造性游戏区域,打破了场域限制,丰富了活动内容。

我们逐渐明确:"全收获"理念指引下的课程还要进一步厘清场馆优势资源与幼儿其他活动之间的关系,促进相互之间的融合;需要充分挖掘一切资源并系统利用各种资源;需要充分利用一切时机、有序利用各种机会;需要聚焦儿童经验的生成和经验之间的联系;需要注重成人的体验和感悟,解决儿童的"自然缺失症"和经验碎片化问题。

（三）第三阶段：种植劳动（2020年至今）

2020年元月爆发的新型冠状病毒疫情，让"宅"在家的教育人深深思考肩头的责任和教育的方向。加强生态文明建设是党和国家的重大战略决策，生态文明教育是指向可持续发展的教育，是遵循自然发展基本规律的教育，因此，在可持续发展进程中，儿童决不能缺席。长长的假期里，虞永平教授向我们推荐了一系列有关自然教育、生态教育的专业书籍，指导我们充实专业理论。这些书籍，提出了"可持续发展"的概念，指出了未来世界的发展方向，让我们眼前豁然开朗。自此，我们翻开了"致力于可持续发展的早期教育"的篇章，申报的课题"可持续发展视域下重构'全收获'课程的实践研究"作为江苏省教育科学规划重点课题获得立项，我们竖起了"全收获"课程新的发展里程碑。

1. 致力于可持续发展的早期教育

（1）"可持续发展"内涵

世界环境与发展委员会提出了"可持续发展"这个概念，即"既能满足当代人的需要，又不以损害后代人的需要为前瞻的发展模式"。联合国教科文组织将"可持续发展"定义为"均衡考虑社会、环境、文化和经济四个方面以提高未来生活质量的思维框架"。

党的十五大将"可持续发展"确定为我国社会经济发展的基本战略，希望"蓝天常在，青山常在，绿水常在，让孩子们都生活在良好的生态环境之中"，主张应坚持人与自然和谐共生，共谋全球生态文明建设。

党的十八大、十九大坚持节约资源和保护环境的基本国策，并指出人与自然是生命共同体，人类发展活动必须尊重自然、顺应自然、保护自然……由此可见，"可持续发展的早期教育"是符合国策目标和方向的教育。

（2）可持续发展的早期教育

"可持续发展的早期教育"可以被定义为：发生在早期教育情境内，围绕可持续性方面的问题、主题和经验开展的具有改革性、赋权性和参与性的教育。强调儿童早期可持续发展的教育，并不是要用那些极度关注环境或可持续发展方面的学习和项目来减少或取代具有早期教育特点的、更为普遍的游戏与学习经验和体验。

早期教育和可持续发展的教育之间的联系包括"在环境中的教育""关于环境的教育""为了环境的教育"三个方面（朱莉·M.戴维斯）。一般而言，早期教育机构十分擅长让幼儿在环境中游戏和学习，关于环境的学习活动也开展得相当好，通常在自然科学方面具备良好的基础。但是，"在环境中的教育"和"关于环境的教育"并不足以为可持续发展奠定基础，因为它们缺乏对人与环境关系的探索。我们应该认真思考"为了环境的教育"和早期教育背景下的可持续发展教育在实践中有怎样的联系。

2. 可持续发展观与"全收获"理念相结合给我们的启示

当下，站在课程建设的高度，我们发现幼儿园不能只考虑儿童主题场馆，不能仅停留在"全收获"上，那是不够的。我们需要把"可持续发展"和"全收获"两个理念结合起来，在可持续发展理念的指导下走向"全收获"课程。两种理念的结合，给我们三点重要的启示：在自然中学习、更多地给儿童赋权、从关系中生发课程。

（1）在自然中学习

美国作家理查德·洛夫在其《林间最后的小孩》一书中提出"自然缺失症"一词，这种"病症"并非一种医学上的疾病，而是一种描述现代人类，尤其是城市中的儿童和成人，因长时间缺乏与大自然的直接接触而引发的一系列行为和心理问题的现象。这些问题包括但不限于对自然界的认知下降、情感上的疏离感、注意力难以集中、肥胖症的增加等。

俄罗斯《幼儿园教育与教学大纲》及《幼儿园教育与教学大纲方法指南》都强调儿童与自然的相互作用，强调应引导儿童在观察和照顾自然界事物过程中劳动和学习。

中共中央和国务院发布的《关于学前教育深化改革规范发展的若干意见》指出，幼儿园要坚持以游戏为基本活动，鼓励支持幼儿通过亲近自然、直接感知、实际操作、亲身体验等方式学习和探索。

作为幼儿教育工作者，我们具有独特的使命——确保在儿童与自然建立联系、建立信任关系的过程中，让大自然发挥其原始推动力，帮助儿童构建出与可持续发展的未来相一致的新的世界观。自然为游戏提供了开放性材料，幼儿可以研究、操控，并在想象的场景中象征性地使用这些材料（如小班幼儿寻找秋天的踪迹）；自然元素带来的挑战更能激发儿童的探究欲望（如幼儿摘枇杷、用桂花做美食）；建筑、劳动等工作也是儿童游戏的一部分（如幼儿在户外进行建构游戏和种植劳动）；大自然千变万化，在天然的游戏场地里，总会有新的东西等着孩子们去发现（如在梅雨季节儿童收集雨水）；一个天然的游戏场地（如大操场、山坡、山洞、沙池、中庭草坪、"水八仙"景观设计等）可以满足儿童的原始需求，提升他们的自主感或掌控感，且有利于儿童建立场所感。教师还要引导儿童将直接经验和信息技术结合起来，这将更加有利于促进儿童与自然之间的联系（如幼儿观看有关海洋和生物的纪录片，通过现代化信息技术手段了解人类对生命的探寻历程，了解农场中的现代化灌溉技术……）。亲近自然是从观念到行为的根本转变，是从环境到课程的系统拓展。

在我们的理解中，亲近自然不只是身体靠近自然，更是心智、行为与自然的融合。我们要让儿童在自然中充分地感受和思考，并为美好的自然而努力。

（2）更多地给儿童赋权

这个话题一直在说，今天我们仍要强调。在"全收获"课程中，我们认为赋予儿童的权利还应该更加充分。赋予儿童积极的权利应当成为教师教育理念中极其重要的一部分，教师应当与幼儿共同生活、学习。

幼儿园课程建设的基础是尊重儿童文化，这意味着教师要重视儿童的情感体验，尊重儿童的认知背景，关注儿童的兴趣爱好，尊重儿童的理解与想法，以儿童的眼光去看待儿童的世界。只有被尊重的儿童才能自由地创造，才能发展属于自己的文化。幼儿会格外坚忍不拔地、积极地塑造他们所处的世界，发挥他们的作用。即使是非常小的孩子，也能够贡献他们的想法、力量和创造力，去应对和解决周围的问题。当然，幼儿园课程在一定程度上也应发挥成人文化对儿童文化的引导与促进作用。

走向可持续发展的"全收获"课程应当重视、鼓励、支持儿童在他们自己的环境中成为问题的发现者、解决者和行动者。

（3）从关系中生发课程

不能将"亲近自然"单纯地理解为自然学习和科学学习，而应将其理解为对自然及自然与人类之间的关系的感知和理解过程，它是一个综合性的、多领域的经验共生过程。环境教育不仅需要关注自然事物的细节，也要把握众多自然事物中所蕴含的关系和意义。我们的"全收获"课程，要引导幼儿学会关注不同事物和现象之间的联系，如动物与植物、天气与植物、天气与动物、天气和水之间的关系，等等。关系思维为我们构建幼儿园可持续发展的"全收获课程"体系提供了有价值的思路和方向。万物关系是课程生发的重要线索，从关系中能够生发课程。

3. 劳动教育视野下种植劳动的自然衍生

在广阔的小农场天地里，孩子们每天与大自然亲密接触，以各种形式愉悦地参与劳动，种植活动俨然成为我园幼儿劳动教育的重要实践场。虞永平教授指导我们：种植活动中的日常观察、科学探究、田间管理、果实收获等都是种植劳动的内容，种植劳动衍生的资源、经验和能力也不断向幼儿日常生活的方方面面渗透和升华。虞永平教授带领我们以生态思维引领课程建设，坚持"走向可持续发展的'全收获'课程"实践研究方向，努力践行可持续发展的幼儿教育。

我们的"全收获"课程理念，可凝练为"亲历与行动、发现与创造、融合与共生"，在此理念的引领下，我园对种植劳动教育开展了一系列改革创新、实践探究，并取得了丰硕成果。

二、种植劳动教育的改革创新

"全收获"课程理念引领下的幼儿园种植劳动教育，具有改革性、参与性与赋权性的特点，不仅需要发挥教师的引导作用，也应当重视、鼓励和支持幼儿在环境中成为问题的发现者、解决者和行动者，让幼儿的思维、行动和学习方式发生改变。

（一）充分赋权

1. 幼儿园给教师赋权

教师是课程的建设者和实施者，我们要让教师行使种植劳动教育的主动权，要发挥教师的主观能动性，更要提升教师的行动力和教育水平。给教师赋权，我园实行"三步走"策略。

（1）第一步：达成教育共识

幼儿园全体教师致力于可持续发展的幼儿教育，坚定开展走向可持续发展的园本课程实践，以生态思维引领幼儿园课程建设。

（2）第二步：充实相关经验

园所将自然博物知识、自然科学知识纳入教师的专业必备技能，邀请植物学教授走进园所介绍园内生物，邀请农科院专家开设讲座、传授种植经验，向种植经验丰富的菜园伯伯请教，查阅和学习幼儿园"十二五""十三五"期间开展课题研究所形成的"农艺馆活动指导手册"和相关专著成果，教师集体阅读《幼儿与环境：致力于可持续发展的早期教育》《0—8岁儿童发展适宜性教育》等专业书籍，研究俄罗斯的《幼儿园教育与教学大纲》，以充实与幼儿园种植劳动教育相关的经验。

（3）第三步：课程审议推进

为了使教师在教育行动中拥有更多的主动权，幼儿园成立课程组，成为教师的智囊团、军师团。课程组对农场里的甘蔗林种植活动进行对比审议，使其从1.0版"进化"到2.0版；丰收节活动后，课程组引领教师开展总结、反思活动，帮助教师提升教育水平；在师幼开展种植花生的劳动之后，对后续活动提出优化建议……起到了很大的教研引领作用。

赋权教师的过程，是帮助教师成长、建设教师队伍、促进儿童进步与发展的必经之路。

2. 教师给儿童赋权

儿童是课程的主体，"以儿童为中心"就是要求我们理解儿童的学习与发展规律、尊重儿童的权益、相信儿童的能力。这里的给儿童赋权，就是教师放手让儿童参与种植劳动的全过程，让儿童在劳动中逐步掌握粗浅的劳动技能，学会使用劳动工具，学会思考、变通、统筹、规划、解决问题，促进儿童思维的发展和情感的升华。

（1）变种植观察为种植劳动

种植劳动的内容不止观察，播种、浇水、除草、称重、测量、收获、晾晒、清洗、烹饪、制作等都是幼儿可以开展的种植劳动，教师要创造条件，让每个幼儿沉浸于这些劳动活动。

（2）在劳动中促进幼儿思维的发展

幼儿思维的发展、关系思维能力的提升，需要教师在日常活动中适时地加以引导，并推向深入。如，在劳动中，幼儿第一次认识"爸爸花"（雄花）"妈妈花"（雌花），讨论保护水稻的方法，除草后用杂草和水果核堆肥，每天记录气象站测得的"空气污染指数"，收获成果失败时反思间苗的必要性，等等。这些最终都指向幼儿经验的重组和改造。

（3）引导幼儿学会使用劳动工具

人类对工具的使用是人类进入文明时代的标志。幼儿用来开展种植劳动的工具要安全，并适合幼儿操作。教师要为幼儿提供适宜的劳动工具，如幼儿用的镰刀、锄头、儿童铁锹等。教师还要带领幼儿共同制作适宜的工具，如葫芦浇水器、丝瓜络清洗球等。师幼还应在劳动中亲身实践每种工具的使用方法，在活动前制定小组计划，协商选择劳动工具和劳保用品，并在与同伴协作和对工具的使用中逐步习得如何规避风险，懂得保护自己、保护他人。

（二）改革创新

1. 让种植劳动基地成为实践《发展指南》目标的主阵地

我园将种植劳动教育作为园本课程的重要内容，各年段每周均有序开展种植劳动相关课程。我们还从五大领域、学习品质、劳动素养三个维度分析种植劳动教育所涉及的幼儿关键经验，梳理小、中、大班三个年段的劳动教育内容和教育目标，对四季种植品种进行价值分析，对照《发展指南》目标梳理幼儿发展的典型表现等。

2. 让种植劳动资源成为课程资源的生发地

种植劳动资源与幼儿的生活紧密关联，从幼儿生活中来，并最终回到幼儿生活中去。我们把握这一核心要领，将种植劳动资源视为课程资源的生发地，利用种植劳动资源引发更多有效的教育活动。如，将种植劳动资源和经验延展至烹饪场所、造型艺术场所、阅读场所、木工场所；在班级自然角、区域里继续引导幼儿播种、观察和实验；鼓励幼儿在家中继续参加阳台、花园种植劳动，传播种植劳动生活理念和经验，引领家庭参加社会务农；在农民丰收节的启示下开展幼儿丰收节庆祝活动；等等。

第一章

幼儿园种植劳动教育的理性认识与课程目标

第一节
幼儿园种植劳动的概念、价值及特点

马克思提出:"劳动首先是人和自然之间的过程,是人以自身的活动为中介来引起、调整和控制人和自然之间的物质交换的过程。"陈鹤琴先生强调要及早对幼儿实施劳动教育,传授给幼儿正确的劳动观念,培养积极的劳动情感,养成良好的劳动习惯,掌握初步的劳动知识和技能。虞永平教授认为,幼儿园劳动教育是幼儿园课程不可或缺的部分,具有综合性、游戏性、生活性、思维的参与性和适宜性的特点,具体可划分为幼儿自理劳动、种植劳动、饲养劳动、工艺劳动、工程劳动以及社群服务劳动等类别。幼儿园劳动教育是教育者运用一定的教育方法,有目的、有计划地组织幼儿参与自理劳动、种植劳动、饲养劳动、工艺工程劳动、社群服务劳动,向幼儿传播基本的劳动知识和技能,以促进幼儿形成正确的劳动观念、积极的劳动态度,养成良好的劳动习惯,获得创造美好生活的劳动能力的教育活动。

幼儿园劳动教育对幼儿的成长和发展具有重要意义,教育者应充分认识其重要性,积极实施有效的劳动教育活动,为幼儿的全面发展奠定坚实的基础。

一、幼儿园种植劳动的概念

虞永平提出:种植活动是幼儿园常见的一种活动形式,是幼儿与植物、泥土、水以及各类工具相互作用的过程,也是幼儿加深对植物的生长发展过程以及植物与泥土、阳光、空气及水等要素相互关系的认识的过程。种植活动是科学活动,也是一种综合性的活动,是涉及数量、测量、空间、协作、规划、表现、责任感、任务意识及审美等多方面经验的活动。

种植劳动不仅仅指浇水、除草、收获等体力劳动,也涵盖观察、探究类脑力劳动,幼儿在种植活动中的所有劳动,都属于幼儿园种植劳动的范畴。幼儿在种植劳动中获取的经验是多元的，种植劳动是综合的学习。我们将种植劳动界定为幼儿亲身参与选种、栽培、管理、探究、收获、制作，并与植物、工具、土壤、教师及同伴相互作用的劳力与劳心的过程。幼儿园种植劳动教育以其特有的资源优势创新着幼儿劳动的内容和形式，发挥着独特的教育功能。

二、幼儿园种植劳动的价值

苏霍姆林斯基说："劳动是学校教育生活中不可缺少的重要方面，其应渗透、贯穿于整个学校教育之中。离开了劳动，就不可能有真正的教育。"劳动是幼儿的重要学习方式，也是幼儿园重要的教育手段。在生活化课程理念的引领下，劳动教育在我园课程中逐渐显露出来，我园的劳动教育内容不再仅是幼儿为自己、为他人开展生活服务劳动，也包括真实的"下田"劳作体验，即种植劳动活动。幼儿园开展种植劳动教育，符合新时代劳动教育的需要，不仅对幼儿有意义，对教师和家长也有着重要的意义。

（一）种植劳动对幼儿的价值

1. 有助于塑造幼儿的劳动情感和劳动意识

劳动是一种向外付出的行为，劳动者付出的不仅仅是体力，还有情感。在对植物进行照护的过程中，幼儿会倾注热情，感受到劳动的乐趣和成就感，理解劳动的价值和意义，进而养成不怕艰辛、吃苦耐劳的劳动品质，萌生对生命的尊重与关怀之情。在种植劳动中，需要幼儿定期关注和照顾植物，他们会意识到自己的每一个动作都关系到植物的生长，这种持续的责任感能够让幼儿学会对自己的行为负责，从而培养劳动意识和耐心。

2. 有助于发展幼儿的科学探究与社会交往能力

种植劳动要求幼儿仔细观察植物的生长变化，通过观察，幼儿能够发现植物生长的规律，当植物的生长出现问题时，幼儿会尝试通过探究来寻找原因、解决问题，这有助于激发他们的好奇心和探究欲，促使他们运用科学思维去观察和思考，培养他们的观察能力和持续性的科学探究能力。同时，在种植劳动中，幼儿经常与他人合作，如共同挖坑、种植、浇水等，需要幼儿学会沟通、协商和分工，这有助于幼儿提高社交互动和团队合作能力。

3. 有助于提升幼儿的可持续发展思维和能力

种植劳动是一种致力于可持续发展的早期课程，幼儿是有能力的学习者，在参与真实的农田劳作的全过程中，幼儿能够直观感受到植物的生长过程，了解植物与动物、微生物之间的相互关系，理解自然资源与生态平衡的重要性。面对种植劳动过程中出现的不同问题，幼儿可以积极与同伴及成人沟通交流、协商合作，围绕可持续发展问题进行思考、参与决策，努力尝试解决问题并采取积极行动，形成可持续发展的思维与能力，理解人与自然和谐共生的可持续发展的关系。

（二）种植劳动对教师的价值

1. 有助于增强教师对课程的实践与创新能力

种植劳动为教师提供了丰富的课程资源和实践活动，教师可以利用种植劳动活动，将生命教育、环保理念、科学探究等多种课程内容融入其中，让幼儿通过亲身参与和体验，观察植物的生长过程，了解植物与自然环境的关系。种植劳动中，教师可以根据种植活动的不同阶段和特点设计不同的教学情境，让幼儿运用多种感官来感知和认识植物的生长变化，同时，教师需要时刻关注种植活动中幼儿的兴趣和需求，灵活调整教学策略和方法，从而提升自己的教学实践能力和创新应变能力。

2. 有助于提高教师的文化素养与自然观念

在组织种植劳动的过程中，教师需要具备一定的植物、生物、科学、人文等不同学科的知识，这促使教师不断学习和更新自己的知识体系，提高自己的文化素养。通过种植劳动的开展，教师能够更加深入地了解自然界的运作规律，增强对自然环境的敬畏之心。这种自然观念的提升，有助于教师在日常教学中更加注重环保教育，引导孩子们从小树立起爱护环境、珍惜资源的意识。

3. 有助于提升教师的责任意识与身心健康

种植劳动需要长时间的投入和持续地关注。从播种到收获，教师需要耐心等待植物的生长，同时还需要对植物进行精心地照料和管理。这种过程培养了教师的耐心和责任感，使他们在面对幼儿的教育工作时，能够更加细心、耐心地关注每一个孩子的成长和发展。同时，种植劳动中可以沐浴户外阳光，呼吸新鲜空气，这种与自然的亲密接触不仅是幼儿成长所必需，对成人的身心健康亦是十分有益，能缓解教师的工作压力，提升教师的情绪状态，增加工作的愉悦感。

（三）种植劳动对家长的价值

1. 有助于转变家长种植观念，拓宽家庭教育视野

通过种植劳动的开展，家长能够看到种植给幼儿带来的成长与改变，这让他们对种植活动的看法开始转变，更加理解种植活动对幼儿的价值，不断更新自身的育儿理念，提高育儿能力，种植活动也促使他们更加重视自然对孩子的重要意义，让他们愿意向孩子学习，愿意与孩子一同走进自然、走向田野，营造亲近自然、热爱劳动的家庭生活方式。

2. 有助于提升家园活动参与度，提高家园共育质量

通过种植劳动的开展，家长能够入园观摩、参与种植、与幼儿共同调查、在班级中分享种植动态等。在"分享、体验、互动"中，他们可以真实地参与课程设

计、材料支持、课程评价与反思的全过程。同时，家长能够更加理解幼儿园"全收获"课程的理念，他们可以从自身角度出发来评价班级与幼儿园种植课程的开展效果，并提出自己的意见，从而更好地促进种植活动的开展，使家园共育登上新的台阶。

3. 有助于推动亲子种植开展，提升亲子融洽关系

在开展种植劳动后，幼儿将种植劳动的经验与兴趣延伸到家庭，和家长在家中或户外开展亲子种植劳动，既对幼儿园活动进行补充，又帮助家庭增长知识，完善家长的种植理念。家长与幼儿在共同种植的过程中，关系更加亲密，幼儿能够通过与家长的共同劳作，感恩家长的辛苦付出，感受到家长对自己的关爱，家长也能见证幼儿的成长，是相辅相成的过程。不只是种植，家长参与到幼儿成长的每一个环节，都对幼儿的成长与发展起着非常重要的作用。

三、幼儿园种植劳动的特点

幼儿对生命的关爱出自他们的内在本能，对自然物的劳动是符合幼儿需要和兴趣、贴近幼儿生活的综合活动。幼儿在种植劳动中获取的经验是多元的，是指向幼儿全面发展、终身发展的。对自然的劳动为幼儿提供了亲近自然、感受生命、体验人与自然关系的独特机会。

（一）亲近自然，主动建构对于自然的理解

人，是自然的一部分，而钢筋水泥的城市，正逐步削弱人与自然环境的亲密关系。将大自然纳入幼儿的成长环境，是促进幼儿身心健康、幸福成长的关键因素。"幼儿在大自然中获得的深刻而真实的经历，是其全面健康成长和发展的基础，在大自然中游戏对幼儿的学习至关重要。"[①]

种植劳动场就是一片自然生态的游戏场，蕴含了丰富的、不断变化的、有温度的教育活动资源。种植劳动能够让儿童走到户外、走进田地，通过多种感官与自然环境、农作物积极互动，浸润于自然环境，在种植劳动过程中充分学习和感悟，关注自然的特点、规律和联系，从整体上形成对自然的认知、情感和态度，形成正确对待自然的方式，主动建构对于自然的理解，培养幼儿亲近自然、热爱生命的情感。

（二）快乐劳动，使劳动成为天性和习惯

苏联著名教育家苏霍姆林斯基说："儿童高尚的心灵是在劳动中逐渐培养起来

---

① ［澳］朱莉·M.戴维斯.幼儿与环境：致力于可持续发展的早期教育［M］.南京师范大学出版社，2020：35.

的，最关键的是幼儿从小就要参加劳动，使劳动成为人的天性和习惯。"习近平总书记强调"用劳动教育来筑牢孩子们立德树人的基石"。

种植中的选种、栽培、管理、收获、制作等环节都为幼儿提供了劳动的机会。幼儿在种植劳动中获取的经验是多元的，是指向幼儿全面发展、终身发展的，种植劳动是综合的学习。幼儿能够在种植劳动中学会使用工具，认识各种植物，了解植物各部分的特性与形状，理解植物成长的条件和生长变化的规律，能够学习和运用数量关系、空间关系解决问题，尝试做计划，进行猜测与验证，能进行记录、表征与分享交流，同时，种植活动也能够引发幼儿之间的分工和合作的行为等。

种植劳动的综合性、生活性、参与性和游戏性，使幼儿在劳动中自然地带有自由、自主、愉悦、创造的精神，从而达到饶有兴致、专注投入、快乐舒适的状态。

我园以种植劳动为起点和突破口，充分利用自然场域和自然资源的优势，引领幼儿在户外小农场里开展种植劳动的综合学习，为幼儿创设在自然中劳动的教育环境（物质环境、信息环境、心理环境），对幼儿劳动教育课程进行整体设计与实施，从五大领域、学习品质、劳动素养三个维度进行幼儿学习与发展的评估，并提炼总结幼儿劳动教育课程实施的规律，尝试将幼儿在种植劳动中的全收获延展至幼儿自我服务劳动、服务社群劳动、工艺劳动、工程劳动、家务劳动等劳动范畴，优化原有的幼儿劳动教育课程结构，完善五个类别的劳动教育内容，最终形成具有在地性、适宜性、有效性、系统性、开放性的幼儿劳动教育目标、内容、实施路径、评价要点。

第二节
幼儿园种植劳动的理论依据

一、自然教育理论

（一）理论依据

1. 顺应儿童的自然天性

卢梭认为自然教育的核心就是顺应儿童的自然天性，他指出教育应当顺应自然，充分释放儿童的天性，摆脱人为或外部因素的影响。他认为："出自造物主之手的东西，都是好的，而一到了人的手里，就全变坏了。[①]"因此，卢梭指出对儿童实施的教育就要顺应儿童的自然天性，尽量避免外部环境对儿童发展造成不好的影响，应使儿童的身心得到自然发展，即对儿童实施自然的教育。

2. 遵循儿童的发展规律

卢梭认为儿童在成长的过程中都有其自身的一些心理特征及发展规律。教育只有充分考虑到儿童的这些特征和自然规律，并适应儿童的天性，才能保证教育的质量和效率。他将自然教育的进程与方法划分成了四个阶段，并认为在其中第二阶段（即儿童期的教育阶段，主要涵盖 2 岁到 12 岁的儿童），随着儿童的持续成长，其独立意识和各项认知开始初具雏形，但对外部世界的了解仍旧依赖于自身对事物的感官判断。

3. 重视感官教育

卢梭认为这一时期的主要教育内容是体育教育和感官教育，而不是知识教育。

[①] 卢梭.爱弥儿：上卷[M].李平沤,译.北京：商务印书馆,2017：6.

他表示，儿童周围的事物就是一本书，身体也是儿童感官的一部分。卢梭痛恨对儿童身体的约束，反对压抑儿童爱自由的天性，主张要让儿童走入大自然，让儿童自己去体验和比较各种事物，从经验中学习，而不是通过书本学习。卢梭认为，在儿童期，事物首先经过我们的感官而被感知，只有以感性为基础，才能构建理性，因此，应该首先进行感官训练；各种感官的效能不同，要对儿童的触觉、视觉、听觉、嗅觉、味觉等感官进行相关训练，尤其是要加强触觉和视觉的训练，使一种感官获得的印象去核实另一个感官获得的印象，以便精准地反映事物。

（二）给我们的启示

1. 增加幼儿在自然中游戏的机会

基于自然教育的理念，我们要尽量增加幼儿在大自然中游戏的机会，利用大自然中的事物开展各种形式的游戏活动，让幼儿在游戏的过程中获得对事物的科学认知，满足幼儿认识大自然、探索大自然的好奇心。种植就是幼儿接触大自然的理想形式，种植不是成人的需要，而是儿童的需要，因为关注生命是幼儿的天性。

2. 让种植劳动成为可操作的实践活动

"自然教育理念所关注的内容之一就是顺应幼儿的天性"[①]，在自然教育理念的引导下，幼儿园种植劳动能够成为可操作的、具体的实践活动。以自然教育理念为基础的幼儿园户外种植活动，应更加注重在幼儿与自然环境之间构建良性互动，从而激发幼儿的探索需求和学习兴趣。

3. 让幼儿全感官参与种植劳动

幼儿园阶段的教育任务是培养幼儿的感官教育，因此我们在开展种植劳动的过程中，要带领幼儿关注植物从播种到收获到枯萎的全过程，关注植物的根、茎、叶、花、果实等全部分，进行观察、绘画、劳作、采摘等多种形式的活动，锻炼儿童的触觉、视觉、听觉、嗅觉、味觉等感官，让幼儿在实际操作中训练和开发自己的各种感官。

二、"活教育"理论

（一）理论依据

1. 大自然、大社会是活教材

陈鹤琴先生提到："'活教育'的课程是把大自然、大社会做出发点，让学生直接向大自然、大社会去学习。"明确指出"大自然、大社会，是我们的活教

---

① 虞永平. 用"全收获"的理念开展幼儿园种植活动［J］. 幼儿教育，2017（z4）：4-6.

材"①。教育应打破传统的以书本为中心的封闭式教学，让学生直接接触大自然和社会，获取直接的知识和经验。

2. 做中教，做中学，做中求进步

陈鹤琴先生指出，"'活教育'的教学方法也有一个基本原则。什么原则呢？就是'做中教，做中学，做中求进步。'"②他强调教学中应注重幼儿直接经验的掌握，凡是幼儿能够做到的、可以做到的，就放手让其去做，从而在直接操作和亲身实践中获得相关经验。陈鹤琴先生主张："我们要以自动代替被动，以启发代替灌注，以积极代替消极，以活知识代替读死书，以爱德代替权威。"③作为鲜活且富有思想的生命体，幼儿的学习必然是主动、多变且富有创造性的。

3. 儿童好模仿、好游戏、喜欢野外生活

陈鹤琴先生提出儿童具有七大特点：好游戏的、好模仿的、好奇的、喜欢野外生活的、喜欢成功的、喜欢合群的、喜欢别人赞许他的。同时，根据陶行知先生的"小先生制"，陈鹤琴先生提出"儿童教儿童"的教学原则，即让儿童来教育儿童、让儿童来指导儿童。因为，相较于成人而言，儿童了解儿童的程度比成人所能了解的更为深刻，儿童鼓励儿童的效果比成人所能获得的更为巨大。

（二）给我们的启示

1. 在真实的自然环境中开展课程

"活教育"思想鼓励幼儿和"大自然"玩游戏，和"大社会"进行互动，鼓励幼儿自己去探索，去发现，去感受。种植劳动与幼儿的日常生活相契合，可以让幼儿的学习空间从教室走向更大、更宽广的自然环境，让幼儿充分走进大自然，接触大社会。教育者在活动中要尊重幼儿的主体地位，以儿童的兴趣和经验为起点，根据各年龄段幼儿的兴趣、实际水平和年龄特点，鼓励幼儿动手动脑，激发幼儿求知的欲望，引导幼儿在快乐中学习。

2. 让幼儿充分劳心劳力

活教育目的论的核心是"做"，凡是能让幼儿做的，便让他做。幼儿认识、改造外部世界最直接的方式是动手操作与实践，劳动给予了幼儿绝佳的"做"的机会，让幼儿可以充分地劳心劳力。劳动教育的首要目的是帮助幼儿树立正确的劳动观念，在劳动中使幼儿习得劳动知识、技能，培养幼儿良好的劳动习惯与品质。

---

① 陈鹤琴.陈鹤琴教育思想读本——活教育［M］.南京：南京师范大学出版社，2012：8.
② 陈鹤琴.活教育理论与实践［M］.上海：华华书店，1949：52.
③ 陈鹤琴.陈鹤琴教育文集（下卷）［M］.北京：北京教育出版社，1985.

3. 满足幼儿天性

开展种植劳动活动，可以充分满足幼儿爱探索、好模仿、喜好野外的天性。种植劳动的教育内容要与幼儿的生活紧密相连，要给予幼儿真实的动手操作和实践探索机会，引导幼儿以劳动实践的形式了解自然知识，获得直接生活经验，习得社会常识，同时，引导幼儿充分发挥主观能动性，积极合作，儿童教儿童，实现劳动技能与经验的不断提升。

三、生活教育理论

（一）理论依据

1. 生活即教育、社会即学校、教学做合一

陶行知先生指出，教育的内容要根据幼儿的现实生活来选择，发掘生活资源在幼儿园教育中的价值，并将其转化为重要的课程资源。他把社会看作教育的重要组成部分，提倡把整个社会作为一个"大学校"来开展教育活动，让幼儿在社会实践中学习，拓宽教育的空间。

同时，陶行知先生认为教育要采用"教学做合一"的方式方法，要注重让幼儿在动手操作中学习，把教师的教、幼儿的学与实践活动相互结合，并且要把"做"作为教育活动的出发点与最终目标。

2. 六大解放

陶行知先生提出了"六大解放"思想，即解放儿童的头脑、解放儿童的双手、解放儿童的眼睛、解放儿童的嘴巴、解放儿童的空间、解放儿童的时间，以期解放儿童的创造力从而激发儿童从事具有创造力的工作。

3. 劳动生活

在生活教育的定义中，陶行知先生提出了劳动教育的理念，他提出"是劳动的生活，就是劳动的教育"[①]。可见在他的生活教育话语中，劳动的生活就是劳动教育，生活教育是以生活为中心的教育。他把劳动生活分为种菜、种麦、种树、养蚕、养鸡、养鱼、养鸟、纺纱、织布、扫地10种，指出生活教育语境下"真正之做还是在劳力上劳心"，"手到心到才是真正的做"。强调劳动教育要劳力（手到）在前，在劳力的同时还要劳心，强调手到心到。

---

① 陶行知. 陶行知全集（卷2）[M]. 成都：四川教育出版社，2005：397-398.

(二)给我们的启示

1. 基于幼儿实际生活开展教育

从陶行知先生的生活教育理论出发来审视劳动教育，就是希望教育者基于幼儿的实际生活来开展幼儿教育，激发幼儿的劳动潜能，真正发挥生活和自然对幼儿的价值。遵循生活教育理论开展种植劳动，是贴近幼儿生活，符合幼儿兴趣与发展需要的。在开展活动时，我们既要从生活中寻找问题，又要在生活中寻找答案解决问题，实现真实的生活化课程。

2. 打破空间局限，解放儿童

陶行知先生的生活教育思想鼓励我们要打破空间的局限，解放儿童，带领儿童从室内走向室外，走进大自然、亲近大自然，在自然中体验四季的变化，感受动物、植物的生长和变化，感知生命的成长过程，在真实自然场景和社会生活中让儿童有更多探索的时间和空间。幼儿园要利用各种自然资源形成园内的生态系统，营造自然教育理念下系统的、生态的种植环境，让幼儿园内的自然要素与种植园的自然要素互相补充，让自然的包容性与丰富性为幼儿提供广博的学习内容。

3. 鼓励幼儿积极参与劳动

我们倡导通过设计一系列贴近自然、寓教于乐的劳动活动，如除草、浇水、施肥、除虫、搭架以及锄地等，全方位地利用自然资源，为幼儿打造一个生动有趣的实践课堂。教育者要充分发挥幼儿的主观能动性，鼓励他们从被动接受知识转变为积极参与、主动探索，让幼儿在种植劳动中既劳力又劳心，感受到身体的活跃与强健，体验到劳动的价值、团队合作的力量以及成果收获的喜悦，在劳动中实现身心的愉悦与成长。

四、可持续发展观

(一)理论依据

1. "可持续发展"的概念

世界环境与发展委员会提出了"可持续发展"的概念，即"既能满足当代人的需要，又不以损害后代人的需要为前瞻的发展模式"（WCED，1987）。联合国教科文组织（UNESCO，2014）将"可持续发展"定义为"均衡考虑社会、环境、文化和经济四个方面以提高未来生活质量的思维框架"。党的十五大将"可持续发展"确定为我国社会经济发展的基本战略。党的十八大、十九大坚持节约资源和保护环境的基本国策，指出人与自然是生命共同体，人类发展活动必须尊重自然、顺应自然、保护自然。

2. 为了环境的教育

澳大利亚提出幼儿早期可持续性教育应涵盖三个层次——"在环境中的教育""关于环境的教育""为了环境的教育",既要以自然环境为学习的媒介,鼓励幼儿认识自然系统的功能之类的内容,更要让幼儿了解更多社会和环境方面的可持续性策略,合作解决问题并采取行动。书中强调,自然是关系幼儿健康、幸福和发展的关键因素,接触大自然对幼儿健康和幸福的重要性不亚于日常饮食和睡眠,一个天然的场地可以满足儿童的原始需求,提升他们的自主感或掌控感,并有利于幼儿建立场所感①。

3. 以培养人为目标

可持续发展的幼儿教育强调幼儿园课程要以培养人为目标,既要面向当下社会需求,也要面向未来;幼儿园课程发展的方式要强调社会生态健康,不能以牺牲社会生态平衡为代价;幼儿园课程发展要依托长效的动力支持,而不能依靠一时的外在利益驱使。可持续发展幼儿教育的目标在于培养儿童可持续发展思维和提高儿童问题解决能力,强调儿童是有能力的学习者,要给儿童与教师赋权,构建崇尚尊重的人际关系。

(二)给我们的启示

1. 重视可持续观念培养,积极为幼儿赋权

我园的"全收获"课程将致力于可持续发展的早期教育实践,落实可持续发展观,践行面向未来发展的积极的教育行为。我园重视幼儿可持续发展意识、态度、行为习惯、价值观念和行动能力的培养,积极为教师与幼儿赋权,鼓励幼儿与教师积极参与改革。

种植劳动就是一种致力于可持续发展的早期课程,幼儿是能力的学习者,在种植劳动开展的进程中幼儿的意见不应被忽视。要积极为幼儿赋权,让幼儿在与成人积极协商与交流合作的过程中,能够围绕可持续发展问题进行思考,参与决策,与成人(父母、教职工、园长等)共享决策权力与责任,努力尝试解决问题并采取积极行动。

2. 关注可持续发展理念在课程中的践行

在种植劳动课程的内容选择上,要关注可持续发展理念的践行,从关系中生发课程。应重点涉及"尊重资源""尊重环境""尊重多样性与差异性"等可持续发展理念。要让幼儿参与真实的农田劳作,如搭建蔬菜园,清理池塘等。要在天然的游戏场地中,激发幼儿新的兴趣,让他们去直面挑战,体验参与的乐趣,找到新的

---

① [澳]朱莉·M.戴维斯.幼儿与环境——致力于可持续发展的早期教育[M].南京:南京师范大学出版社,2018:26.

计划方向。

3.开展跨学科学习，形成可持续发展能力

在开展种植劳动活动中，支持幼儿在自然中主动学习和探索，形成可持续发展的思维与能力，帮助幼儿理解人与自然和谐共生的可持续发展的关系。积极组织幼儿进行跨领域、跨学科学习，利用科学、数学、语言学、工程学和生态学等多个领域的知识与经验，同时涵盖经济、社会、文化等多个方面，为幼儿打造一个全面、丰富且有启发性的学习环境。

五、新时代劳动教育指导思想

（一）理论依据

1.劳动教育符合新时代教育发展的需求

2018年9月10日，习近平总书记在全国教育大会上指出，要努力构建德智体美劳全面培养的教育体系，形成更高水平的人才培养体系；要在学生中弘扬劳动精神，教育引导学生崇尚劳动、尊重劳动，懂得劳动最光荣、劳动最崇高、劳动最伟大、劳动最美丽的道理，长大后能够辛勤劳动、诚实劳动、创造性劳动。这是中国特色社会主义进入新时代以来党和国家关于劳动教育发出的最高指示，把劳动教育纳入党和国家的教育方针是新时代教育发展的必然逻辑，符合学生成长成才的规律，顺应社会发展对人才素质的内在诉求。

2.提升劳动素质，促进全面发展

实现中华民族伟大复兴对高素质劳动人才的需求是新时代劳动教育思想生成的时代诉求，劳动人才既要掌握本专业领域现代科学技术发展的前瞻性知识，又要具备把现代科学技术知识应用在实践中解决现实问题的能力，这在客观上要求把现代科学技术与生产劳动结合起来，实现体力劳动和脑力劳动的密切结合。它要求在培养中要以塑造劳动观念、传递劳动知识、传授劳动技能、端正劳动态度和培养劳动习惯等为主要内容，旨在系统提升受教育者的劳动素质，促进其全面发展。

（二）给我们的启示

1.让幼儿体验种植全过程

习近平总书记的讲话强调了劳动的光荣性、崇高性、伟大性和美丽性，这对幼儿园开展种植劳动活动具有重要的指导意义。新时代劳动教育思想强调通过实践活动来培养幼儿的劳动意识和技能主张通过让幼儿亲身参与种植过程，如播种、浇水、除草、收获等，让他们亲身体验到劳动的艰辛与乐趣，从而树立起尊重劳动、热爱劳动的正确观念，认识到劳动是创造美好生活的基石。

在种植劳动活动中，让幼儿追随从种子发芽到开花结果的全过程，感受每一个阶段的变化带来的惊喜，激发幼儿的好奇心和探索欲，促使他们主动观察、思考和学习。通过观察和记录植物的生长过程，学习生命科学的基本知识，培养观察力和科学思维。

2. 树立对自然环境的责任感

通过组织浇水、施肥、垃圾分类等环保活动，让幼儿树立珍惜资源、保护环境的意识，并逐渐形成对自然环境的责任感。这种责任感和环保意识将伴随他们一生，成为他们未来行为的重要准则，为他们的全面发展奠定坚实的基础。

幼儿园应充分把握新时代劳动教育思想，将劳动教育融入日常教学之中，通过丰富多彩的种植劳动实践活动，培养幼儿的劳动观念、身心素质、好奇心、环保意识以及家庭责任感，为他们的全面发展奠定坚实的基础。

第三节
幼儿园种植劳动的基本理念

一、幼儿园课程理念

幼儿园秉承着"生活即教育"的思想，以"让每一个孩子获得幸福成长"为目标，以生态思维引领课程建设，以"亲历与行动、发现与创造、融合与共生"为课程理念，坚定"走向可持续发展的'全收获'课程"的建构，培养热爱生活、热爱探究、热爱思考、热爱运动、热爱交往与表达、全面发展的儿童，着力打造一所高品质、现代化、创新型的幼儿园。

幼儿园的园本课程名为可持续发展视域下的"全收获"课程，课程以儿童的生活为基点，以《幼儿园教育指导纲要（试行）》（以下有时简称"《纲要》"）和《发展指南》为指导，以儿童主题场馆为课程实践的主阵地，统整幼儿园及周边自然资源、社区资源、人文资源，积极发挥幼儿园、家庭、社区、专业机构等多元主体的教育力量，让儿童在真实的情境和自然环境中游戏与学习，立足培养全面发展和可持续发展的儿童，建立可持续价值观，培养知识技能，形成健康的生活方式和良好的学习品质。

（一）"全收获"课程的内涵

我们将可持续发展教育所倡导的相关理念作为幼儿园课程反思的核心观点，作为幼儿园"全收获"课程的核心理念。我们的"全收获"被理解为"全过程、全领域、全要素、全主体"。

"全过程"强调不仅关注儿童活动的全过程，更加关注儿童全面发展和可持续发展的全过程；"全领域"强调关注幼儿在每个领域的发展，在评价和审议中反观课程内容设置的全面性和课程目标的达成度;"全要素"强调不仅关注某种事物、某个领域的经验,更要关注其所处的整体的生态环境和相互关系;"全主体"强调更加关注幼儿园、家庭、社会多主体的关系,关注经验收获下的每个儿童的发展。

1."全收获"课程强调儿童收获的丰富与多样

儿童的学习过程是逐步收获、丰富自己的过程,是一种学习发展的方式和形态。主张利用丰富的课程资源、多样化的活动组织形式,满足儿童持续的兴趣和内在的需求,强调关注全体儿童,促进儿童多元经验的获得和身心全面的发展。

2."全收获"课程意在实现多元主体的共同成长

园本课程中的"全收获"聚焦于儿童的经验生长、儿童的全面进步与发展,使儿童的教育更加生活化、经验化,推动教师的专业化成长和教育观念的转变,使园所的品质与内涵提升,使家庭、社会共同受益。

3."全收获"课程是一种过程与结果并重的行动

"全收获"课程意在转变儿童的学习方式,转变教师的教育理念,强调儿童学习、发展的主动性与自主性,实现儿童的自主收获。这种转变主要体现在以下三个方面:从结果走向过程,更加关注儿童持续性的、深入的探究活动;从被动接受到自主获得,更加关注多元化学习方式的补充,优化学习方式,优化学习效果;从显性收获转向隐性收获,在儿童知识技能获得的基础上,更加关注儿童情感体验和学习经验的获得。

(二)"全收获"课程的三大愿景

我们对"全收获"课程提出三大愿景:"亲历与行动、融合与共生、发现与创造"。

1. 亲历与行动

让儿童在自然中学习。让儿童沉浸于自然,置身真实的情境,亲身经历、操作实践、体验交往,把所学知识与真实的任务情境相结合,自主探究、自主选择、合作学习、主动学习。教师提供广泛多样的课程资源和有意义的情境,引发和支持儿童寻找主题,持续的、较为深入的探究活动,从观察探究、实践操作中发现问题、解决问题,从而获得身心全面和谐的发展。

2. 融合与共生

强化关系思维,与儿童共同生活、共同成长。课程的实施有广度,有深度,不仅要关注自然,还要关注社会、经济、文化,注重基于事物的关系生发课程,同时更加注重课程活动之间的相互关联,为儿童经验的链接、融合与生长创造条件和机会。成人在与儿童建构课程、有效互动的过程中,相互激励成长,为未来美好生活共同努力。

3. 发现与创造

回到儿童的生活，回归教育的本原。课程要从儿童生活中的问题和需要而来，通过与环境、材料、同伴、成人的有效互动，解决生活中的实际问题，最后又将收获的经验和成果运用到儿童的日常生活中去，不断发现问题、解决问题，逐步接受更高层次的挑战，在发现、改变、创造、创新中习得新经验。

二、幼儿园种植劳动理念

（一）"全收获"理念下对幼儿园种植劳动的理解

"全收获"理念指导下的种植劳动意味着种植不仅能为幼儿提供多样化的活动、多方面的经验，还能促进教师、家长等成人的专业发展。鉴于此，我们对"全收获"理念下的种植劳动的内化、理解与运用主要概括为以下几点：

1. 关注种植劳动中的全面发展

"全收获"理念下的种植劳动充分尊重幼儿主体地位，将种植权利还给幼儿。幼儿亲身参与计划、播种、管理、收获的全过程，自主选择种植作物，自主设计种植劳动方案，并按自己的兴趣、意愿和能力自主生成课程。种植劳动中，既要关注幼儿种植劳动的全过程，更要关注幼儿在种植劳动中全面发展和可持续发展的全过程，让幼儿在真实的种植劳动情境中建构经验，获得深度学习。

2. 挖掘种植劳动中的深层价值

"全收获"理念下的种植劳动不单纯收获物质性的果实，也不局限于种植知识与技能的获得，而是深入挖掘种植劳动的价值，引导幼儿在全领域整合化的活动中，在亲身体验中去操作、感知、思考，获得植物认知、种植认知、生态认知等多方面认知；发展观察能力、探究能力、合作能力、问题解决能力、种植能力、规划能力、沟通表达能力、艺术表现力等多方面能力；增进亲自然情感、劳动情感、责任感、成就感等多方面情感。种植劳动活动的开展伴随着活动的评价和审议，进而反观课程内容设置的全面和课程目标的达成。

3. 推动家、园、社区的多方联动

在种植劳动中，"全主体"理念强调各个主体之间的互动与协作。通过幼儿与教师、家长、社区成员之间的交流与合作，构建一个良好的教育生态系统。教师在种植劳动活动中不断学习植物科学知识、种植知识及教育理念，反思、提升自身对种植劳动的组织实施策略；家长为幼儿参与种植提供必要的物质支持、心理支持、技术支持，转变种植观念，收获育儿理念，增进亲子感情；社区作为幼儿园所处的社会环境，为种植劳动活动提供更为丰富、真实的学习情境和体验机会。通过种植劳动中的全主体联动，促进信息共享、经验传递和情感交流，进一步提升种植劳动的教育效果和社会价值。

4.奠定未来公民的坚实基础

"全收获"理念下的种植劳动作为一种综合性的教育活动,其深远意义远超出了简单的植物种植与养护过程。种植劳动不仅可以让幼儿亲身体验植物的成长过程,积累关于自然环境的直接经验,更重要的是,它构建了一个生动的生态环境教育平台,让幼儿在参与中深刻感知整体生态环境的复杂性,理解生物多样性的价值及生物间的相互依存关系,从而自然而然地培养起环保意识。这一过程不仅促进了幼儿观察力、动手能力等多方面的能力提升,更为他们成为未来社会中有责任感的环保公民奠定了坚实的基础。

(二)"全收获"理念下幼儿园种植劳动的愿景

在开展种植劳动时,教师积极践行可持续发展的早期教育实践,努力将"全收获"课程理念中的"亲历与行动、融合与共生、发现与创造"15个关键字词内化为自身的教育行为,影响和促进儿童的发展,与儿童共同种植、共同收获、共同成长,享受沐浴在阳光下的自然生活。

1.在真实的种植中亲历劳动

在幼儿园内,我们为幼儿提供了一片真实的种植区域,如小蜜蜂农场、小山坡或是每个班独具特色的自然角等。在这里,幼儿不再是被动地接受知识,而是成为了主动的探索者和实践者。他们通过自主讨论决定要种植的植物品种,亲手播种、浇水、除草、施肥,观察植物从种子到发芽、生长、开花、结果的全过程。在这个过程中,幼儿不仅学会了种植的基本技能,还通过观察、记录、比较等方式,深入了解了植物的生长规律和生命现象,尝试解决植物生长与自主探索中遇到的问题。

亲历劳动的过程让幼儿体验到了劳动的艰辛与乐趣,培养了他们的责任感和耐心。当看到自己亲手种植的植物茁壮成长,甚至开花结果时,幼儿会感受到无比的成就感和自豪感。这种积极的情感体验不仅激发了他们对大自然的热爱和敬畏之心,还促进了他们身心健康的全面发展。

2.在自然的怀抱中和谐共生

我们的种植劳动不是仅仅局限于植物本身,而是在全领域整合化的活动中,将种植劳动活动与其他学科课程相结合,如数学(测量、统计)、科学(植物生长原理)、艺术(绘画、手工)、语言(描述植物生长过程)等,形成跨学科的学习项目,促进知识的综合应用。种植劳动是幼儿、教师、家庭与社会的生态共育,幼儿可以通过自己的实际行动,如堆肥、收集雨水、搭架子等,为幼儿园建立一个更和谐的生态园。面向家庭与全社会的种植劳动,能让幼儿思考生态环保、食品安全等社会问题,逐步增强社会责任感。

3. 在实践的土壤中激发创造

在种植劳动中，孩子们通过与自然环境的亲密接触、与各种材料的互动、与同伴的协作等，可以有效解决生活中的实际问题，并将收获的经验和成果应用于日常生活。如，幼儿在收获玉米并脱粒后，发现剩下来许多玉米芯，他们在思考"玉米芯可以用来做什么"的过程中生发了多种游戏。在种植劳动中，幼儿持续发现问题，不断通过思考解决问题并接受更高层次挑战，在这样的过程中逐步激发创造性。

第四节
幼儿园种植劳动的课程目标

一、幼儿园种植劳动课程目标的制订依据

关于课程目标的依据或来源，泰勒提出，课程目标主要源于：对学生的研究、对当代社会生活的研究、学科专家的建议①。此后，这三个方面成为课程目标开发的基本维度，对这三个基本维度关系的不同认识集中反映了不同的教育价值观，由此产生了"儿童本位课程""社会本位课程""学科本位课程"等典型课程观。"全收获"课程的种植劳动在当今的时代背景以及儿童本位课程观的影响下，其目标的制订主要有以下几方面依据：

（一）以国家教育法律法规为导向

劳动教育是新时代党对教育的新要求，是全面发展教育体系的重要组成部分。2020年3月，中共中央、国务院印发了《关于全面加强新时代大中小学劳动教育的意见》，要求"把劳动教育纳入人才培养的全过程，贯穿大中小学各学段，贯穿家庭、学校、社会各方面，与德育、智育、体育、美育相融合"。新时代的劳动教育立足于人的整体发展，从"把握育人导向，尊重教育规律，创新机制体制，注重教育实效，实现知行合一"角度来理解新时代劳动教育的内涵和意义，发挥劳动教育的综合育人价值，成为我们制定种植劳动课程目标重点思考的内容。

（二）以学前教育政策文件为依据

《发展指南》在"科学"领域的教育建议提出，"和幼儿一起通过户外活动、

---

① ［美］拉尔夫·泰勒.课程与教学的基本原理［M］.施良方，译.北京：人民教育出版社.1994.

参观考察、种植和饲养活动，感知生物的多样性和独特性，以及生长发育、繁殖和死亡的过程"。《幼儿园入学准备教育指导要点》在"生活准备"中提出，"参与劳动有助于培养幼儿良好的劳动习惯，提高幼儿的自理能力和动手能力，增强自信心，培养初步的责任感"。这些政策文件无不强调了劳动对于幼儿发展的价值。此外，在制定种植劳动年段发展目标时，《发展指南》也是生发五大领域目标的重要参考依据。

（三）以幼儿身心发展规律为基础

教育的最终目的是促进幼儿身心全面、健康、和谐发展，因此，种植劳动课程目标的确立首先必须充分考虑幼儿的身心发展特点，遵循其发展的规律，尤其是要尊重幼儿的发展兴趣和需要。以幼儿为本的课程目标，要时刻回归幼儿。它不是外在于幼儿的，而是以幼儿为中心的；它不是静止的，而是关照幼儿的活动过程的。同时，目标要促进幼儿已有经验的发展。幼儿已有的经验水平决定着幼儿的"最近发展区"，而课程目标只有落在"最近发展区"内，才能最有效地引导幼儿的发展。此外，目标还要基于并激发幼儿的兴趣和需要。因为对于幼儿来说，兴趣是最好的老师，是其内部生命本质的展现，是维持和使幼儿活动获得成功的首要前提。种植劳动课程目标正是以幼儿为本，关注幼儿的已有经验、最近发展区和兴趣，在幼儿的认知发展规律基础之上制订的。

（四）以劳动教育科学理论为指引

在确立种植劳动课程的目标时，我们深入汲取了马克思主义劳动教育观所倡导的"劳动教育是教育与劳动的过程性统一"的核心理念，同时融合了陶行知先生强调的"生活即教育，劳动即生活"和杜威的"做中学"实用主义教育思想，以及苏霍姆林斯基关于"创造性劳动促进全面发展"的深刻见解，确保我们的课程目标紧密贴合科学的教育理论。

二、幼儿园种植劳动课程目标的特点

（一）在劳力上劳心

课程目标是教育者对幼儿在一定学习期限内的学习效果的预期，课程的价值取向影响着课程目标的设计，并在很大程度上影响着儿童的成长与发展。幼儿劳动区别于成人劳动，对幼儿来说，劳动不是目的，有劳动必须有教育。幼儿通过参与种植劳动，身体力行地进行翻土、播种、浇水、除草等实际操作，亲身体验到农业生产的辛劳，更深刻地理解了食物来之不易，形成了珍惜粮食、尊重劳动成果的良好品德。更重要的是，种植劳动为孩子们打开了一扇通往自然奥秘的大门。他们亲眼目睹了一粒不起眼的种子，在阳光雨露的滋养下，奇迹般地破土而出，逐渐长出嫩绿的芽苗，再慢慢长成苗壮的植株，最终开花结果的全过程。这一连串的生命变化，不仅让孩子们感受到了自然界的神奇与伟大，也激发了他们对生命奥秘的好奇心与探索欲。在参与种植的过程中，幼儿还能学习到丰富的自然科学知识，他们通过观察不同植物的生长习性、了解植物生长所需的条件（如光照、水分、土壤等），学习识别各种植物和昆虫，逐渐构建起对自然界复杂生态系统的初步认知。此外，孩子们还会在实践中学习到如何科学地进行种植管理，如合理施肥、防治病虫害等，这些实践经验对于培养他们的观察力、思考力、动手能力和解决问题的能力都大有裨益。陶行知说"真正之做只是在劳力上劳心，用心以制力。这样做的人要用心思去指挥力量，使能轻重得宜，以明对象变化的道理。"① 因此，幼儿种植劳动是一种"在劳力上劳心"的活动，是身体、心理、认知、情感、意志等要素全面参与、高度融合、协调统一的整体。

（二）指向全面发展

苏霍姆林斯基认为，"一个人的和谐全面发展、富有教养、精神丰富、道德纯洁——所有这一切，只有当他不仅在智育、德育、美育和体育素养上，而且在劳动素养、劳动创造素养上达到较高阶段时，才能做到。"② 可见，劳动教育对于促进人的全面发展具有重要意义。我园在长期的种植劳动教育实践中形成了对幼儿种植劳动的园本认识，我们认为幼儿在种植劳动中获取的经验是多元的，是指向幼儿全面发展、终身发展的，种植劳动是综合的学习。因此，我们的种植劳动被当作课程来设计、组织和实施，成为了可持续发展视域下"全收获"课程的重要组成部分。我园种植劳动的目标是要实现"全收获"课程的"四个全"，即"全过程、全要素、全领域、全主体"："全过程"强调不仅要关注劳动的全过程，更要关注儿童全面发展和可持续发展的全过程；"全要素"强调不仅要关注某种动植物、单个领域的经验，更要关注其所处的整体的生态环境和相互关系；"全领域"强调要关注种植劳动中幼儿在每个领域的发展，在评价和审议中反观种植劳动课程内容设置的全面性和课程目标的达成度；"全主体"强调要关注幼儿园、家庭、社会多主体的关系，更加关注经验收获下的每个儿童的发展。

三、幼儿园种植劳动课程的总目标

我们将幼儿园种植劳动课程的总目标定位于：在亲身参与的多样化种植劳动

---

① 董美英，宁本涛.陶行知劳动教育思想研究［M］.南京：河海大学出版社，2023：89.
② 蔡汀，王义高，祖晶.苏霍姆林斯基选集：第四卷［M］.北京：教育科学出版社，2001：452.

中，增进对动植物以及所处生态的认知，发展基本的种植劳动技能并延伸至其他劳动，从而热爱生活、热爱劳动、热爱生命、热爱大自然，实现劳动素养、五大领域和学习品质的全面、可持续发展。

1. 感知农场中动植物的多样性，察觉其外形特征和基本习性，以及其在不同季节中的特点，发现季节变化对动植物的影响；初步了解人们的生活与自然环境的密切关系。

2. 能通过观察、比较与分析，发现并描述农场中动植物的特征与变化，感知动植物的生长发育、繁殖和死亡的全过程。

3. 通过数数统计、比较分类、测量称重等数学方法了解动植物的基本特征，感知农场活动中数学的有用和有趣。

4. 能正确的使用农作和劳动工具，坚持完成任务并学会按类别整理工具，具有一定的劳动意识和安全自护意识。

5. 愿意用图画、符号、讲述等多种方式表现农场活动内容或做相应记录，能大胆表现表达自己的体验和情绪情感。

6. 在观察、欣赏、操作等农场活动中，能关注其色彩、形态等特征，喜欢倾听并模仿自然界各种好听、有特点的声音，感受并发现自然界的美。

除了五大领域之外，为什么我们还要关注劳动素养和学习品质呢？

苏霍姆林斯基认为，劳动素养不只是包含完善的实际技能和技巧，还包含劳动活动在一个人的精神生活中的作用和地位，以及劳动创造中的充实的智力内容、丰富的道德意义和明确的公民目的性[①]。檀传宝认为，"劳动素养是经过生活和教育活动所形成的、与劳动有关的人的素养，包括劳动的价值观、劳动的知识与能力等维度。广义的劳动素养包含劳动价值观，狭义的劳动素养则专指与劳动有关的知识、能力、习惯等"[②]。基于文献梳理及国家颁发的劳动教育政策文件研究，我们认为种植劳动素养是幼儿通过种植劳动的劳动教育内容逐步形成的与劳动相关的素养，包含劳动认知、劳动技能、劳动情感态度。除了外显的劳动知识、技能的获得，这种素养更强调对幼儿劳动精神世界的塑造，让幼儿从小热爱劳动、喜欢劳动，树立起劳动最光荣的正确价值观念等。除了直接指向的劳动素养方面的发展目标，我们还注重挖掘种植劳动中五大领域的发展价值，将《发展指南》作为抓手，根据种植劳动的内容，确定幼儿不同年龄段的发展目标。此外，在种植劳动中，幼儿的主动性、目标意识、坚持性、抗挫折能力、想象力与创造性、专注程度、好奇心、独立性等学习品质也能够得到充分的锻炼和发展。

---

① 李真.苏霍姆林斯基劳动教育思想初探［D］.山东师范大学，2006.
② 檀传宝.劳动教育的概念理解——如何认识劳动教育概念的基本内涵与基本特征［J］.中国教育学刊，2019（2）.

需要说明的是，劳动素养、五大领域以及学习品质这三大块面，不是相互割裂的，而是相互交织、相辅相成的。有时候一条发展目标可能既可以归纳在劳动素养中，也可以放在五大领域或学习品质中。我们将它们划分为不同的块面，最重要的目的是确保幼儿能够获取到全面而均衡的经验，为教师在组织种植劳动活动时提供更为广阔的视野，使他们能够深入挖掘并融入多元化的教育元素，让种植劳动成为一个生动的舞台，幼儿在体验自然之美、劳动之趣的同时，实现个人经验的"全收获"，实现个人潜能的全方位绽放。

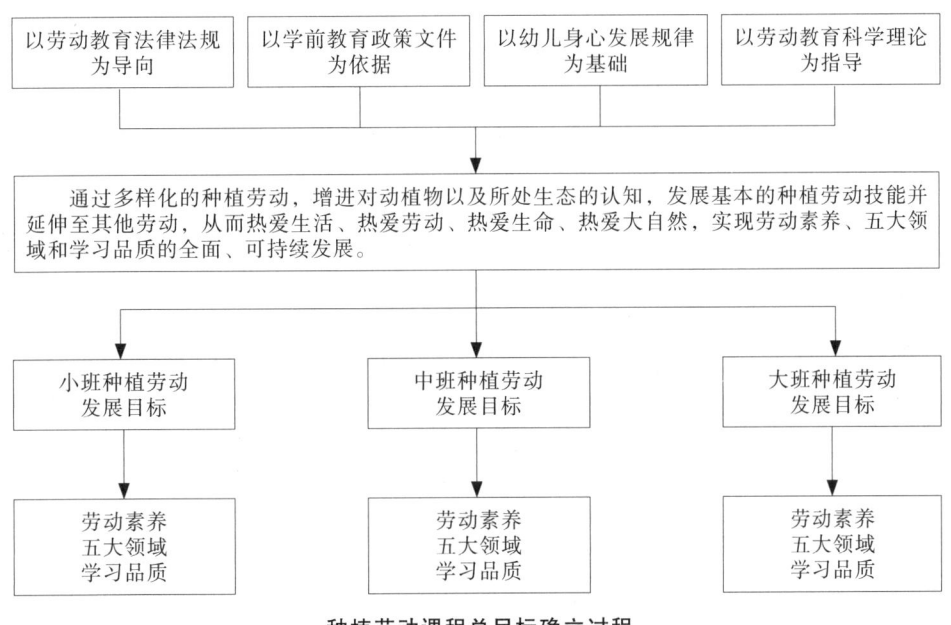

种植劳动课程总目标确立过程

四、幼儿园种植劳动课程的年段发展目标

幼儿园种植劳动课程小班幼儿发展目标

类别		小班幼儿发展目标
劳动素养	劳动认知	1. 认识身边常见的动植物，知道它们的名称。 2. 了解动植物的主要外形特征，如叶子的形状、花朵的颜色等。 3. 能注意并发现周围的动植物是多种多样的。 4. 初步了解种植过程，知道种子、土壤、水的作用。
	劳动技能	1. 会使用简单的劳动工具进行劳动，如小水桶、捞网等。 2. 会穿戴简单的劳保工具，如手套、草帽等。 3. 掌握挖坑、浇水等简单的劳动技能。 4. 能用多种感官或动作观察、探索种植园地中的植物，发现其明显特征。
	劳动情感	1. 喜欢参与种植劳动，对各种动植物充满兴趣。 2. 亲近自然，尊重并爱护动物、植物等所有生命。

续表

类别	小班幼儿发展目标
五大领域	1. 在种植劳动过程中能注意安全，不做危险的事（健康）。 2. 能将使用过的劳动工具和探究工具放回原处（健康）。 3. 愿意用语言表达自己的观察发现，必要时配以手势动作（语言）。 4. 在多种种植活动中能根据自己的兴趣自主地选择种植活动（社会）。 5. 在提醒下，能遵守农场种植劳动的基本规则（社会）。 6. 在种植劳动中，经常问各种问题（科学）。 7. 能感知和区分植物的多少、高矮等量方面的特点，并能用相应的词表示（科学）。 8. 能注意植物花、叶、果实等较明显的形状特征，并能用自己的语言描述。（科学） 9. 喜欢欣赏花草树木，喜欢聆听自然界美好的声音（艺术）。 10. 能用简单的线条和色彩大体画出种植园地的美景（艺术）。
学习品质	1. 对大自然充满好奇，喜欢动手动脑探索各种动植物。 2. 照料植物过程中，细心观察植物的生长变化，耐心等待植物的生长。 3. 面对种植过程中的小挫折（如植物枯萎），能在成人安抚下较快恢复情绪。

幼儿园种植劳动课程中班幼儿发展目标

类别		中班幼儿发展目标
劳动素养	劳动认知	1. 认识周围的植物，知道它们的名称、种类、结构，初步理解它们在植物生长过程中的作用，如根吸收水分和养分、叶进行光合作用等。 2. 能感知和发现周围植物的生长变化，了解植物的生长周期，包括种子发芽、幼苗生长、开花结果、枯萎死亡等阶段，知道它们生长的基本条件。 3. 初步理解植物与动物之间的相互依存关系，如植物为动物提供食物和栖息地，动物帮助植物传播种子等。
	劳动技能	1. 会正确使用简单的劳动工具进行劳动，如剪刀、铲子等。 2. 劳动前能穿戴好草帽、护袖、手套、胶鞋等劳保工具。 3. 掌握播种、除草、除虫等劳动技能，在成人指导下收获成熟的植物。 4. 能对相似植物进行比较观察，如红萝卜和青萝卜，发现其相同与不同，并用图画或其他符号进行记录。
	劳动情感	1. 热爱种植劳动，愿意较持久地参与种植活动。 2. 体会种植劳动的不易，懂得劳动需要付出努力，感受创造劳动成果的喜悦。 3. 热爱大自然和周围环境，初步形成保护环境的责任感。 4. 体会自己的行为对环境的影响，养成环保的好习惯。
五大领域		1. 劳动中，能在较热或较冷的户外环境中连续活动半小时左右（健康）。 2. 能基本完整地讲述自己在种植劳动中的观察发现，叙述比较连贯（语言）。 3. 在种植劳动过程中敢于尝试有一定难度的任务（社会）。 4. 分组劳动时愿意接受同伴的意见和建议（社会）。 5. 能根据种植观察结果提出问题，并大胆猜测答案（科学）。 6. 会使用积木、雪花片等非标准测量工具测量植物的高度（科学）。 7. 能感知和区分植物的粗细、果实的轻重等量方面的特点，并能用相应的词语描述（科学）。 8. 经常用绘画、捏泥、手工制作等多种方式表现自己在种植园地的所见所想（艺术）。

续表

类别	中班幼儿发展目标
学习品质	1. 专注于所承担的种植劳动任务，很少被外界干扰。 2. 理解植物生长是一个需要长期陪伴和耐心守护的过程，有责任心。 3. 有主动关心、保护植物的意识，愿意爱护种植环境和资源。

幼儿园种植劳动课程大班幼儿发展目标

类别		大班幼儿发展目标
劳动素养	劳动认知	1. 了解植物从种子发芽、生长、开花到结果的完整生长周期。 2. 认识植物生长所需的基本条件，如阳光、水分、土壤、空气等，并理解这些条件对植物生长的重要性。 3. 能觉察到动植物的外形特征、习性与生存环境之间的适应关系。 4. 了解人们生活与自然环境的密切关系，知道尊重和珍惜生命，保护环境。
	劳动技能	1. 会正确使用幼儿劳动工具进行劳动，如铁锹、镰刀等。 2. 会按类别整理劳动工具。 3. 参与翻地、选种、播种、照料等种植全过程，尝试不同的种植方法。 4. 参与简单的植物繁殖实验，如扦插、嫁接等。 5. 会使用工具采摘成熟的植物，并进行晾晒、加工、制作。 6. 能通过观察、比较与分析，发现并描述不同种类植物的特征或生长前后的变化，并用数字、图画、图表或其他符号记录。
	劳动情感	1. 乐于参加种植活动，对植物有强烈的好奇心和探究兴趣。 2. 热爱生命，热爱大自然，对自然环境保持敬畏和爱护之心。 3. 愿意较持久地参与种植活动，在劳动中发展责任感和成就感。
五大领域		1. 使用劳动工具时能注意安全，不给他人造成危险（健康）。 2. 能有序、连贯、清楚地讲述种植观察的发现（语言）。 3. 乐意参与讨论，分析植物生长过程中各种现象产生的原因（语言）。 4. 喜欢阅读种植相关书籍，包括具备一定专业性的工具书（语言）。 5. 遇到困难的劳动任务能与同伴分工合作、一起克服（社会）。 6. 能认真负责地完成自己所接受的劳动任务（社会）。 7. 尊重所有的劳动者，珍惜他们的劳动成果（社会）。 8. 爱护身边的自然环境，注意节约水资源、节约粮食等（社会）。 9. 在种植观察有所发现时感到兴奋和满足（科学）。 10. 会使用尺子、秤等测量工具来测量植物的大小、长度、重量等特性（科学）。 11. 乐于收集自然界美的事物或向别人介绍所发现的美的事物（艺术）。 12. 能用收获植物的各个部分进行艺术创作，表达自己的感受和想象（艺术）。
学习品质		1. 能够主动承担种植任务，对种植过程有浓厚的兴趣和探索欲望。 2. 明确自己的责任，按时给植物浇水、除草、晒太阳，照顾好自己的植物。 3. 在种植过程中遇到问题，如生长缓慢等，积极思考，寻求解决问题的方法。 4. 在种植劳动过程中认真专注，不受外界干扰，坚持完成自己的劳动任务。

五、幼儿园种植劳动活动的目标

幼儿园种植劳动课程的年段发展目标为教师挖掘种植活动的价值、定位幼儿发展目标、更好地开展种植活动提供了依据和参考。在活动准备阶段，教师以幼儿的既有经验为起点，紧密围绕其兴趣点及个性化发展需求，从种植劳动的三个关键维度——劳动素养、五大领域以及学习品质出发，精心分析与制定既适宜又富有挑战性的种植活动目标。这一过程不仅确保了种植活动能够精准对接幼儿成长需求，也促进了种植活动在促进幼儿全面发展方面发挥最大效能。

下面以小班种植劳动"你好，大蒜"简要说明种植劳动活动目标的制订过程及具体内容。

案例：小班种植活动"你好，大蒜"目标的制订与内容

自然角种什么呢？考虑到班上有一些小朋友因为不喜欢大蒜的气味而拒绝吃大蒜，且小班幼儿正处于好奇心旺盛、感官探索欲望强烈的阶段，所以我们选取了贴近生活的植物——大蒜，作为幼儿亲近自然的起点。《纲要》中提出，要"引导幼儿接触自然环境，使之感受自然界的美与奥妙"，结合季节适宜性和幼儿年龄特征，基于"在劳力上劳心""指向全面发展"的基本理念，我们明确了"通过引导幼儿亲手种植大蒜，让幼儿在实践中了解大蒜的基本知识，如大蒜的外观特征、生长周期""培养幼儿的观察力、动手能力和责任感"等目标。同时，活动也注重激发幼儿对大自然的兴趣和爱护之心，引导幼儿参与观察和照顾大蒜的成长过程，促进幼儿情感、认知、技能及社会性等多方面的和谐发展。整个目标的制定过程，是一个将宏观教育理念与幼儿具体发展特点相结合，细致规划、科学设定的过程。

小班种植活动"你好，大蒜"幼儿发展目标

类别		幼儿发展目标
劳动素养	劳动认知	1. 了解大蒜生长的基本条件，知道大蒜喜水、喜光。 2. 了解种植大蒜的方法，知道种大蒜要把蒜瓣掰开，头朝上插入泥土。
	劳动技能	1. 能使用小铲子、小耙子等进行松土。 2. 会把大蒜掰成一瓣一瓣，头朝上插入泥土，深浅适宜。
	劳动情感	1. 喜欢参与种植劳动，对大蒜充满兴趣。 2. 体验大蒜生长的过程，感受生命的奇迹，热爱自然。
五大领域		1. 知道食用大蒜有抗菌消炎的作用，喜欢吃大蒜（健康）。 2. 通过看、摸、剥、闻、尝等方式认识大蒜的外形、味道等特征（科学）。 3. 能仔细观察大蒜发芽、长高等生长过程，愿意用语言表达自己的观察发现，必要时配以手势动作（科学、语言）。 4. 选择自己喜欢的材料，如水彩、纸黏土等表现大蒜（艺术）。
学习品质		1. 照料大蒜过程中，细心观察大蒜的生长变化，耐心等待大蒜的生长。 2. 面对种植过程中的小挫折（如大蒜枯萎），能在成人安抚下较快恢复情绪。

中班种植活动"种黄豆"、大班种植活动"水稻大丰收"也是按照这样的思路，从劳动素养、五大领域和学习品质三个维度设定目标的。

中班种植活动"种黄豆"幼儿发展目标

类别		幼儿发展目标
劳动素养	劳动认知	1. 认识黄豆，了解黄豆的种植时间和种植方法。 2. 观察黄豆从播种到发芽、长叶的过程，知道黄豆生长的基本条件。
	劳动技能	1. 会正确使用小铲子挖坑进行点播，坑的大小与间距适宜。 2. 观察黄豆的出苗情况，尝试为较为拥挤的黄豆苗间苗。
	劳动情感	1. 乐于参与种黄豆活动，愿意长久地参与照顾黄豆的劳动。 2. 体会种植劳动的不易，懂得劳动需要付出努力，感受黄豆出苗的喜悦。
五大领域		1. 通过挖坑、播种、浇水等劳动内容，锻炼手部精细动作和全身协调性（健康）。 2. 能基本完整地讲述种黄豆的过程、黄豆的生长过程，叙述比较连贯（语言）。 3. 观察黄豆苗的生长情况，大胆猜测影响其生长的原因（科学）。
学习品质		1. 对黄豆生长过程感到好奇，经常问一些与黄豆生长有关的问题。 2. 理解黄豆生长是一个需要长期陪伴和耐心守护的过程，有责任心。

大班种植活动"水稻大丰收"幼儿发展目标

类别		幼儿发展目标
劳动素养	劳动认知	1. 了解水稻从种子发芽、生长、开花到成熟的生长周期，知道水稻成熟的特征。 2. 了解水稻不同的收获方式，能选择适宜儿童的工具收获水稻。
	劳动技能	1. 掌握镰刀的使用方法，能够一手抓住水稻，一手拿镰刀靠近根部割下来。 2. 在水稻经过晾晒之后，探索打稻米的不同方式。
	劳动情感	1. 愿意较持久地参与收获水稻的劳动，不怕辛苦。 2. 体验丰收的喜悦，感受劳动成果的来之不易，从而养成珍惜粮食、尊重劳动人民的态度。
五大领域		1. 使用镰刀过程中注意自身及同伴的安全（健康）。 2. 能有序、连贯、清楚地讲述收获水稻过程中的发现（语言）。 3. 收获过程中遇到困难能与同伴分工合作、一起克服（社会）。 4. 了解水稻不同部位的用途，知道水稻全身都是宝（科学）。 5. 能发挥想象，动手动脑制作稻草工艺品美化环境（艺术）。
学习品质		1. 对收获水稻有浓厚的兴趣和探索欲望，能主动通过询问成人、同伴讨论、阅读书籍等方式了解收获水稻的方法。 2. 在收获水稻过程中认真专注，不受外界干扰，坚持完成自己的劳动任务。

需要说明的是，表格中所列的目标并不是在一次教育活动中全部要完成的目标，可能需要开展好几次集体活动或小组活动才能达成所有目标，因此，可以理解为主题活动、项目活动或者系列活动的目标。

第二章
幼儿园种植劳动教育的环境与规划

第一节
种植空间和种植品种规划

《纲要》指出:"科学教育应密切联系幼儿的实际生活进行,利用身边的事物与现象作为科学探索的对象。"种植是孩子们亲近自然、探究自然的重要方式,能够为幼儿带来关于自然的直接经验和真实体验,它为幼儿展现了大自然的本色,激发和满足幼儿的好奇心。因此,在幼儿园创设种植园地是十分必要的,而种植空间的规划与创设、种植品种的规划与选择,直接决定了幼儿在这样的环境里能够生成哪些活动、产生哪些学习、习得哪些经验。种植空间与种植品种对幼儿种植活动的质量有着决定性的影响。合理规划种植空间和种植品种,可以为生成丰富多样的种植活动提供可能,促进幼儿发展。

一、种植空间规划

(一)种植空间的划分

我园位于江苏省南京市建邺区河西地区,属北亚热带湿润气候区,四季分明,雨水较为充沛,春秋短,冬夏长,年温差较大,灾害性天气较少。春季(3~5月)以风和日丽的天气为主,多东北偏东风;夏季(6~8月)气温急剧升高,成为低压区,多东南风,天气炎热,6月左右受太平洋暖湿空气与北方冷空气交汇影响,形成一年一度的梅雨季节;秋季(9~11月)受到北方冷气团影响,天气干燥凉爽;冬季(12月~次年2月)受欧亚大陆气团影响,多偏北风,天气晴朗、寒冷、干燥。境内土壤类型主要有地带性土壤和耕作土壤,地带性土壤为黄棕壤,耕作土壤主要为菜园土。气候较宜人,适合种植的作物种类广泛。

我园占地面积约为10000平方米,其中绿植面积约为4853平方米,占总面积的 48.53%。在"全收获"课程理念下，园内的一草一木都是宝贵的课程资源，都可以生发种植劳动，因此，绿植面积也是幼儿园种植空间的面积。种植空间具体可分为小农场、空中种植长廊、小山坡、中庭草坪、班级自然角、水八仙区、绿化带这几大部分。

1. 小农场

小农场是幼儿种植劳动的主阵地，是开展自然体验项目的重点区域，是种植、养殖、农具农艺博览活动的主要空间环境与材料投放场地。小农场占地600平方米，位于平行排列的教学楼与办公楼中间，三面贴近建筑物，开口朝西，与隔壁的小学操场相邻。整体形状规整，呈长方形，地形平坦，日照较充足。靠近建筑物处偏阴冷潮湿，靠近小学操场处偏温暖干燥，喜阴和喜阳的植物都有合适的种植空间。教学楼一楼的两个班级，均有门可直通小农场。事实上，我们在建园之初便将此处规划为小农场，并在课程实践中不断反思，调整其规划布局，逐渐形成了现在的小农场格局。

在做具体规划时，我们打破了该地块较为方正、规整的格局，用弧线形的砖地路径对其进行区域划分，使其格局更有童趣，显得"曲径通幽"，让幼儿更有走进去探究的欲望，激发幼儿的探究兴趣。在砖地路径的分割下，小农场有了16块大小、形状各异的田地，包含一块淹水种植田、一处溪流与池塘区域、一块饲养田、一块信息化种养殖田和12块种植田，能够满足各品类农作物和动物的种养殖需要，为小农场物种的多样性提供了硬件条件。在教育教学中，我们以此为基点，生发出丰富多元的种植劳动活动，使幼儿收获了多元经验。

2. 空中种植长廊

空中种植长廊位于连接两栋教学楼的二楼长廊处，长30米，宽2.5米，层高6米。整体路线是弯曲的，呈S形，在长廊一端无法看到另一端的出口，行走在长廊里，视线被自然地引到两侧的农作物上。长廊两侧平均分布着36个种植盆，种植盆的大小为长 80 cm、宽 35 cm、高 40 cm，在种植盆里种有小型观赏果树、多种中草药和一些带有独特气味的农作物。每个种植盆内都连接着自动浇水灌溉系统，每日会定时浇水。得益于较高的层高，此处四面通风，日照充足，农作物能接触到雨、雪，呈现出在自然户外环境中的生长样态。同时，由于种植盆对农作物的根系规模有所限制，农作物的体型和高度也会受到限制，与幼儿的视线范围相适应，更便于幼儿对其进行整体观察。

3. 小山坡

小山坡位于幼儿园的西南方，紧邻幼儿园操场，靠近教学楼，占地面积约 1000 平方米，整体呈长方形。在教学实践中，我们根据幼儿的发展需要，多次调整其区块划分和功能，最终形成了现有的综合型户外活动空间。

小山坡现分为山坡、小香溪、草地、沙池、户外大型器械、小广场这六个部分。

小山坡高约 2 米，山坡上覆盖着草坪，种有桃树、樱树、银杏树、石榴树、玉兰树等乔木，以及迎春花等灌木，物种较为丰富。

小香溪为人工溪流，自山坡顶部流向草地，其对于儿童游戏的价值大于对种植劳动的价值；草地上有灌木丛和蒲公英等，梅雨季节会长出蘑菇；草地旁有沙池，可以在此进行沙土种植劳动；户外大型器械区域和小广场也为幼儿活动提供了场所。小山坡各个部分并不是互相独立的，而是相互交织融合的，可以在此开展种植劳动、科学探究、

户外游戏、身体运动等多种形式相互结合的活动,能使幼儿获得多元整合的丰富经验。

4. 中庭草坪

中庭草坪占地约1000平方米,位于平行排列的两栋教学楼中间。与小农场一样,也是三面贴楼,开口朝西,与隔壁的小学操场相邻。整体形状规整,地形平坦,日照较充足。这里靠近教学楼处偏阴冷潮湿,中间区域和靠近小学操场处偏温暖干燥。我们在靠近教学楼处种植了20棵樱树、桂树等落叶阔叶乔木,以及若干竹子。其余区域均为草地。中庭适合开展树木类的种植劳动活动,在未来的环境改造工作中,我们将在此处加种植株较高的经济作物和粮食作物,进一步丰富种植物的多样性。

5. 班级自然角

班级自然角位于班级走廊中,形状、大小因班级走廊格局而异,通常有4~6平方米。班级自然角的创设遵从各班幼儿的真实需求,选择符合幼儿兴趣、认识特点和行为特点的资源,与其他区域活动、游戏活动相互渗透,各具特色。

班级自然角是离幼儿最近的种植空间,此处的种植劳动内容与小农场的种植劳动内容相结合,为幼儿提供了长期照料和精细观察植物的场域。

班级自然角具体分为种植区、观赏区、饲养区、试验区(中、大班)、特色区五大部分。考虑到幼儿的探索需要,我们打造开放型自然角,将自然角延伸并融入这些区域,融入班级其他室内环境中,使这里的活动真正融入幼儿的一日生活中。①

6. 水八仙区域

水八仙区域位于教学楼入口外左侧,形状为不规则的梯形,占地约30平方米,

---

① 任婕,陈贻莉.小角落 大自然[M].长春:东北师范大学出版社,2019:1-4.

西面与北面靠墙，东面与南面能接受到光照。地面铺石板路，石板旁种铜钱草；四周散放水缸若干，缸内种植茭白、莲藕、水芹、芡实（鸡头米）、茨菰（慈菇）、荸荠、莼菜、菱角等本土水生农作物，是小农场的拓展。这里被打造成幼儿可以走进来的水系种植空间，种植劳动内容与本土文化相融合，为幼儿获取多样化的种植劳动经验提供了空间。

7. 绿化带

幼儿园内共有10条绿化带，主要散布在操场四周，以及教学楼与围墙中间人行道的两侧，形状、大小各异，也是可供幼儿开展种植劳动的场所。

我们在绿化带里种植了玉兰树等阔叶乔木、蔷薇等灌木，这些植物季节特征明显，更有利于幼儿体验季节变换对植物的影响。

（二）种植空间规划的原则

1. 因地制宜原则

幼儿园的种植空间应是广泛的。种植劳动的场所不应局限于种植园地，户外自然空间和室内空间都可以成为幼儿种植的实践场。因此，幼儿园种植园地的规划应该全域化，教师应关注室内外一切可以利用的空间，尤其要精心安排室外空间。

此外，幼儿园管理者要充分考虑各年龄阶段幼儿的特点，合理安排相对稳定的种植空间和经常轮替的种植空间。

幼儿园的草坪、小山坡、绿化带为相对稳定的种植空间，种植的多为乔木和灌木类，这些树木生长周期长、寿命长，还起到美化环境、遮阴避暑、提供游戏材料、提供探究素材等作用。在这些相对稳定的种植空间里，除了可以开展种植劳动活动，还可以开展其他活动，即种植的物种既满足种植劳动的需求，还满足其他方面相对稳定的需求。相对稳定的种植空间里，植物也不是一成不变的，可以考虑在现有植物的基础上换种、套种一些植物，也可以根据幼儿的实际需求增种植物。例如，我们在小山坡上曾根据幼儿的需求种植过南瓜，在中庭草坪增种了苹果树。

小农场、空中种植长廊、班级自然角、水八仙区域为经常轮替的种植空间，里面种植的植物多为季节性较强的品种，生长周期短。经常轮换的种植空间不一定要固定化、一致化，可以结合幼儿园的不同空间做规划，既可以考虑阳光充足的地方，也可以充分利用阳光相对不足的地方。这样，幼儿就有了在园体验田园生活、回归自然的机会，就有了对各类植物的生长情况及生态环境进行观察与比较的机会，同时也能直接体验劳动和收获的快乐。

安排幼儿园的种植空间，应该充分考虑各地块、场所的面积，但面积因素不是唯一的依据，最合理的是从园所实际出发，因地制宜，充分利用地域资源。

2. 安全性原则

安全性原则是规划幼儿园种植空间时应遵守的最基本的原则。幼儿是幼儿园种植空间最主要的使用者，而幼儿的安全意识较薄弱，需要在生活中不断提升。若幼儿所处的环境内有危险因素，幼儿不能加以辨别，便容易受到伤害。因此，在规划幼儿园种植空间的过程中，园所要充分考虑安全性，为幼儿创造一个能够放心大胆探索的种植劳动环境。

例如，我园在创设小农场环境时，分割种植田的砖地路径用的是表面粗糙、具有较大摩擦力的砖块，而且排列时留有一定的间隙，雨天，幼儿踩在这样的砖块上不容易滑倒，同时，砖块间隙处是松软的草地，万一幼儿摔倒，也能够有所缓冲。我们还去除了每一块种植田周围的栅栏，因为栅栏虽然美观，但如果幼儿摔跤，撞击在尖锐的栅栏顶部，受到的伤害会远超摔在地面上，因此，我们撤除栅栏，开放边界，让幼儿可以从任意方向进入种植田。再如，在小农场和空中长廊的路径规划上，我们都采用了曲线而非直线，既美观，也可防止幼儿在场地内快速跑动，避免可能发生的危险。

此外，相较于成年人，幼儿的健康更加容易被空气中的有害物质所影响。在幼儿园内种植大量植物，不仅可以吸收空气中的二氧化碳，帮助增加空气湿度，一定程度上还可以阻挡风沙，为幼儿和教师提供清新舒适的生活环境，减少空气污染对人体的伤害。我们在操场、草坪、山坡等区域种植高大的落叶树木，夏天，这些树木可以遮蔽阳光，以免强烈的紫外线晒伤幼儿，冬天，这些树木落叶了，大家又能够享受到温暖阳光的照射。

3. 参与性原则

参与性原则强调环境和人之间要能产生直接或间接的互动，"全收获"课程则更加注重人与人、人与自然的互动，强调使幼儿在与外界的交流互动中感受到愉悦。所以，合理安排种植空间有一个主要的目的，就是为促进幼儿发展提供积极有益的环境。因此，我们在规划幼儿园劳动空间时应充分考虑幼儿的参与性，应使空间能激发幼儿主动参与种植劳动。种植空间能不能吸引幼儿？幼儿是否能直接走进种植空间？幼儿能否与该空间积极互动，从而获得有益的经验？这些都是规划空间时需要考虑的问题。例如，在小农场中我们去掉了围墙和栅栏，打造了开放的种植空间，在其他种植空间里我们也实行这种做法，让幼儿能很方便地走进种植空间并与之交互。

除地面种植空间外，我们还积极利用空中空间，打造雨水收集系统，让幼儿自由地从屋顶接取、收集雨水用以灌溉；还打造了雾气种养殖区域、水培种植区域、鱼菜共生池、自动灌溉喷淋区域等一系列信息化种植空间，吸引幼儿的兴趣，让幼儿能与这些种植区域产生大量的交互活动，从而积累新经验。

二、种植品种规划

（一）种植品种的选择

种植劳动之于幼儿的意义，不仅在于培养幼儿的劳动能力和品质，还在于使幼儿对植物的生长过程和特性有更直观的了解。在探究自然资源的过程中，幼儿关于动物与植物的关系、人与植物的关系、植物与天气条件等关系的经验也在不断丰富，幼儿的观察能力、比较能力、审美能力、数量概念、计划能力、合作能力、责任意识等都可获得发展。对种植品种的选择是实施种植劳动教育的第一步，这需要师幼共同参与，综合考虑多方面因素，确保种植品种的安全性、适宜性、丰富性和教育价值。同时，应结合本土文化，适当种植一些与幼儿生活实际紧密联系的本土品种。

幼儿园种植物的类别、名称及主要教育价值调查表

类别		名称	可能生发的活动	主要教育价值
树	常绿树	桂花（金桂、银桂、丹桂）	画桂花、做桂花蜜、做桂花奶茶	审美能力、艺术表现力、动手操作能力
		广玉兰	玉兰树叶画、观察广玉兰果实（菩葜果）	艺术表现能力、细致观察能力
		香樟	认识樟树的药用价值	科学认知
		黄金串钱柳	黄金串钱柳写生	艺术欣赏与表现
		雪松	观察雪松、了解植物文化（雪松为南京市的市树）	观察能力、科学认知
		孝顺竹	了解竹子在生活中的作用、竹子写生、做竹筷、做竹筒饭	科学认知、艺术欣赏与表现、动手操作、手眼协调能力
		侧柏	观察侧柏	观察能力
		罗汉松	观察罗汉松	观察能力

续表

类别		名称	可能生发的活动	主要教育价值
树	落叶树	樱花	赏樱花、闻樱花、画樱花、做樱花点心	科学认知、艺术表现力、动手操作能力
		鸡爪槭	制作枫叶书签、制作枫叶剪贴画、观察枫叶颜色变化	艺术表现力、动手操作能力
		朴树	观察落叶"跳舞"	艺术欣赏与表达
		合欢树	欣赏合欢花、了解合欢花的药用价值、了解合欢树对地震的预测作用	艺术欣赏、科学认知
		龙爪槐	欣赏龙爪槐下垂的茎叶	艺术欣赏
		栾树	欣赏栾树	艺术欣赏
		银杏	欣赏银杏、制作树叶书签、收集白果	艺术欣赏与表现、动手操作能力、工具使用
	灌木	海桐	树叶拼贴画	艺术欣赏与表现
		紫藤	赏紫藤、紫藤花写生、制作紫萝饼、生产色素	科学认知能力、艺术欣赏与表现力、动手操作能力
		花叶青木	观察花叶青木	观察能力
		八角金盘	欣赏八角金盘、了解八角金盘的药用价值	艺术欣赏、科学认知
		紫锦木	欣赏紫锦木	艺术欣赏
		红花檵木	欣赏红花檵木	艺术欣赏
		金边大叶黄杨	欣赏金边大叶黄杨	艺术欣赏
		女贞	观察女贞叶片颜色的不同	细致观察
	果树	枇杷	观察枇杷的生长、采摘枇杷、晒枇杷花叶制中药、制作枇杷膏	科学探究能力、动手操作能力、工具使用
		石榴	观察石榴的生长、采摘石榴、石榴写生、剥石榴	科学探究能力、工具使用、动手操作能力、艺术欣赏与表现、精细动作发展
		杨梅	观察杨梅的生长、夏日杨梅写生、采摘杨梅、品尝杨梅	科学探究能力、工具使用、艺术欣赏与表现
		李树	观察李子的生长、采摘李子、品尝李子	科学探究能力、工具使用、动手操作能力
		杏树	观察杏子的生长、采摘杏子、品尝杏子	科学探究能力、工具使用、动手操作能力
		小苹果	观察苹果的生长、采摘苹果、品尝苹果、制作苹果派	科学探究能力、工具使用、动手操作能力
		桃树	观察桃子的生长、桃花写生、采桃胶、采摘桃子、制作桃子派	科学探究能力、观察能力、工具使用、动手操作、艺术欣赏与表现
		橘树	观察橘子的生长、采摘橘子、晒橘皮、橘皮拼贴画、制作橘子灯	科学探究能力、工具使用、动手操作、设计规划、创意表现

续表

类别		名称	可能生发的活动	主要教育价值
树	果树	金橘	比较橘子和金橘的异同、金橘写生、制作金橘柠檬膏、制作金橘柠檬茶	科学探究能力、工具使用、动手操作、艺术审美与表现、对比观察
		柠檬树	观察柠檬的生长、摘柠檬、制作柠檬茶、比较橘子和柠檬的异同	科学探究能力、工具使用、动手操作、比较味觉
		桑树	饲养蚕宝宝、采摘与品尝桑葚	工具使用、动手操作
		葡萄	观察葡萄的生长、了解葡萄攀缘的本领、葡萄写生、采摘葡萄、制葡萄干	科学探究能力、艺术欣赏与表现、动手操作、工具使用
		树莓	观察树莓的生长、比较树莓和草莓的异同	科学探究能力、比较味觉
农作物	蔬菜	芋头	观察芋头的生长、收获芋头、制作糖芋苗	观察能力、工具使用、动手操作
		茨菇	观察茨菇的生长、挖茨菇	观察能力、工具使用
		荸荠	观察荸荠的生长	观察能力
		莲藕	观察莲藕、认识莲藕的外形特征、制作桂花糯米藕、剥莲子	观察能力、科学认知、手眼协调、动手操作、语言表达
		菱角	观察菱角、摘菱角、煮菱角	观察能力、工具使用、动手操作
		茭白	观察茭白的生长、收获茭白、凉拌茭白	观察能力、工具使用、动手操作
		佛手瓜	观察佛手瓜的外形	细致观察能力
		萝卜(白、红、青萝卜和胡萝卜)	照顾萝卜、对比观察几种萝卜、收获萝卜	对比观察能力、工具使用、动手操作能力、科学探究能力
		紫菜薹(红菜)	观察与照顾红菜、收获红菜	观察能力、工具使用、动手操作能力、科学探究能力
		大白菜	观察与照顾白菜、收获白菜	观察能力、工具使用、动手操作能力、科学探究能力
		菊花脑	采摘菊花脑、菊花脑写生	动手能力、工具使用、艺术审美与表现
		苦菊	观察与照顾苦菊	动手能力、观察能力、工具使用
		甘蓝	观察与照顾甘蓝、收获甘蓝	观察能力、工具使用、动手操作能力、科学探究能力
		空心菜	观察与照顾空心菜、收获空心菜	观察能力、工具使用、动手操作能力、科学探究能力
		南瓜	照顾南瓜、观察南瓜藤蔓、收获南瓜	细致观察能力、工具使用、动手操作能力
		茄子	照顾茄子、观察茄子的外形特点、收获茄子	细致观察能力、工具使用、动手操作能力
		芹菜	观察与照顾芹菜、收获芹菜	观察能力、工具使用、动手操作能力、科学探究能力

续表

类别		名称	可能生发的活动	主要教育价值
农作物	蔬菜	青菜	对比观察青菜与生菜	对比观察能力
		生菜	对比观察生菜与青菜	对比观察能力
		秋葵	观察与照顾秋葵、收获秋葵、凉拌秋葵	观察能力、动手操作、工具使用
		山药	观察与照顾山药、收获山药、蒸山药	观察能力、动手操作、工具使用
		香菜	观察与照顾香菜、收获香菜	观察能力、动手操作、工具使用
		红菜薹	观察与照顾红菜薹、收获红菜薹	观察能力、动手操作、工具使用
	经济作物	甘蔗（紫皮的、绿皮的）	观察与照顾甘蔗、收获甘蔗、测量甘蔗、点数甘蔗有多少节、甘蔗熬糖	观察能力、动手操作、工具使用、数学测量
		花生	观察与照顾花生、收获花生、榨花生油	观察能力、动手操作、工具使用
		油菜	观察与照顾油菜、油菜写生、收获油菜、榨菜籽油	科学探究能力、观察能力、动手操作、工具使用、艺术审美与表达
		棉花	观察与照顾棉花、收获棉花、剥棉籽	观察能力、动手操作、工具使用
	粮食作物	蚕豆	观察与照顾蚕豆、蚕豆花写生、收获蚕豆、点数统计豆荚中蚕豆的数量	观察能力、动手操作、工具使用、艺术欣赏与表达
		小麦	观察与照顾小麦、收获小麦、磨面粉	观察能力、动手操作、工具使用
		水稻	观察与照顾水稻、防止水稻被鸟吃、收获水稻、稻粒脱壳	观察能力、动手操作、工具使用
		山芋	观察与照顾山芋、挖山芋、制作拔丝山芋	观察能力、动手操作、工具使用
		豌豆	观察与照顾豌豆、探究一个豆荚中有几个豆子	观察能力、动手操作、工具使用、科学探究
花卉		紫荆	紫荆花写生	艺术欣赏与表现
		紫藤	紫藤花写生	艺术欣赏与表现
		紫薇	紫薇花写生、观察各种树皮的差异	艺术欣赏与表现、对比观察能力
		迎春花	迎春花写生、编花环、了解迎春花名字的内涵	艺术欣赏与表现、科学探究能力
		蒲公英	观察蒲公英、蒲公英创意画、晒蒲公英、了解蒲公英的药用价值、模拟风吹蒲公英、讲述"植物果实旅行记"	科学认知、艺术欣赏与表现
		五彩苏	欣赏五彩苏	艺术欣赏
		非洲菊	插花	艺术欣赏与表现

续表

类别	名称	可能生发的活动	主要教育价值
花卉	矾根	欣赏	艺术欣赏
	千日红	欣赏、制作干花	艺术欣赏、动手操作
	香彩雀	插花	艺术欣赏与表现
	菊花	写生	艺术欣赏与表现
	佩兰	欣赏佩兰	艺术欣赏
	鸢尾花	鸢尾花写生	艺术欣赏与表达
	黄蜡梅	观察蜡梅花的外形、了解蜡梅耐寒的习性	观察能力、科学认知
	月季	月季写生、插花、制作干花	艺术欣赏与表现、动手操作
	袖珍椰子	欣赏袖珍椰子、叶子拼贴画	艺术欣赏与表达
	凌霄	观察凌霄、凌霄花写生	观察能力、艺术欣赏
	睡莲	睡莲写生	艺术欣赏与表达
	马蔺	观察马蔺	观察能力
	风车草	观察风车草	观察能力
	酢浆草	寻找"四叶草"	数学能力、仔细观察
	铜钱草	欣赏铜钱草	艺术欣赏、语言表达
	三色堇	三色堇写生	艺术欣赏与表达
	吊竹梅	观察吊竹梅独特的茎和叶子、了解吊竹梅的药用价值	细致观察能力、科学认知
	紫茉莉	欣赏紫茉莉、观察紫茉莉的种子	观察能力、艺术欣赏
	雪叶莲	观察雪叶莲独特的叶子、插花	细致观察能力、艺术表现力
	扇叶铁线蕨	观察与欣赏	观察能力、艺术欣赏能力
	知风草	观察知风草、知风草写生	观察能力、艺术欣赏与表现
中草药	芍药	芍药写生、了解芍药根的药用价值	艺术欣赏与表现、科学认知
	落葵(木耳菜)	科学认知、观察能力	科学认知、观察能力
	枸杞	科学认知、工具使用、动手能力	科学认知、工具使用、动手能力
	苍术	科学认知	科学认知
	水芹	对比观察能力	对比观察能力
	苦参	科学认知、观察能力	科学认知、观察能力

对全园种植的花草树木及农作物品种进行系统化梳理,可以使我们更直观地了解幼儿园现有种植物的种类,分析其教育价值和对幼儿发展的价值,预设可能生发的活动,为教师设计种植劳动活动提供参照。

我们经过统计与分析,还形成了"小农场种植物教育价值分析表",它成为小农场种植劳动教育的重要参考资料。

小农场种植物教育价值分析表①

类别	年龄段	名称	种植时间	收获时间	种植						观察					探究				管理				全收获						可生成的活动
					育苗	繁苗	移栽	点播	条播	撒播	根	茎	叶	花	果	称重	测量	对比	分类	浇水	锄草	施肥	驱虫	采摘	清洗	晾晒	收种	美食	创作	
蔬菜	小、中	土豆	2月	4月底	✓							✓	✓			✓				✓	✓	✓	✓	✓	✓	✓	✓	✓	✓	
	小、中	西红柿	2月	6月	✓							✓	✓	✓	✓	✓				✓	✓	✓	✓	✓	✓			✓	✓	番茄红了
	小、中	韭菜	3月	5月		✓	✓					✓	✓			✓				✓	✓	✓	✓	✓	✓			✓	✓	
	小、中	扁豆	4月	6月	✓							✓	✓	✓	✓	✓				✓	✓	✓	✓	✓	✓			✓	✓	
	小、中	秋葵	4月	7—10月	✓							✓	✓	✓	✓	✓				✓	✓	✓	✓	✓	✓			✓	✓	
	小、中	茄子	5月	8月	✓			✓				✓	✓	✓	✓	✓		✓		✓	✓	✓	✓	✓	✓			✓	✓	
	小、中	毛豆	5月	8月				✓				✓	✓	✓	✓	✓		✓	✓	✓		✓	✓	✓	✓	✓	✓	✓	✓	豆宝宝
	小、中	豌豆	9月	次年4月	✓			✓				✓	✓	✓	✓	✓		✓	✓	✓		✓	✓	✓	✓	✓	✓	✓	✓	可爱的豌豆
	小、中	蚕豆	10月	次年4月	✓			✓				✓	✓	✓	✓	✓		✓	✓	✓		✓	✓	✓	✓	✓	✓	✓	✓	蚕豆豌豆大不同
	中、大	菊花脑	2月	5—8月	✓							✓	✓			✓		✓		✓	✓	✓	✓	✓	✓			✓	✓	
	中、大	南瓜	2月	6月	✓					✓	✓	✓	✓	✓	✓	✓		✓	✓	✓	✓	✓	✓	✓	✓	✓	✓	✓	✓	
	中、大	黄瓜	3月	5月	✓							✓	✓	✓	✓	✓		✓		✓	✓	✓	✓	✓	✓			✓	✓	黄瓜宝宝生长记
	中、大	葫芦	3月	6—9月	✓							✓	✓	✓	✓	✓		✓		✓	✓	✓	✓	✓	✓			✓	✓	葫芦兄弟
	中、大	油菜	3月	8月	✓							✓	✓	✓		✓		✓	✓	✓	✓	✓	✓	✓	✓	✓	✓	✓	✓	油菜快长
	中、大	芋头	3月	9月	✓						✓	✓	✓			✓		✓		✓	✓	✓	✓	✓	✓			✓	✓	挖芋头、小芋头仙
	中、大	空心菜	4月	5月	✓							✓	✓			✓				✓	✓	✓	✓	✓				✓	✓	鲜头、小芋头大收获

① 本表中列出的种植劳动内容为常见的或较易开展的。

续表

类别	年龄段	名称	种植时间	收获时间	种植						观察					探究				管理				全收获						可生成的活动
					育苗	繁苗	移栽	点播	条播	撒播	根	茎	叶	花	果实	称重	测量	对比	分类	浇水	锄草	施肥	驱虫	采摘	清洗	晾晒	收种	美食	创作	
蔬菜	中、大	冬瓜	4月	6月	✓		✓					✓	✓	✓	✓	✓	✓	✓		✓	✓	✓	✓	✓	✓	✓		✓		
	中、大	辣椒	4月	7月	✓		✓					✓	✓	✓	✓	✓	✓	✓		✓	✓	✓	✓	✓	✓	✓		✓	✓	
	小	豇豆	4月	8月	✓			✓				✓	✓	✓	✓	✓	✓	✓		✓	✓	✓	✓	✓	✓	✓		✓	✓	
	中、大	山芋	4月	8月	✓		✓				✓	✓	✓			✓	✓	✓		✓	✓	✓	✓	✓	✓	✓		✓	✓	
	大	花生	4月	8月	✓			✓			✓	✓	✓	✓	✓	✓	✓	✓	✓	✓	✓	✓	✓	✓	✓	✓		✓	✓	
	中、大	西瓜	5月	8月	✓		✓	✓				✓	✓	✓	✓	✓	✓	✓		✓	✓	✓	✓	✓	✓			✓	✓	种西瓜
	中、大	丝瓜	6月	7月	✓			✓				✓	✓	✓	✓	✓	✓	✓		✓	✓	✓	✓	✓	✓			✓		
	中、大	萝卜	7月	9月	✓			✓		✓	✓	✓	✓			✓	✓	✓	✓	✓	✓	✓	✓	✓	✓			✓	✓	小小萝卜
	中、大	油麦菜	8月	9月						✓		✓	✓				✓	✓	✓	✓	✓	✓	✓	✓	✓			✓		
	中、大	上海青	8月	10月	✓		✓			✓		✓	✓				✓	✓	✓	✓	✓	✓	✓	✓	✓			✓		
	中、大	菠菜	8月	10月						✓	✓	✓	✓				✓	✓	✓	✓	✓	✓	✓	✓	✓			✓	✓	菠菜生长记
	中、大	茼蒿	8月	10月						✓		✓	✓				✓	✓	✓	✓	✓	✓	✓	✓	✓			✓		
	中、大	莴苣	8月	11月	✓		✓					✓	✓				✓	✓	✓	✓	✓	✓	✓	✓	✓			✓		
	小、中、大	生菜	9月	10月	✓					✓		✓	✓				✓	✓	✓	✓	✓	✓	✓	✓	✓			✓	✓	生菜宝宝生长记
	中、大	香菜	9月	11月						✓		✓	✓				✓	✓	✓	✓	✓	✓	✓	✓	✓			✓		
	小	草莓	9月	12月—次年5月	✓							✓	✓	✓	✓		✓	✓	✓	✓	✓	✓	✓	✓	✓			✓	✓	大棚草莓
	中、大	冬油菜	9月	次年5月	✓							✓	✓	✓			✓	✓	✓	✓	✓	✓	✓	✓	✓	✓		✓		
粮食作物	小、中	芝麻	5月	8月					✓			✓	✓	✓	✓		✓	✓		✓	✓	✓	✓	✓		✓	✓	✓	✓	芝麻开花节节高

续表

类别	年龄段	名称	种植时间	收获时间	种植					观察					探究				管理				全收获						可生成的活动
					育苗	繁苗移栽	点播	条播	撒播	根	茎	叶	花	果实	称重	测量	对比	分类	浇水	锄草	施肥	驱虫	采摘	清洗	晾晒	收种	美食	创作	
粮食作物	中、大	山芋	4月	8月	✓	✓				✓	✓				✓	✓	✓	✓	✓	✓	✓	✓	✓		✓		✓	✓	
	中、大	玉米	4月	8月			✓				✓	✓	✓	✓	✓	✓	✓	✓	✓	✓	✓	✓	✓		✓	✓	✓	✓	甜甜的玉米
	中、大	水稻	4月	9月	✓	✓			✓		✓	✓	✓	✓	✓	✓	✓	✓	✓	✓	✓	✓	✓		✓	✓	✓	✓	神奇的大米、水稻奇之旅
	中、大	小麦	9月	次年4月				✓	✓		✓	✓	✓	✓	✓	✓	✓	✓	✓	✓	✓	✓	✓		✓	✓	✓	✓	和面团
其他	小、中	棉花	3月	9—10月			✓		✓		✓	✓	✓	✓	✓	✓	✓	✓	✓	✓	✓	✓	✓	✓	✓	✓	✓	✓	棉花躲猫猫
	中、大	向日葵	5月	8月			✓				✓	✓	✓	✓	✓	✓	✓	✓	✓	✓	✓	✓	✓		✓	✓	✓	✓	向日葵的微笑

（二）选择种植品种的原则

1. 安全性原则

在选择种植品种时，首要考虑的是安全问题。为确保幼儿的安全，可以在种植空间里种一些薄荷和驱蚊草等有驱虫功效的植物，降低幼儿在进行种植劳动时被蚊虫叮咬的概率；还应选择无毒、无刺、无害的植物，避免幼儿在劳动时受到伤害。在种植前，应对种植的植物进行全面了解，确认其安全性后再种植，但也不能片面地从安全性的角度直接否决，而是要结合其教育价值进行综合考虑。例如，许多多肉植物有小刺，但是形状、色泽很受幼儿喜爱，养护难度低，十分适合幼儿在班级自然角里养护；月季、蔷薇、玫瑰等蔷薇科植物虽然茎部有刺，却有很强的观赏价值，幼儿可以观察记录其生长过程，十分适合种植在篱笆和围墙旁，它们茎部的刺还能起到防卫作用；芋头含有生物碱、草酸钙及毒皂苷等成分，在未煮熟的状态下含有对人体有害的毒素，但是芋头的叶子硕大，生长变化明显，收获芋头在土里的根茎更是发展幼儿使用工具、合作交流、解决问题等各项能力的有益活动，因此芋头也是十分适合种植的品种。所以，在选择种植品种时要以安全性为前提，综合考虑物种的教育价值、幼儿发展目标等多个方面，根据实际情况多方权衡，最终作出选择。

2. 教育性原则

种植的农作物应蕴含教育价值，能够生发有意义的探究活动。例如，种植西红柿需要搭架子，这项工作能培养幼儿的工程思维；种植豆类，可以多品种对比种植，这样能够提升幼儿的对比观察能力。

王志明老师在《学前儿童科学教育》一书中阐述了种植园地的种植内容：可以选择幼儿能亲自动手种植的蔬菜、瓜果或农作物，如萝卜、青菜、茄子、西红柿、葱、蒜、向日葵、玉米等；或种植一些以成人种植为主、幼儿参加部分劳动，供幼儿认识、观察的植物。

教师要以尊重幼儿的意愿为前提，根据不同阶段幼儿的生活经验和认知特点，引导幼儿自主选择种植园地的种植对象。适合小班幼儿种植的蔬菜品种包括但不限于四季豆、毛豆、茄子、豌豆等，这些蔬菜能够结出果实，生长变化比较明显，植株不高，种植难度较低，方便幼儿观察和探究。中班幼儿具备初级的抽象思维，但是整体性思考能力不凸显，在前期，可优先选择生菜、油菜、茼蒿、南瓜、辣椒等来种，到后期，可以选择红薯、萝卜、洋葱、大蒜等。大班幼儿对蔬菜品种有所了解，有一定的动手操作能力，团队意识较强，他们可以选择需要更长种植时间的蔬菜来种，也可以不同品种的蔬菜搭配着种，如可以种植黄瓜、番茄、玉米、西兰花等，这些蔬菜有一定的种植难度，能够有效激发幼儿的探究欲和种植兴趣。总之，教师可以结合幼儿的喜好、动手能力等因素，为幼儿选择种植对象提供合理建议，但是最终决定种哪些品种的蔬菜，以幼儿的选择为主。

此外，教师还可将种植活动的内容告知家长，调查了解家长的意愿，并组织幼儿进行实地调研，通过询问家长、街坊邻居、菜市场工作人员、超市蔬菜区售货员等，统计出最受欢迎的蔬菜品种、时令蔬菜等，结合当下的季节做出适宜的选择。

3. 适宜性原则

在划分种植园地时，我们主要考虑植物生长需要。例如，向日葵根系发达，吸收养分的能力强，我们便将其种在种植园地的周边，以免它与其他植物争营养。另外，它可以遮挡阳光，还可以形成天然的"篱笆"。我们将丝瓜种在种植园地的道路两边，等到藤蔓爬上架子时，可以形成天然的绿荫棚，幼儿可以在下面乘凉。我们将对通风要求高、善爬蔓的南瓜种在种植园地的外侧，将对土壤湿度要求高的黄瓜种在水源附近。

4. 气候适应性原则

种植对象的选择还要考虑季节、气候等因素。"橘生淮南则为橘，生于淮北则为枳"，幼儿园应尊重自然规律，从当地的气候条件出发，考虑种植哪些蔬菜瓜果、粮食作物等。我园位于江苏省内，属于华中区，气候特点是：夏季时间较长，温度高，雨水多，8月平均气温25~32℃；冬季湿冷、有霜雪，1月平均气温0~12℃。因此一年中露地可种三茬主要蔬菜，耐寒的蔬菜，如豌豆、蚕豆、小白菜、乌塌菜等，可以露地越冬，番茄、黄瓜、四季豆及土豆可以种两茬，即春茬和秋茬。气候是影响农作物生长的重要因素，如果选择了不适合本地种植的物种，则达不到预期的效果，幼儿在长期的种植劳动后感受不到成功感，容易产生挫败情绪，从而丧失种植兴趣。

5. 丰富性原则

种植空间中的植物品种和生长方式还应具有丰富性和典型性等特点。例如，在小农场中，我们通过把一亩大小的地块细分为16块种植田，就能在同一空间内种植尽量多的品种，使植物种类丰富且有层次，花类、叶类、果实类、根茎类植物错落有致。另外，在不同的季节，种植园地里最好既有刚刚种下去的植物，也有正在生长中的植物，还有已经成熟的植物，让幼儿在每个季节都能看到处在不同生长阶段的植物。

6. 本土性原则

不同地域有不同的地形地貌，这些地形地貌又催生了本土物种和本土文化。所以，在选择种植对象时，要留心选择本土物种，体现地方特色，挖掘与传承地方植物文化，培养幼儿对地域文化的心理感知。本土物种的成活率更高，更便于养护，同时更加贴近幼儿的现实生活，也有着更深层次的文化底蕴。例如，我园在小农场中种植了香椿头、马兰头、菊花脑等"七头一脑"，这些都是南京本地的野菜。这些野菜幼儿平时吃过，但几乎没见过，对它们既熟悉又陌生。我们通过种植劳动将野菜与幼儿的生活经验联系起来，加深了幼儿对它们的喜爱之情。我们在中庭草坪和绿化带里还种植了各个品种的桂花树，每到桂花飘香的秋季，幼儿收集桂花，酿桂花蜜，做桂花美食，还尝试做南京本土小吃桂花糕，这些激发了幼儿爱家乡的情感。云锦是南京的特色文化，自明朝"改稻为桑"以来，江浙地区就成为全国的织造中心。我们在空中种植长廊里种植了许多桑树，因空中种植长廊离二楼的大班很近，大班幼儿在自然角里开展了蚕宝宝养殖活动，他们投身于采摘桑叶、喂养蚕宝宝、眠前处理等劳动，最后得到了许多蚕茧，亲身体验了传统蚕桑文化的魅力。

　　种植空间和品种规划是种植劳动教育开展的物质基础，二者不是相互割裂的，而是互相影响、相辅相成的。它们没有固定模式，没有"好"与"不好"之分，只有适宜不适宜的区别——种植空间和种植品种是否适宜幼儿？是否安全？是否符合幼儿的年龄特点？是否本土化？种植品种能否适应本土气候？能否连接幼儿的生活经验？是否足够丰富、具有教育价值？这些都是做前期规划时需要考量的问题。对种植空间和种植品种的规划也并不是一蹴而就的，而是需要在教育实践中不断反思、审议、调整，并无限重复这个过程。时至今日，我园依然在不停地对种植空间和种植品种进行优化。我们永远无法达到完美，但可以无限趋近之。我们在实践中寻找最适宜的样态，并将其应用于实践，努力为幼儿打造最适宜的种植劳动环境。

第二节
种植劳动工具的提供和运用

一、种植劳动工具的必要性和特殊性

劳动工具，作为生产力的重要组成部分，反映了人类利用自然、改造自然的能力，是生产力和科技发展水平的直接体现。劳动工具的演进与人类文明的发展息息相关。远古的石器时代，人类用简单的石斧、石锄等进行农耕和狩猎；到青铜器时期，人们使用铜锄、铜铲等；到后来使用铁制农具；工业革命后使用蒸汽机、电力工具；直到现今信息技术时代，自动化、智能化的科技设备层出不穷。劳动工具每一次的发展进步，都体现了人类的智慧和创造力。

在这些劳动工具中，有一类专门服务于农业生产，那便是种植劳动工具，它们是指用于农业生产中种植、养护、收割等各个环节的专用工具和设备。如：翻土时，用锄头或犁等翻土工具，相较于人工翻土更加高效；播种时，传统的手工播种方式不仅耗时耗力，还难以保证播种的均匀性和密度，而现代播种机可以根据作物种类和种植需求精确控制播种量、播种深度和行距，大大提高了播种效率和作物成活率……劳动工具通常具备高效、便捷、耐用等特点，能够辅助劳动者完成各种劳动任务。

种植劳动工具有着明显的季节性、区域性特点。例如，春季播种时需要使用播种机，而秋季收获时则需要收割机或镰刀等工具。由于地理环境、气候条件等因素的差异，不同地区的种植工具也各具特色，如干旱地区可能需要使用节水灌溉设备，而湿润地区则可能更注重排水设备的使用。

在这样的背景下，选择合适的工具对于提高劳动效率至关重要，而对幼儿来说，种植劳动工具也是他们认识世界、探索自然的重要媒介。通过使用适宜的劳动

工具，幼儿可以更加直观地了解植物的生长过程，可以亲身参与从播种到收获的每一个环节。

二、幼儿园种植劳动工具的特点

幼儿园种植劳动中的劳动工具区别于成人的生产工具，更注重可操作性和安全性，更注重游戏性和探究性。幼儿种植劳动工具往往色彩鲜艳、形状可爱，能够吸引幼儿的注意力，增加他们对种植活动的兴趣。还有小铲子、小水壶、小扫帚等工具，设计合理，符合幼儿的手部尺寸和力量，幼儿能够利用它们更轻松地完成种植任务。幼儿通过反复操作、使用种植劳动工具，可以逐渐掌握各种技能，如挖掘、浇水、松土等。这些技能不仅对他们的种植活动有帮助，还可以应用到幼儿的日常生活中，提高幼儿的生活自理能力。

在具体的劳动教育活动中，园所逐步寻找、发现适合幼儿使用的劳动工具，有时教师还要自制劳动工具，丰富工具的种类。幼儿园的种植劳动工具有以下特点——

材质安全。这是幼儿园种植劳动工具的首要特点。工具的材质必须无毒、无异味，且不会释放有害化学物质，不会损害幼儿的健康。常见的安全材质包括环保塑料、天然木材以及食品级硅胶等。

轻便易操作。对工具进行轻量化设计，使之适合幼儿使用，减轻幼儿的负担，使他们能够轻松抓握和操作，能够长时间参与种植活动而不感到疲劳。同时，工具的操作方式应简单明了，便于幼儿理解和掌握，激发他们参与种植活动的兴趣和热情。

色彩鲜艳。色彩鲜艳、造型可爱的种植劳动工具更能吸引幼儿的注意力，更能激发他们的好奇心和探索欲。这些工具不仅实用，还能成为幼儿喜爱的玩具，让他们在玩耍中学习、在学习中成长。

符合幼儿年龄特点。不同年龄段的幼儿在认知能力和动手能力上存在差异，因此，选用的劳动工具应符合幼儿的年龄特点。例如，可以选择形状简单、色彩鲜艳、功能单一的玩具式劳动工具给较小的幼儿使用；对于稍大一些的幼儿，可以给他们提供更复杂、更实用的劳动工具，如镰刀、兵工铲等，工具的设计中还可以融入教育元素，如植物名称、生长周期标注工具等，以激发幼儿的探索欲和创造力。

多功能性。为了满足不同种植活动的需求，幼儿园种植劳动工具应具备多功能性。例如，一把铲子同时具备挖坑、松土、除草等多种功能；一个喷水壶可以配备可调节的喷头，以适应不同植物的灌溉需求。这种多功能性的设计，不仅能提高工具的实用性，还能培养幼儿灵活应变的能力。

三、幼儿园种植劳动中的工具与用品

在幼儿园农场种植劳动活动中，教师依据不同的劳动类型为幼儿提供劳动工具或指导幼儿选择劳动工具时，应遵循以下原则，以确保活动既安全又富有教育意义。

安全适宜性：精心挑选与幼儿年龄特征和身体发展阶段相称的工具，确保工具的安全性，工具的尺寸、重量和操作难度与幼儿的体力和协调能力相适应。

任务匹配性：选择的工具应能精准应对种植劳动中的具体任务，以便幼儿能够游刃有余地完成每一项劳动任务。

具有教育价值：工具设计得科学巧妙，能激发幼儿对自然和种植过程的好奇心，同时，工具应有传授植物学、土壤科学等知识的教育功能，能成为幼儿学习与发展的好伙伴。

幼儿自主选择：在适宜的范围内，赋予幼儿根据自己的兴趣和能力选择工具的自由，以此提升他们的自主性、参与感，并满足其个性化的学习需求。

指导性和示范性：教师应提供细致的指导和准确的示范，引导幼儿正确、安全地使用工具，完成种植劳动任务。

反馈和调整：教师应积极倾听幼儿的反馈，及时引导幼儿围绕工具的选择和使用进行讨论，并加以调整，以确保活动的流畅性和教育效果的最大化。

遵循这些原则，教师能够为幼儿带来一个又一个既安全又充满意趣的农场种植劳动体验。下表列举了幼儿园常用的种植劳动工具的名称、图片、使用方法，以及利用该工具可以开展的活动，下文还通过一些案例片段具体说明工具的选择和使用方法，介绍教师和幼儿自制劳动工具的过程。

（一）劳动工具

幼儿园种植劳动中常用的劳动工具、使用方法及相应劳动内容

名称	图片	使用方法	相应劳动内容
弯镰刀		1. 一手握住镰刀手柄，刀刃向内，一手牢牢抓住收割对象。 2. 切割时，保持镰刀刀刃向内，使用手腕和前臂的力量向内割。	除草：割除农作物周围的杂草，保证植物生长的空间和营养。 收割：收割一些小型作物，如小麦、稻谷等。 修整：对植物的一些枯枝或过长的枝条进行修整。
铁锹		1. 双手握住铁锹的手柄，用力均匀。 2. 膝盖弯曲，配合利用腿的力量来挖掘，而不是仅用手臂力量。 3. 注意铁锹的刃口方向，避免向自己或他人挥动铁锹。	松土：翻动土壤，帮助植物根部透气，给土壤排水。 挖坑：挖坑，用于播种或移栽植物。 填土：在播种或移栽后，将土壤填回坑中。 平整土地：种植前，平整土地，为植物提供良好的生长环境。 挖沟：在需要灌溉或排水的地方挖沟。

续表

名称	图片	使用方法	相应劳动内容
锄头		1. 在使用锄头之前,检查土壤里浅表是否有石块或其他硬物,避免锄头刃口受损。 2. 一手握住锄头长柄的中间部位,另一手辅助握住长柄靠近锄头的部分,两手用力均匀。 3. 举起锄头向下锄,借用身体的力量使锄头刃口一端切进土壤,避免仅用手臂力量。	松土:翻动土壤,帮助植物根部透气,给土壤排水。 挖坑:挖小坑,用于播种或移栽植物。 除草:除去植物周围的杂草,保持土壤清洁。 平整土地:在种植前,平整土地,为植物提供良好的生长环境。 挖沟:在需要灌溉或排水的地方挖沟。
铲子		1. 双手握住铲子的长柄,手的位置根据个人力量和舒适度调整。 2. 站立时,膝盖微弯,以便用力。 3. 将铲子垂直或稍倾斜地插入土壤,用力时,以脚为支点,用身体的重量帮助推动铲子。	挖坑:挖出适合容纳植物根部的坑,为种植做准备。 翻土:翻松土壤,增加土壤的透气性和排水性。 移栽植物:挖出植物并在另一处重新种下植物。 混合堆肥:混合植物残渣、树叶等。(学习如何将植物残渣转化为肥料。)
剪刀		1. 一手的拇指放入剪刀的一个手柄圈内,其他两指(或三指、四指)放入另一个手柄圈内。 2. 用手指的力量打开和关闭剪刀,注意不是用手腕的力量。 3. 在使用剪刀时,将视线集中在刀口和要剪的材料上。	剪除枯叶:剪去植物的枯叶或枯枝。 制作标签:剪出各种形状的标签,用于标记不同的植物。 收获:用剪的方式收获成熟的黄瓜、丝瓜、茄子等。
捞网		1. 双手握住捞网的手柄,保持稳定。 2. 先观察目标物体,如落叶、昆虫,再缓慢地将捞网放入水中或土壤中。 3. 捞起目标物体后,将捞网轻轻提起,避免物体滑落。	收集落叶:收集小池塘中的落叶,用于堆肥或其他自然艺术活动。 捕捞:捕捞一些小虫以保护植物,或对小虫进行观察。 管理水培植物:帮助移动水培植物或捞取水面的杂物。
洒水壶		1. 选择大小合适的洒水壶,往洒水壶中装水,然后一手握住洒水壶的手柄,另一只手轻轻扶住壶身。 2. 倾斜洒水壶,使水从壶嘴流出。 3. 均匀地洒水,浇灌植物,避免水过量或不足。	日常灌溉:为植物提供适量的水分,保持土壤湿润。

续表

名称	图片	使用方法	相应劳动内容
筛子		1.选择筛孔大小合适的筛子，确保物料能顺利通过筛子。 2.将要过筛的物料倒进筛子后，双手握住筛子的边缘或把手，保持筛子稳定。 3.左右摇晃筛子，让小物料通过筛孔掉落下来，大物料则留在筛中，两者分离开来；注意动作应轻缓，避免筛子倾覆。	筛土壤：将土壤过筛，去除较大的石块和杂物。 筛种子：筛除杂质，提高播种成功率。 晾晒：晾晒萝卜干、芝麻等收获物。
日常清洁工具（水桶、抹布、扫帚、簸箕、喷水管、刷子等）		1.水桶：双手相互配合，用水桶提水和倒水；须注意避免因装水太多而过重或让水溢出。 2.抹布：折叠、使用、清洗（搓、揉、拧干）等。 3.扫帚与簸箕：一手握持扫帚柄，将扫帚尾贴近物体，另一手持簸箕柄，双手配合，将物体扫进簸箕。 4.喷水管：在帮助下将水管与水龙头接紧，打开水龙头，调节水流的大小；一只手握住水管的手柄，另一只手控制喷头，按需用水。 5.刷子：使用时力度适中，顺着一个方向刷洗，清洁污渍。	浇灌植物：使用水管或水桶为植物浇水，了解水分对植物的重要性。 清洁工具和设备：使用抹布和刷子等清洁工具和设备，如铁锹、铲子等。 打扫禽舍：使用扫帚、水管打扫禽舍，清理动物的粪便和食物残渣，使禽舍保持清洁。 喂动物：用水桶装饲料喂养小动物，如鸡、鸭、兔子等。 收获鸡蛋：用水桶收集鸡舍中的鸡蛋，并用抹布将鸡蛋轻轻擦拭干净。 整理农场：使用扫帚或抹布清理菜园中的落叶和杂草，保持菜园整洁。

1.选择适宜的劳动工具，增加幼儿成功体验

从以上表格中我们不难发现，幼儿在种植劳动中可以使用的工具种类多样，且各具特色。选择合适的种植工具，不仅是劳动前的基本准备，更是提高劳动效率、提升劳动效果的关键。根据幼儿的年龄和能力，为他们提供适宜的工具，不仅能帮助幼儿顺利完成劳动任务，而且能使种植劳动既安全又充满意趣。

案例：收获水稻（片段）

在丰收的季节，大一班的孩子们迎来了人生中的第一次水稻收割体验。初次尝试，他们兴奋地拿起小锄头和小剪刀，准备大展身手。然而，很快他们便发现，这两种工具对于收割水稻这个任务来说并不理想。小锄头原本是用于挖掘或翻土的，其形态和重量都不适合用来细致地收割水稻。孩子们尝试用它来割断水稻的茎部，但每次只能割下一两根，而且操作起来非常吃力。小剪刀虽然细巧，但面对密集且

坚韧的水稻茎，明显"力不从心"。遭遇了这些困难，孩子们并没有放弃，而是开始思考如何改进收割方法。他们观察到，农民在收割水稻时会使用镰刀这种工具，镰刀的刀刃长而锋利，一次可以割断多根水稻茎。于是，孩子们决定尝试使用镰刀。他们先是模仿农民的动作，一只手握住一把水稻，固定住水稻的位置，另一只手拿着镰刀，向水稻的根部斜着一挥。这一次，他们惊喜地发现，镰刀轻松地将多根水稻一并割断，大大提高了收割效率。

工具的适宜性对劳动的效率及劳动舒适度而言至关重要。幼儿在收割水稻的劳动中，起初用小锄头和小剪刀，发现它们并不适合，效率低下且费力，转而观察到农民使用的镰刀，发现其长锋利刃，能轻松割断多根水稻，大大提高了效率。这次体验让幼儿认识到，在面对不同的种植劳动内容时，须精准选择最适合的工具。

案例：收获芋头（片段）

芋头收获的季节终于来临了，大三班的小朋友们早已迫不及待。在他们的眼里，芋头不单是一种美味的食物，更是他们亲手播种、细心照料、用心呵护的成果。

今天，小朋友们和老师一起，准备收获芋头。收获前的准备充分而有序，孩子们凭借已有经验，完成了前期的调查表，调查表上记录了幼儿想到的工具——手套，用于保护手部；篮子，用来装挖出的芋头；小铲子，用来挖土、铲除芋头根部的泥土；剪刀，用来剪掉多余的茎。

在汤伯伯的指导下，孩子们学会了如何判断哪些芋头已经成熟：如果芋头的叶子已经枯黄，根部变得粗壮，就表示它成熟了。他们还了解到芋头通常藏在泥土的深处。小朋友们兴奋地围在汤伯伯身边，听他讲述收获芋头的技巧和注意事项。

开始收获了，孩子们迫不及待来到工具区，有的选择了轻便的小铲子，试图用它来挖出芋头；有的选择了结实的耙子，想先用它来疏松土壤；还有的选择了篮子，准备用来装芋头。每个幼儿都自主选择了自己想使用的收获工具。

然而，当他们真正开始挖芋头时，才发现如此艰难，仅仅用小型工具是很难将芋头挖出来的。孩子们纷纷表示："哎呀，这个芋头怎么这么难挖啊？！"他们意识到，自己选择的工具可能并不适合挖掘芋头。

孩子们回到工具区，重新选择挖掘工具。这一次，他们选择了松土用的耙子和长柄铁锹。耙子可以帮助他们疏松土壤，而长柄铁锹则可以深入土壤，将芋头完整地挖出来。他们认真学习了铁锹的使用方法——双手握住铁锹柄，单脚踏在铁锹上，用力，使铁锹前端插入土壤中，然后用身体的力量撬动芋头根，将芋头从土中撬出。有些幼儿因为力气不够大，还特地找小伙伴合作，两人一起用力挖掘。

在孩子们一番努力下，芋头终于一点一点地露出了它的"面庞"。成功了！孩子们兴奋地举起手中的芋头，向老师和伙伴们展示。他们小心翼翼地抖去芋头上的泥土，发现一个芋头的根系上竟然缠绕着好几个大大小小的芋头。有的幼儿兴奋地跳起来，大声喊道："我终于挖到芋头啦！"

在收获芋头的劳动中，幼儿一开始选用小铲子进行挖掘，但发现泥土较为坚硬，小铲子只能铲去表层的土壤，于是他们果断改用更大的工具，先用小铁锹，再用长柄铁锹，逐步加大挖掘力度。他们手脚并用，不仅用手臂的力量挥动工具，还用脚蹬着铁锹，以增加力度和稳定性。这样一来，他们挖出了更深的坑，逐渐接近了芋头的根部。当芋头根部逐渐显露出来时，幼儿并没有停止，因为他们知道，要想完整地挖出芋头，还需要更多的技巧和合作。他们开始使用耙子，并且互相配合，一人挖土，一人清理，一人负责稳住芋头的茎，最终，在共同努力下，芋头被完好无损地挖了出来。

案例：浇水工具大不同（片段）

正是春意盎然的时节，在老师的带领下，中二班的小朋友们开展了一次别开生面的作物养护活动。小蜜蜂农场里种着各种各样的农作物，每一株苗苗都承载着孩子们的期盼，孩子们在照料植物的过程中，也收获了很多快乐。然而，在这次活动中，他们遇到了不少挑战，尤其是如何根据植物的不同生长时期选择合适的浇水工具这个问题，难倒了一众小朋友。孩子们解决问题的过程也成为一段有趣且富有教育意义的经历。

1. 初识挑战：幼苗夭折

活动开始不久，小朋友们就迫不及待地端起水盆，对刚种下不久的幼苗一阵猛浇。他们兴奋地想让植物的每一片叶子都喝饱水，却不料这种泼洒方式让幼苗承受了过重的负担。几天后，一些幼苗开始发黄、萎缩，最终夭折了。看着自己的劳动成果就这样消逝，小朋友们心里充满了失落和不解。

在老师的引导下，孩子们开始寻找原因。通过观察和讨论，他们明白了：幼苗的根系尚浅，吸水能力有限，需要的是轻柔而均匀的水分补给。于是，小朋友们尝试使用洒水壶和尖嘴浇水器来浇水，这些工具能精确地控制水流，避免水流直接冲刷土壤和幼苗，能让水分缓慢渗透到根部，满足幼苗的生长需求。

2. 创新实践：葫芦浇水器的趣味尝试

受传统农耕文化的启发，小朋友们还自己动手制作了葫芦浇水器。他们在农场伯伯的帮助下，将葫芦的底部切开，留一小口作为出水口，每当轻轻倾斜葫芦，清澈的水流就会洒落在作物上；也有小朋友用对半剖开的葫芦给作物浇水，水量刚好能满足作物的需要，又增添了几分田园乐趣。不过，孩子们也发现，葫芦浇水器更适合用于为成熟的作物浇水，因其水流相对较大，需要作物有一定的承受能力。

3. 细心呵护：喷壶与喜阴植物的温柔对话

在小农场的角落里，还生长着一些喜欢阴凉环境的植物，如蕨类、苔藓等。这些植物需要湿润的环境，过多或过强的光照，以及直接浇水，都可能对其造成伤害。经过老师的指导，小朋友们学会了使用喷壶来为这些植物浇水。喷壶喷出的细密水雾，既不会冲击植物的脆弱部分，又能模拟自然界的晨露，给予植物最温柔的滋润。

4. 环保行动：空调雨水收集器的节水妙招

在这次活动中，小朋友们还展现了他们的环保意识。幼儿园设置了空调雨水收集器，小朋友们将收集到的雨水用来浇灌植物，这样一来，不仅节约了宝贵的水资源，还使孩子们对"循环利用，变废为宝"的环保理念有了更直观的认识。

这次活动中，小朋友们不仅学会了给处于不同生长时期的农作物选择合适的浇水工具，还体会到了劳动的乐趣和环保的重要性。他们用自己的行动诠释了"小小园丁"的责任感与创造力，为小农场增添了生机与活力。

2. 自制劳动工具

自制劳动工具是幼儿在参与劳动实践过程中展现创意与动手能力的一种有趣方式。自制的工具不仅满足了特定的劳动需求，还培养了幼儿的动手能力和创新思维。相比于直接购买的常用劳动工具，自制工具往往更加贴近实际使用场景，具有个性化和实用性的双重特点。自制劳动工具不仅能解决实际的问题，还能激发幼儿的创造力和环保意识，让劳动变得更加有趣和有意义。下面以案例"自制摘果器"和"亲近自然，收获成长——记小班丝瓜探秘之旅"为例加以说明。

案例：自制摘果器（片段）

枇杷成熟的季节，小山坡上弥漫着诱人的果香，金黄色的枇杷像小灯笼般挂满枝头，引得小朋友们兴奋不已。他们跃跃欲试，想要品尝这大自然的甜蜜馈赠，但许多熟透的枇杷高悬于树梢，让人望而兴叹。

就在这时，几位聪明伶俐的小朋友灵光一闪，想起了小农场里的捞网，那些捞网不仅能拦截水中的鱼儿，还能捕捞树叶。他们突发奇想：何不用这网来"捕捉"树上的枇杷呢？

于是，小朋友们找来了几个捞网，但很快他们便发现，普通的捞网直接用来摘枇杷并不方便，因为大多数枇杷都长在树枝的远端，仅凭手臂的长度难以触及。这时，一位平日里就对各种工具充满兴趣的小朋友提出了一个大胆的创意——增加捞网杆子的长度。

很快，他们找来了几根结实的竹竿，把它们细心地捆绑和固定好，成功制作出几根加长版的"枇杷捕捉器"。随着"咔嚓咔嚓"的声音，不少成熟的枇杷落入网中，小朋友们脸上洋溢着成功的喜悦。

在这个案例中，小朋友们面对高悬于树梢、难以触及的枇杷，没有放弃，也没有等待，而是巧妙利用农场中的捞网，将其从捕捞工具转变为摘果工具。这一富有创意的转换，使工具一物多用，展现出幼儿的思维能力和创造力，体现了他们的智慧。他们能够将已有的资源创造性地应用于新的情境，这种能力对于他们未来的学习和生活都至关重要。

案例：亲近自然，收获成长——记小班丝瓜探秘之旅（片段）

暑假，家长群里某位家长发起了一个提议：回园看望丝瓜。没想到，一下子有十几个幼儿报名。于是，我们相约在一天上午一起回到幼儿园，向小农场进发。

"哇！丝瓜变老了！"这是幼儿一进农场时的惊呼。大家发现，丝瓜原来嫩绿的叶子变黄了、枯萎了，有的丝瓜也变成了干干黄黄的样子。

见到枯黄的丝瓜，有些幼儿感到伤心，沮丧地说："丝瓜都死了……""我们不能吃丝瓜了……"。

叮叮却很开心地跑过来，拿着老丝瓜，告诉大家："丝瓜瓤可以刷碗的！"

听了她的话，大家都很好奇："什么是丝瓜瓤啊？"

为了解答这个问题，我们决定采摘一个老丝瓜，拿下来好好研究一下。

省心说："哇，老丝瓜摸起来好硬，好粗糙！"

米可说："你听，摇一摇，还能听到窸窸窣窣的声音。里面藏着什么呀？"

于是，大家决定剖丝瓜探个究竟。

可是，丝瓜的外壳已经变成了硬硬的皮，要怎么剖开呢？最后，大家决定一起把丝瓜的外壳剥掉。孩子们一边剥，一边有了新发现：从丝瓜里面掉出来许多黑黑的子。

肉肉问："这是什么呀？"

米可说："我知道，这是丝瓜子！"

他们明白了，这些小种子一定就是丝瓜发出窸窸窣窣声音的原因了。于是，大家把种子收集起来，期待明年和丝瓜再相见。

剥了好一会儿，硬硬的壳终于被剥掉了，露出了里面白白的丝瓜瓤。

妍妍说："丝瓜变得好硬呀！"

洋洋说："我觉得它像一根粗粗的管道！"

丫丫说："它中间还有圆圆的洞，摸起来糙糙的。"

叮叮告诉大家："这就是丝瓜瓤！"

丝瓜瓤真的可以刷碗吗？小朋友们决定来试一试。他们将美术活动用的小碗放到水池里，用丝瓜瓤刷一刷。他们惊奇地发现小碗真的变干净了！老丝瓜真有用！

孩子们将收获的丝瓜瓤切成一段一段的，分别带回自己家，和爸爸妈妈分享自己的收获，用它帮助爸爸妈妈洗洗碗。

上述案例中，叮叮分享了丝瓜瓤可以刷碗的信息，这激发了其他幼儿的好奇心，他们决定采摘一条老丝瓜并研究它。幼儿剥开老丝瓜硬硬的外壳，观察丝瓜内部结构，感受丝瓜瓤的粗糙。最后，幼儿尝试用丝瓜瓤刷碗，验证了丝瓜瓤的清洁功能。这次活动也让幼儿意识到：收获的作物不仅可以食用，有些还可以成为我们的劳动工具。

3. 探究工具

劳动中的探究是持续、深入地学习的契机。教师要做的不是直接给予幼儿答案，而是给幼儿创造各种寻找答案的机会，赋权给幼儿，让幼儿拥有更多发现、探索、解决问题、交流的机会。首先，教师要给幼儿充分的材料支持——

①观察记录方面：提供放大镜、板夹、彩笔、各类观察记录表等。

②写生方面：提供写生架、纸、笔、颜料、水彩等。

③测量方面：提供标准测量工具（如卷尺、直尺等）和非标准测量工具（如绳子、立方体块、毛根等）。

④称重方面：提供天平、弹簧秤、钩秤等。

⑤晾晒方面：提供油布、筛子、扫帚、簸箕等。

⑥榨汁榨油方面：提供榨汁机、榨油机、石磨等。

在幼儿园种植劳动活动中，幼儿一定会遇到各种激发他们好奇心的问题，教师提供给幼儿的探究材料应当紧密联系幼儿的现实生活，要能助力他们解决实际问题。通过以下案例，我们可以看到探究工具的多样性。

案例：向日葵的微笑（片段）

用什么工具来测量向日葵苗之间的距离呢？有的孩子说："用尺子，量一下就行了。"有的孩子说："先量一根30厘米长的树枝，直接用就行。"还有的孩子说："我带来的书就是30厘米高，可以直接用。"就这样，"30厘米长的物品大集合"活动产生了——幼儿有的寻找班级中长度适合的物品，有的则创造出了30厘米长的物品（绳子、纸张等）。这种自然而然生成的科学活动，让幼儿有合作、有发现、有创造。

上述案例中，幼儿在寻找测量植物间距的工具时，不仅考虑到传统的尺子，还创新性地利用了身边的物品，如树枝、书本等。这种材料利用的创新性不仅展示出幼儿的创造力和想象力，还让他们意识到：生活中普通的物品也可以有特别的用途，甚至可以成为种植劳动中的得力工具。这种灵活的思维，将给孩子们未来的学习和生活带来更多可能性和惊喜。

案例：晾晒的智慧

秋末，孩子们迎来了他们最期待的时刻——收获。

大三班的小朋友们在小农场里参与农作物的晾晒工作。这次，他们的任务是晾晒水稻、芝麻和萝卜，在这个过程中，他们需要使用不同的晾晒工具，还将面临一系列挑战。

1. 晾晒前的准备

早晨，阳光明媚，小朋友们穿着小围裙，戴着小草帽，兴奋地聚集在小农场的田地旁。老师首先向他们介绍了今天的工作内容和所需工具：晾晒水稻需要用油布、扫帚和簸箕；晾晒芝麻和萝卜则需要用到筛子。

2. 晾晒水稻的挑战与乐趣

一组小朋友首先开始晾晒水稻。他们分工合作，有的负责铺油布，有的负责将水稻均匀地撒在上面，还有的用扫帚轻轻扫去杂质。果果在铺水稻时特别细心，他注意到角落里的水稻比较少，便用簸箕轻轻运送过去，确保每片油布上的水稻都厚薄均匀。看着躺在阳光下的水稻，小朋友们脸上洋溢着满足的笑容。

3. 晾晒芝麻的小插曲

接下来要晾晒的是芝麻。第二组的小朋友兴奋地拿起筛子，开始筛杂质。刚开始，二宝选择了洞眼较大的筛子，结果杂质和芝麻一起漏了出来。之后，他们选择了筛孔更小的筛子来工作，发现这次筛孔大小很合适。然而，大堃在筛的过程中不小心用力过猛，一些细小的芝麻粒从筛子中漏了出来，撒了一地，大堃急得快哭了。美宝走过来安慰他，并提议大家一起轻轻地摇晃筛子，再在筛子底下铺一层薄膜，预防有漏出来的芝麻掉地，果然，这下芝麻再也没有漏了。

4. 解决晾晒萝卜片的难题

第三组小朋友开始晾晒萝卜片。他们本以为这和晾晒芝麻一样简单，但很快他们发现萝卜片比芝麻难对付多了——因为切片厚度不一，有的萝卜片很快就干了，而有的还是湿漉漉的。看着这些"倔强"的萝卜片，小朋友们没有气馁，他们聚在一起讨论解决办法。最终，大家决定重新切萝卜片，确保每片厚度大致相当，并使用洞眼较大的筛子来晾晒，以便更好地通风。此外，他们还安排轮流值守，定时翻动萝卜片，确保萝卜片的两面均匀地接受阳光的照射。

经过一周努力，小朋友们终于完成了各项晾晒任务。当他们再次来到小农场时，看到的是一片丰收的景象：金黄色的水稻、香气四溢的芝麻和脆生生的萝卜干。

这次晾晒活动中，小朋友们不断尝试、探索，学会了为不同的农作物选择合适的晾晒工具和晾晒方法，参与了收获的全过程。

案例：神奇的浇水器（片段）

自然角的植物状态不佳，特别是白掌，于是大家开始讨论出现这种情况的原因。孩子们提出了多种可能的因素，如被太阳晒伤、缺水或水太多。经过讨论，幼儿认识到植物需要适量的水分，并决定设计一个自动浇水器来使土壤保持湿润。接着，他们提出了各种创意，包括使用自动浇水器、定时器和轮子等。

通过上网查找资料，孩子们了解到浇水器分两类：储水型的和流动型的。他们还讨论了制作浇水器所需要的材料，很快便收集到一些矿泉水瓶、纸杯和管子，以及小医院的挂水袋。在老师的帮助下，孩子们给瓶子打孔，并给瓶子装满水，制作出"第一代浇水器"，但是，一些列问题也接踵而来。

遇到的问题之一：瓶子里的水流得太快。

孩子们在不同的时间点观察瓶子里和挂水袋中的水量，发现水从这两个储水器流下的速度不一致，瓶子里的水已经流光，但挂水袋里还有水。于是，他们调整了瓶子浇水器的开关，使其慢慢地滴水。同时，他们也意识到需要更多的储水型浇水器来满足自然角所有植物的需求。涵涵提出了用水杯来制作浇水器的想法，并尝试用毛根和麻绳来悬挂水杯浇水器。

遇到问题之二：水杯底部的洞容易漏水。

针对这个问题，孩子们进行了讨论，并提出了不在底部打洞而从上面引水的方案。他们尝试用不同的材料（如毛线、棉线、麻绳、鞋带等）来做"导管"，进行实验，再比较效果。他们将不同材料的吸水性能记录下来，最后发现粗棉绳的吸水性最佳。他们还提出另一个方法：仍然在杯底打洞，用胶枪固定导管、封闭洞口，防止水从洞中漏出。最后，他们将自制的浇水器推广到其他班级，成功地用浇水器换取了油泥，真切体验到劳动成果的价值。

在制作"神奇浇水器"的过程中，孩子们首先根据自己的直觉选择了浇水工具，随后通过不断的探索和实践逐步优化选择。这一过程，不仅体现了幼儿的思维特点，也展示了他们在实际操作和劳动探究中的积极态度。幼儿在真实的劳动体验中发展了思维能力和解决问题的能力。

（二）劳保用品

劳动是培养幼儿的实践能力和环境适应能力的重要途径，同时，确保幼儿在种植劳动时的安全至关重要。为此，在幼儿参与种植劳动的过程中，劳动保护用品的配备尤为关键。这些用品不仅包括草帽、手套、护袖等，还应涵盖防水的雨衣和雨鞋等。配备这些用品，旨在为幼儿提供一个安全、健康的劳动环境，让他们能够在不同的天气条件下较舒适地参与劳动。

此外，教育工作者在组织劳动活动时，应充分考虑到天气、场地等实际情况，并结合幼儿的年龄特点和个体差异合理规划活动内容和强度，确保每个幼儿都能在安全的环境中获得积极的劳动体验。

幼儿园种植劳动大多在户外进行，自然环境的不可预测性要求我们必须重视劳动保护工具的配备，其中雨衣的重要性尤为凸显。因为在户外种植过程中，天气因素往往是最难以控制的变量之一。突如其来的降雨，不仅会对幼儿的身体健康构成威胁，还可能直接导致活动中断。雨衣可以有效隔绝雨水，使幼儿的衣物不被浸湿，进而防止幼儿因受凉而感冒、发热。对于正处于生长发育关键期的幼儿来说，这样的保护无疑是非常重要的。

雨衣的作用还关乎种植劳动活动的连续性和完整性。对幼儿而言，每次种植劳动都是宝贵的学习和实践机会，如果因天气原因而频繁中断活动，不仅会削弱幼儿的兴趣和积极性，还可能影响他们对种植过程的整体理解和体验。而有了雨衣，幼儿在雨天也能继续完成劳动任务，活动能顺利进行，教育目标也能更好地达成。

可见，劳保用品不仅是必要的保护劳动者身体健康的工具，还有利于确保劳动活动的连续性和完整性，有利于幼儿全面认识种植劳动过程，充分积累实践经验。因此，在幼儿园种植劳动活动中，认识到劳保用品的重要性并合理利用劳保用品，是保障活动安全性和有效性的重要举措。

第三节
种植劳动教育信息化建设

一、信息技术与幼儿园种植劳动相融合的时代背景

信息化建设指利用现代信息技术来进行管理的手段和过程。信息化平台是指为信息化建设、应用和发展而营造的环境，包括开发利用信息资源、建设信息网络、推进信息技术应用、发展信息技术和产业、培育信息化人才、制定和完善信息化政策体系等。随着信息科学技术的迅速发展和普及，社会对现代幼儿教育也提出了更高、更新的要求，先进的信息技术逐渐与幼儿园教学活动相融合。

2010年，我国发布《国家中长期教育改革和发展规划纲要（2010—2020年）》，首次提出"信息技术对教育发展具有革命性影响，必须予以高度重视"，引发了国内学者对学前教育信息化的关注。

2012年，教育部印发了《教育信息化十年发展规划（2011—2020年）》，明确指出：到2020年，"基本建成人人可享有优质教育资源的信息化学习环境，基本形成学习型社会的信息化支撑服务体系，基本实现所有地区和各级各类学校宽带网络的全面覆盖，教育管理信息化水平显著提高，信息技术与教育融合发展的水平显著提升"。

2015年在青岛举办的以"信息技术与未来教育变革"为主题的国际教育信息化大会以及2016颁布的《教育信息化"十三五"规划》，使国内外专家学者、一线园长和教师更加意识到学前教育信息化的重要性和必要性。

随后，《教育信息化2.0行动计划》《中国教育现代化2035》《加快推进教育现代化实施方案（2018—2022年）》等文件相继发布，教育界进一步研讨信息技术在教育领域更广泛的实施应用，对学前教育信息化的研究也掀起热潮。

如何把新媒体、新技术应用在幼儿园种植劳动教育中，以进一步促进幼儿观察欣赏、体验操作、探究交往？这是我园着重思考的问题。我们认为，用信息化技术支撑种植劳动教育，就是以服务幼儿为导向，基于幼儿开展种植劳动活动所需，充分利用我园现有的信息化技术，创建有特色、智能化、互动性强、应用性强的幼儿种植劳动学习空间。学前教育信息化建设是教学改革的重要内容之一，信息技术在优化教学过程、提升教学效率、推进教学改革等方面都起着不可忽视的作用。

我园的儿童主题场馆课程，历经"十二五""十三五"的实践与探索，已初步形成特色，成为我园课程实践的主战场，多媒体设备逐渐丰富，各类电子资源丰富，亟待进一步发挥其价值和作用。我园种植劳动教育的主阵地是一片精心打造的小农场。在这里，我们创建了近600平方米的种植园地，供幼儿参与种植劳动，开展观察探索，还配备了一系列儿童劳动工具、劳保服饰等。如今的幼儿，生活在信息技术与人工智能融合发展的时代，他们在日常生活中也常接触信息化设备，如手机、平板电脑等，在耳濡目染下，幼儿也能熟练操作这些设备。因此，在种植劳动教育的实践空间，我园也投放了一系列电子信息化设备，为幼儿的种植劳动提供支持。

陈鹤琴先生说："大自然、大社会都是活教材。"幼儿园小农场的环境是鲜活的、有生命的、不断变化的。在"自主收获"理念引领下的种植劳动活动，打破了传统的学习方式，支持与鼓励幼儿在亲近自然的过程中开展深度探究、综合学习。而信息技术与幼儿园种植劳动教育的融合，是我园种植劳动课程自然萌发的需求。

事实证明，信息化技术融入种植劳动教育实践后，进一步丰富了幼儿的经验，满足了幼儿对相关资源的需求，能助力幼儿在种植劳动中自主观察、自主选择、自主学习和深度探究，能提供更加便捷的科学探究的支架。

总之，将信息技术与幼儿园种植劳动教育有效融合，是多元化学习方式的一种补充，开辟了新的课程实施路径，能优化学习材料与学习方式，提升教育效果。

二、创建信息化空间对幼儿园种植劳动教育的意义

（一）开启幼儿园课程研究的新篇章

南京师范大学虞永平教授以生态思维指导广大幼儿园开展课程建设，我园在虞教授的引领下，正在开展"走向可持续发展的全收获课程"课题研究。"全收获"理念从种植劳动中来，最终要回归促进儿童发展这个目标。"全收获"课程实践关注儿童自主学习的方式，关注儿童的学习过程，而信息技术在幼儿种植劳动教育中的有效运用，开启了幼儿园课程研究的新篇章，具有实践研究价值和推广应用价值。

（二）提升教师的课程意识和课程实施专业水平

在种植劳动教育活动中，信息技术的运用是建立在以儿童为主体的课程理念上

的。我园收集、整理园内各个信息化资源，对其进行价值分析，并通过课程审议加以优化应用，在这个过程中，教师反复考量每个信息化资源的适宜性和有效性，增强了课程意识，也提高了组织实施课程的专业水平。信息技术的应用还能帮助教师整合、共享优质教学资源，全面丰富教学活动，它打破了传统教学活动的时空限制，为幼儿创建生动有趣的情境，极大地调动起幼儿的积极性。应用信息技术，还可以促进教学管理的现代化，如进行远程监控、开展环境监测、强化档案管理等，能全面提升幼儿园的保育教育质量。

（三）为儿童在种植劳动中的学习创造了无限可能

信息技术将种植劳动变成一个立体的学习空间，给儿童的观察和学习提供了更加便捷、清晰、有效的方式，开阔了儿童的视野。信息化环境的创设，能引发儿童对自然界物体之间的关系作进一步思考，能生发更多的课程内容。信息技术能将儿童的直接经验和间接经验联系起来，让儿童收获更加丰富、多元的经验……总之，信息技术为儿童在种植劳动中的学习创造了无限可能。

三、信息技术在幼儿园种植劳动教育中的运用原则

（一）服务性原则

信息技术给我们的生活、学习带来了极大的方便，但也让我们渐渐对其产生了依赖。在幼儿园的种植劳动教育活动中，切不可本末倒置，切不可为了使用信息技术而使用信息技术，要清醒地认识到：信息技术一定是服务于幼儿园种植劳动教育的，教育活动的核心一定是人，目的是推动幼儿发展；信息技术只是辅助，只是整个活动的工具和媒介。

（二）适宜性原则

在幼儿园种植劳动教育中，信息技术可以作为重要的辅助手段投入使用，但绝不应无目的地叠加使用。教师一定要充分考虑信息技术运用与活动目标之间的关系，更要充分考虑使用信息技术的人（教师、幼儿）的实际操作水平，使得应用了信息技术的活动内容和活动形式更符合幼儿的年龄特点，真正适合教育活动的需要，有效提升活动质量。

（三）便捷性原则

信息技术为教育教学服务，必定以方便、快捷为首要因素，如果信息技术不能为活动的开展提供便捷、有效的支持，那可以舍弃。信息技术能解决人工难以应对的问题，就是便捷的；信息技术的使用者能快速上手，能提升活动效率或转变活动形式以改变结果，则证明信息技术的投放是有意义的。

四、信息化教育环境的创设

(一)大型信息化设备

现阶段,我园投放了雨水收集系统、多要素气象站等信息化硬件设备。我园根据3—6岁儿童的实际发展需求和年龄特点,对这些信息化设备的教育功能进行了科学分析,梳理出"幼儿园种植劳动场域大型信息化设备及其教育功能"表,成为种植劳动教育实践指导手册的一部分。

幼儿园种植劳动场域大型信息化设备及其教育功能

序号	设备名称	教育功能
1	雨水收集系统	收集雨水和空调水的装置,可以通过信息化设备了解收集的雨水量和已经使用的水量。
2	多要素气象站	可以随时从气象站的显示屏上看到农场的温度、湿度等情况,便于对农作物进行适宜的照顾。
3	雾气种养殖、水培种植系统	自动定时喷淋系统,能设置多样化的喷淋方式,解决浇水难的问题。
4	鱼菜共生池	可以进行信息化管理,便于幼儿进一步了解鱼类的生活环境,初步感知食物链。
5	小池塘污水循环处理系统	帮助解决定期清理池塘的困难,便于幼儿了解水生动物适宜的生长环境。
6	自动灌溉喷淋系统	在种植园地多处进行投放,可通过手机端设置各项功能,解决给高处的植物浇水的困难,能定期、适量浇水,有利于农作物的生长。

我园的小农场信息化环境,促进了"物物相连"和各种信息的整合,创设了更加适宜幼儿操作、观察的学习空间,能助力幼儿自主劳动、收获。

(二)小型信息化设备

在引导幼儿自主操作信息化设备的过程中,我园将"是否适宜幼儿直接操作"作为选择小型信息化学习设备的一大要素,选购安全、便捷、便于幼儿操作使用的设备。目前,我们筛选出来的小型信息化学习设备有平板电脑、录音笔、录音夹、照相机、老旧手机、电子温度计、触摸一体机、AR设备、手摇发电板等,它们逐渐成为幼儿喜爱并乐意操作的设备。而且,我园种植劳动场域已实现网络全覆盖,增设了摄像头装置等。下面是我园初步梳理形成的"幼儿园小型信息化设备及其教育功能"表,指导各年龄段幼儿正确、适宜地在种植劳动活动中使用这些设备。

幼儿园小型信息化设备及其教育功能

序号	设备名称	教育功能
1	电脑一体机	能播放照片、视频、表格等内容。
2	录音夹	可以夹在衣服上的简易录音设备,按下录音按钮,机器可以录音10秒钟。
3	录音放大镜一体器	集成了录音功能与放大镜功能的设备,按下录音按钮可以录音30秒,有2倍和4倍放大镜头。
4	拍照仪	可以用来拍照的简易电子设备,按下按钮可拍摄照片,可存贮3~4张照片。
5	平板电脑	集拍照、拍摄视频、记录、上网搜索等功能于一体的多功能互联网设备。
6	摄像头	可全景拍摄,可定点抓拍,帮助全程记录植物生长过程,实时记录植物的状态变化,可通过手机等终端设备随时查看视频。
7	手摇发电装置	配有植物生长各阶段样态的图片,摇动时亮灯,照亮这些图片,伴有语音讲解。

(三)对种植劳动教育信息化资源的开发与利用

我园小农场的劳动中包含多种多样的种植、养殖活动。植物和动物都是有生命的,其生长过程是漫长的,生长需求是多元的,但幼儿对种植农作物、照顾动物是缺乏经验的,对生物的生长发展过程更是知之甚少。而信息化资源鲜活、动态,是幼儿喜爱并乐意接受的学习内容,能在短期内给予幼儿大量的间接经验,能满足幼儿在观察、照顾、饲养、收获过程中的探究与学习需求,因此,我园充分重视对信息化资源的开发与利用,结合信息化资源的特点,引导幼儿站在敬畏生命的立场来关注生命的生长。

我园根据种植劳动教育的目标和幼儿的需求,对种植劳动教育中的信息化资源做了整体梳理。

1. 农作物生长过程视频

这类视频解决了农作物漫长的生长过程和幼儿急切的好奇心之间的矛盾,可以帮助幼儿快速了解农作物每个阶段的变化,丰富幼儿对农作物的认知。该资源主要通过两种方式获得。其一,教师在网络上搜索相关视频;其二,教师自己拍摄、制作幼儿园小农场中相关农作物生长过程的视频。用第二种方法摄制的视频,不仅与小农场的实际种植物结合紧密,师幼也可以有意识地不断丰富种植品种,从而丰富视频资源。当前,我园已经给20余种蔬菜摄制了生长过程视频。

葫芦的生长过程

棉花的生长过程

2. 本土化饲养的小动物成长过程视频

幼儿园小农场里饲养的均为幼儿生活中常见的家禽及水生动物，如小鸡、小鸭、兔子、鱼、乌龟、河蚌、螺蛳等，幼儿对它们更为熟悉。幼儿了解了它们的成长变化过程，便能更好地饲养与照顾它们。该类视频资源的收集方式，与农作物生长过程视频的收集方式相同。

3. 种植劳动工具与材料使用方法讲解视频

种植农作物，从翻地到收获，每个阶段都需要使用各种工具，劳动工具是千百年来劳动人民智慧的结晶。幼儿使用工具进行劳动，就是他们探究、创造、解决问题的过程。但幼儿对工具使用方法的认知经验是比较缺乏的。这类视频为幼儿自主探索种植劳动工具使用方法提供经验支持，能助力幼儿在现实情境中凭借工具解决问题，更好地照顾农作物、动物。

经过课程审议，我园决定，这类视频主要由教师亲自拍摄，用易于幼儿理解的生动的语言来讲解。这样做，也是促进教师对园本化种植经验进行梳理，逐步提升教学水平。在此基础之上，我们也鼓励教师广泛搜寻其他的种植劳动工具与材料使用方法讲解视频，以满足不同层次幼儿的需要。

目前，我园教师自主摄制的种植劳动工具与材料使用方法讲解视频有"采摘菊花脑""秤的使用""三齿耙大揭秘""镰刀的使用""搭架子"等。

采摘菊花脑

秤的使用

三齿耙大揭秘

镰刀的使用

搭架子

4. PPT 课件

在我园种植劳动教育中常用的还有 PPT 课件资源，它们能够加深幼儿对某类农作物的认知与了解。目前我园共设计制作了 20 余个具有交互性的课件资源，如"萝卜大不同""宝葫芦的秘密""棉花躲猫猫"等。

宝葫芦的秘密①
（葫芦种植与探究活动）

棉花躲猫猫②
（棉花种植与探究活动）

---

①② 此视频为 PPT 课件转成的。

5. 在线资源

信息时代,丰富的在线资源成为我们开展种植劳动教育的重要支撑。我园在手机、平板电脑等终端设备上下载了关于种植专业知识的诸多应用,供教师和幼儿使用,这些在线资源初步梳理如下。

幼儿园种植劳动教育部分在线资源的名称及其教育功能

序号	资源名称	教育功能	
		对教师的教育功能	对幼儿的教育功能
1	形色（APP）	在对活动做前期准备时,了解相关知识。	在自主观察与探索的过程中,利用该APP识别植物,了解植物的名称及其基本习性。
2	农管家（APP）	学习种植小常识以及预防庄稼病虫害的知识,拓展、延伸经验。	在种植与照顾农作物的过程中,如遇到问题,可通过该APP寻找解决问题的方法。
3	奇妙农场（APP）	根据实际情况,有选择地利用游戏引导幼儿了解农作物生长过程。	通过游戏了解农作物的生长条件,在玩中体验照顾农作物的过程。
4	我会种（APP）	了解各种农作物、植物的种植方法。	在种植与照顾农作物的过程中,如遇到问题,可通过该APP寻找解决问题的方法。
5	在线绘本资源（网站）	搜索与植物有关的绘本,扩充幼儿的阅读面。	通过阅读有关植物的绘本,丰富对植物的认知。
6	百度百科（网站）	搜索关于植物品种、习性、养护方法等科学知识,并将其转成二维码形式,打印、张贴在相应区域。	利用终端设备扫码,读取相关信息,自主学习。

特别值得一提的是,我园教师能熟练地将在线自然、生态知识转成二维码形式,将二维码打印、张贴在相应区域,供幼儿用小型信息化设备读取。

每学期,我园小农场中都种有三四十种不同的植物,在种植劳动过程中,幼儿面对真实的自然环境,会产生不同的兴趣点,他们除了关注自己班级种植的农作物之外,也关注其他植物,时常会向老师发问:"这是什么?"

为了解答幼儿的疑问,我园教师经常通过网络学习、了解农作物种植知识、生物物种信息等,他们将这些知识信息所在的网址转成二维码,打印并粘贴在相应位置,幼儿便可以通过小型信息化学习设备扫码观看或收听,积累相关经验。这种方式更加便于幼儿关注和了解大自然中生命的多样性,大大丰富了幼儿的认知。

当前,我园小农场中每一种农作物都配有教师精心制作的知识二维码,这种信息化资源呈现形式也在向园内其他区域延伸。

五、信息技术支持下的种植劳动创新实践

（一）利用信息化设备丰富幼儿在种植劳动中的观察方式

观察力是科学探究过程中需要的一种基本能力。捷克著名教育学家夸美纽斯曾说，一个人的智慧应从观察天上和地下的实在的东西中来，同时观察越多，获得的知识越牢靠。我园利用信息化设备丰富幼儿在种植劳动中的观察方式。

我园农场里的动植物在不断地生长变化，这为幼儿的观察力培养提供了便利条件。在早期的种植劳动观察活动中，大班幼儿多用纸质的记录单以简笔画的方式记录农作物的生长变化，带有较强的主观性。

教师：你今天观察到蚕豆花长在哪里？是什么样的？谁来说一说？

幼儿拿出自己的观察记录单。

幼儿 a：我看到的是白白的，带点儿黑色。

幼儿 b：不对，我看到的是有点紫色的花。

幼儿 c：我看到花都要谢了。（花）长在蚕豆的豆荚头上。

幼儿的意见不统一，因为他们的观察记录单上记录的内容都有差别，再加上每个人绘画记录时带有一定的主观性，所以一时间难辨事实。

还原观察目标物的本来面目是一种基本的科学素养。在后来的观察活动中，我们给观察小组配备了数码相机、旧手机，引导幼儿用设备给观察目标拍照。这些设备成为幼儿的得力"助手"，拍照记录成为幼儿除肉眼观察之外另一种有效的观察方式，为幼儿思考、辨析提供帮助，是教师后续对活动开展计划、指导的有力支持。在后来对信息技术的深化应用中，我园安装了实时监控摄像头，精准记录植物生长变化的每个时刻，让植物的"一举一动"都"尽在掌握"，师幼随时可以调取需要的视频片段，进行定点观察。

（二）利用信息化设备充实幼儿的探究内容

幼儿的记忆往往比较短暂，他们中鲜少有人能完整还原事实经过，教师通常用观察记录来记载幼儿的行为、语言，但教师的记录或多或少会带有主观成分，而用录音设备记录的内容更真实、客观，有更多信息供教师和幼儿获取、选择。

幼儿 a：今天我们在农场里挖山芋时发现了一个"山芋王"，它快有五个拳头（那样）大了！但我有点不记得当时是哪些小朋友跟我一起挖的了。

幼儿 b：那个山芋明明是我先发现的！

类似上述的模糊不清的状况，在活动中经常会发生。在后续活动中，教师为幼儿提供了录音夹，幼儿将其夹在观察记录板夹上，记录活动全过程，在活动后，幼儿根据录音内容回忆活动中的精彩瞬间。这个信息化设备也为教师筛选后续活动内

容提供了依据。

此外，在种植劳动项目活动中，幼儿通常需要对作物的生长变化进行记录，并思考其产生变化的原因。单纯的客观记录不能为幼儿提供更多有价值的信息，因此，我们为幼儿配备了手持气象站信息化设备，它是测量温度、湿度等自然条件的标尺，可对作物生长环境中的各个要素进行较精确的记录。

在"种黄瓜"项目活动中，教师带领幼儿观察黄瓜，并请幼儿总结当天的黄瓜较前几天的变化，再分析分析原因。

幼儿a：我感觉黄瓜长大了一点，是因为现在天气暖和了吧？

幼儿b：黄瓜长得很快，我猜是因为下过雨了，它喝饱了水，所以才长这么大。

手持气象站设备投入使用后，幼儿在自主分析作物生长情况时，就有了更多的参考内容，能结合当时的季节、气温、天气状况等加以分析和猜测，让知识经验的建构更具逻辑性、科学性，幼儿的学习和发展更具自主性。

在我园的种植劳动中，幼儿自带录音夹、手持气象站，俨然成为一个个种植管理员，进行专业的记录、分析。这些设备的运用，一方面提高了幼儿参与活动的兴趣，另一方面也让幼儿对科学认知的态度更加严谨。

（三）利用信息技术分享幼儿的探究性学习成果

二维码是信息化资源所在网址的一种读取渠道，早已被幼儿熟知。当中班幼儿发现种植园地里的二维码时，也知道用终端设备扫一扫，以获取信息。大班幼儿对二维码的运用则更进一步，他们会利用二维码收录、储存、流通和转换信息。这项技术的运用让小农场里的活动"活"了起来、"流动"起来，让未亲身参与某项劳动的幼儿也有机会目睹现场情况，弥补了缺憾。同时，这种形式也便于信息和经验的流传。

观察时间到了，一群中班幼儿来到了种植劳动区域，他们对一片萝卜地产生了浓厚的兴趣，因为这个地块的植物标识牌上画着四种萝卜呢。仔细瞧瞧，地里种着的萝卜，叶子确实长得不一样。那究竟种了哪些种类的萝卜呢？眼亮的小朋友发现了大班哥哥姐姐留在标识牌上的二维码。"老师，有二维码！快扫一扫！"在孩子们的强烈建议下，老师用手机扫了二维码，很快，屏幕上出现了大班哥哥姐姐在地里收获萝卜的视频，老师将视频保存到手机里，回班级播放，带领小朋友们仔细观察不同品种萝卜的叶子……

大班幼儿在小农场的各项活动中，能自主运用智能手机边扫边看，既能了解之前参与活动的幼儿"放进"二维码中的相关内容，也能对自己眼下的活动进行补充和调整，还能将自己的活动内容生成新的二维码，使得种植劳动活动的资源不断丰富、传承。信息技术能帮助幼儿更好地对农作物的生长变化情况进行跟踪，实现幼儿自主学习经验的延续传递，引发幼儿自发、主动地开展学习和探究，避免了教师组织幼儿集体活动可能出现的幼儿被动参与及教师空洞说教等问题。

（四）利用信息技术提升幼儿的合作学习能力

让幼儿"乐意与人交往，学习互助、合作和分享"是《幼儿园教育指导纲要（试行）》对幼儿"社会"领域提出的教育目标之一。瑞吉欧教育理念也指出：相互交流、解决认知冲突、合作活动是幼儿最佳的学习方式。合作活动能最大限度地促进幼儿同伴之间的相互交往和相互影响，他们互相帮助、共同探讨、亲密合作，不同发展水平的幼儿在合作中都能获得进步和成功。

棉花地前，一群大班的小朋友围绕着棉花的花朵儿讨论着："为什么有的棉花的花是浅黄色的，有的花却是粉红色的？""这些花朵会变成雪白的棉花吗？"

这些问题困扰着小观察员们，他们没有像从前那样去向老师要答案，而是用起了教师给各小组发放的平板电脑，他们知道可以用平板电脑中的"形色"APP来识别花朵，还能向"百度百科"提问。还不会打字的孩子们用语音输入问题，很快就得到了答案。这时，小组长安排小组员记录下关键信息，留存下来，留待日后在实地观察探究时进行比对。

在我园的小农场里，有一块电子信息牌，这块信息牌上会显示每日的天气，还有温度、空气湿度、PM2.5数值等。这一串串跳动的红色字符，每天都牵动着到这里来劳动的幼儿的心。他们会关注一个季节里每天气温的变化："今天34度！哇，太热了！我们要早一点来给黄瓜浇水！"……在冬季，他们会特别关注PM2.5数值，数值较高的时候，他们会自言自语："今天不适合进行户外活动。"有一个离小农场特别近的班级，该班幼儿留心记录下每天的气温，制作出气温曲线图，并通过上网查询，在这张图上标注出不同气温下适宜生长的农作物，为农场的种植活动提供了很有价值的信息。

信息化手段在我园小农场种植劳动中的运用已成为常态，信息技术提供的资源具有及时性、互动性，为幼儿的学习搭建了更高效的平台，让幼儿成为自己学习的主人，主动发现问题，向互联网求解。例如，参加"棉花"项目活动的幼儿，按照能力水平的不同分工，对信息进行检索、摘录，作为日后实践的参考数据。这既体现了幼儿学习的主动性，也表明在信息技术支撑下，幼儿有着很强的学习能力。再如，有了多要素气象站，就可以为小农场中各类动植物的成长提供科学、客观、有效的环境监测数据，方便幼儿调整学习内容、活动进度等。有的班级，每名幼儿都参与了气温记录行动，他们合作完成的气温曲线图，让一年四季的气温变化跃然纸上。这样合作的学习，不是简单的对信息的采集，而是通过对信息的分析反哺实践。这样深入的学习体验是其他学习方式难以达成的。

第四节
种子与根博物空间

2015年，国务院颁布了《博物馆条例》，明确指出博物馆功能之首是教育功能，体现出国家层面逐渐重视具有教育功能的博物场馆建设。在幼儿园课程建设方面，也愈加重视对博物馆资源的开发与利用。虞永平教授认为，博物馆应成为幼儿园重要的课程资源，虽然现有的儿童博物馆资源不足，但幼儿园也不应是无所作为的；幼儿园可借鉴博物馆的理念，开展园内儿童博物馆学习场景建构，组织相应的活动，增强幼儿的博物意识[①]。陈慧雯提出，博物意识就是引导幼儿广泛感知客观世界和人类文化，在丰富、适宜的材料和环境的帮助和支持下，让幼儿自主、积极地观察、感受、体验和探索，从而获得更加鲜活的、完整的、经验的意识[②]。幼儿园的博物教育并非形式教育，它是体验性的活动过程，需要幼儿自行观察与挖掘事物的内涵，观察的角度不同，所得到的收获也就不一样。所谓"博物课程"，是由"博物意识"引领，通过游戏化的形式，将科学探索与课程相结合，使科学、课程、游戏在博物馆相关活动中相融合，让幼儿在实践、游戏、生活中学习，满足幼儿身心全面健康发展需求的课程体系。

在种植劳动教育实践背景下，我园种子与根的博物空间应运而生，逐渐建设了博物空间课程体系，以幼儿为核心，以科学探究为形式，以本地材料为主要载体，以促进幼儿全面发展为目的，遵循多元性、多样性、丰富性、参与性、适宜性原则，开展各类关于种子和根的探究活动、项目活动等，丰富幼儿的学习生活，增长幼儿的见识，培养幼儿多方面的素养。

---

① 虞永平.儿童博物馆与幼儿园课程［J］.幼儿教育，2010（4）.
② 陈慧雯.博物意识与幼儿园课程实践的新探索［J］.当代家庭教育，2022，（10）：77-79.

在生命的奇妙旅程中，种子与根扮演着至关重要的角色。它们不仅是自然界生生不息的象征，更是生命传承与成长的基石。它们既是植物生命的开端，也是植物生命周期的一个终点。生死之间，就像一场波澜壮阔的交响乐。为了深入探索这个神奇的世界，我们精心打造了以"种子与根"为主题的博物空间，既注重科学性，又强调趣味性和互动性。我们希望通过生动的活动案例，让每一位访客都能深入了解种子与根的生长过程、形态特征以及它们在自然界中的重要作用。同时，我们也希望激发幼儿对生命科学的兴趣，培养他们对自然环境的敬畏之心。

我园种子与根博物空间的设立，也秉承了"全收获"课程理念。"全收获"的"全"指多层次、多方面、多主体，可以归纳为"全过程""全要素""全领域""全主体"四个方面。"全过程"即关注生命成长和材料利用的全过程。种子与根博物空间的创立，为亲历与见证植物界生生不息的生命循环之旅搭建了独一无二的平台。它从"全要素"维度出发，犹如一扇通往自然奥秘的窗，极大地激发了幼儿对植物的最初形态（连同土地下的秘密）的浓厚兴趣。这不是一个简单的收集多样化标本的过程，而是引领幼儿踏上一段深入探索植物世界全貌的奇妙旅程。在这里，孩子们的体验将超越表面上的收集动作，深入学习植物的生长规律，了解植物的生态环境，理解它们在自然界中具有不可或缺的重要作用，从而培养起对大自然全面而深刻的理解，生起敬畏之心。"全领域"强调要关注种植劳动中幼儿在每个领域的发展，应在课程审议和评价中反观种植劳动课程内容设置是否全面、课程目标是否达成。"全主体"是指在关注幼儿经验获得情况的同时，也关注教师、家长等其他相关人员的经验获得情况。

在我园，围绕博物空间而开展的活动大致可以分为下面三类。

①搜集与观察活动。如"与你'油'约""紫茉莉中的'小地雷'""芝麻开门""从一颗'小果子'说起""寻根"等活动。

②种植活动。如"秋葵的秘密"活动。

③制作活动。如"特别的根"活动。

下文对我园种子博物空间与根博物空间的创建以及相关活动做简单介绍。

一、种子博物空间的创设与利用

（一）种子的价值及种子博物空间的意义

1. 种子的特性与价值

（1）种子的特性

从结构组成角度来说，种子一般由种皮、胚和胚乳三部分组成，有的植物种子仅有种皮和胚。种皮保护种子内部不受外界环境影响，胚具有发育成新植株的潜力，胚乳则储存营养，供种子萌发时使用。

种子的形状、大小、颜色等因植物种类而异，具有高度的多样性。例如，椰子的种子大而重，而某些草本植物，如马齿苋，种子则极小。

许多种子具有特殊的结构以适应不同的传播方式，如风力传播、水力传播、动物传播等。这些结构有助于种子远离母株，扩大植物的分布范围。

种子在适宜的环境条件下会萌发，但许多种子具有休眠特性，能在不利环境条件下保持活力，等待更合适的生长时机。

（2）种子的价值

繁殖作用。种子是植物繁衍的主要方式之一，通过种子的传播和萌发，植物种群得以延续和扩展。

生态价值。种子在生态系统中扮演着重要角色，它们是许多动物的食物来源，也是植物群落更新和演替的关键因素。

经济价值。许多农作物的种子是人类食物的重要来源，如小麦、水稻、玉米等。此外，种子还可以用于提取油脂、制作药物和香料等，具有重要的经济价值。

（3）种子于幼儿的价值

每一颗种子都蕴含着巨大的生长潜能，只要给予适宜的条件，它就能发芽、生长，最终成为一棵完整的植物。引导幼儿观察种子发芽生长的过程，能帮助他们理解生命的奇迹和成长的艰辛，培养他们对生命的敬畏和珍惜之情。

2. 种子博物空间的意义

我园种子博物空间与"全收获"课程同步发展，进一步推动了幼儿在劳动教育中的自主探索和主动学习。构建了"充满博物意识"的课程环境后，我们引导幼儿在此环境中充分体验和探索，同时，结合"全收获"课程理念，在探究活动中体现收集、观察、互动和创新等关于博物意识的重要元素，从而更好地促进幼儿全面发展。

3—6岁的儿童正处于快速发展的关键阶段，他们对神奇的大自然充满了好奇和渴望，对"种子博物"相关话题也有浓厚的兴趣，他们在相关活动中的表现也表明他们对科学探究和动手实践有极大的热情。据此，幼儿园阶段，教师可以强化科学探究活动，激发幼儿的好奇心，培养他们的探究精神和博物意识，全面拓展幼儿的知识领域。

我园的种子博物空间已不再是一个简单呈现和展览植物种子的地方，而是一个注重引导幼儿参与建设和体验的地方。置身于"全收获"课程建设、发展的真实情境中，幼儿拥有知情权、参与权、选择权、决定权。幼儿是博物空间的主人，他们能根据自己的兴趣、爱好，选择适宜的方式与途径，以内在驱动力深度参与相关活动。园所也以幼儿的发展需求为出发点，从看、说、听、做、玩等方面，让空间内的每一处都蕴藏着种子的秘密。当种子博物空间的情境与生活发生密切联系，幼儿的思维与行为就会发生变化，他们将已有的生活经验运用到博物空间的创建中，又把从博物空间中获得的经验迁移到生活中，为生活解决实际问题。

自种子博物空间建起之后，幼儿经常来观察，并相互交流。"那么多种子，可以用来干什么？""幼儿园里可以种哪些种子？""种子加工一下，是不是可以吃呀？"……这些童言稚语，这些疑惑与问题，成年人可能会觉得幼稚，但体现的都是孩子们真实的内心世界。教师应当从幼儿的视角出发，从平等互动的师幼关系出发，引导幼儿了解种子相关知识。在我园的种子博物空间，幼儿能观察到植物处于种子时期的形态，感受到种子作为植物最复杂的器官，为了繁衍和传播，为了完成生命的延续，在几亿年间，经过微小而持续的自然演变，进化出了千差万别的外形和能力。

（二）种子博物空间的区域划分

1. 陈列区

我园农艺馆东边墙面区域是种子博物空间的陈列区，恰好位于小蜜蜂农场的入口处。墙面的一侧则是工具摆放处，方便幼儿摆放装有种子的瓶罐，并归类摆放工具。这样安排，既便于幼儿操作，也保证了活动的连贯性。陈列区的木架上陈列着的种子，大部分都是由幼儿自己在农场里收获的，瓶身上记录着种子的名称和收获的时间，可供幼儿观察，同时还配有种子收集图鉴。

以下为"种子图鉴"的部分内容。

种子图鉴（部分）

编号	名称	图片	收藏年月	编号	名称	图片	收藏年月
1	黄豆		2022.9	5	南瓜子		2023.10
2	麦子		2023.5	6	杨花萝卜		2024.4
3	黑芝麻		2023.8	7	棉花种子		2024.6
4	玉米		2023.10	8	红豆		2024.9

此外，还有专门的"种子收集册"，用来记录幼儿收集种子的过程。

人们对事物的认知之旅往往始于浓厚的兴趣，这份兴趣如同灯塔，引领我们深入探索未知的领域。在持续的学习过程中，观察则成为我们理解世界、深化认知的基石。尤其是幼儿，正处于形象、直观思维阶段，他们通过观察这种直接而生动的方式，能更有效地积累和储存丰富的表象经验，为后续的动手操作和实践活动奠定坚实的基础。

在博物教育的广阔天地里，"观察"这个环节尤为重要。它是幼儿接收博物知识、汲取博物经验的桥梁，是连接幼儿与博物世界的不可或缺的纽带。因此，在规划种子博物区域时，我们特别设置了一个观察区。这个区域是一个静谧而充满探索氛围的空间，其中陈列的物品或展品以静态的为主，便于幼儿静下心来仔细端详。

在观察区内，环境的营造与材料的投放都经过精心考量，旨在激发幼儿的好奇心与求知欲。幼儿可以通过观看展品的细节、欣赏其独特的美感、阅读相关的文字说明或图片资料，以及与同伴或教师交谈讨论等方式与陈列品或展品进行互动。这种互动方式，不仅丰富了幼儿的知识储备，更培养了他们的观察力、思考力以及语言表达能力，为他们今后的全面发展奠定坚实的基础。

2. 操作区

瑞士著名儿童心理学家皮亚杰认为，幼儿的认知源于动作。动作是连接主体与客体的重要枢纽，是主体客体相互作用的直观表现。通过操作来学习，是符合幼儿发展特点的，是幼儿脑体并用的最佳学习方式。① 当幼儿在博物教育过程中，围绕特定物品或中心话题积累了足够多的经验，开始涌现出较为深刻的思考、独特的发现以及强烈的探究欲望时，操作区便成了他们实现自主实践、将构想转化为现实的理想场所。在这里，幼儿可以自由运用所学知识亲手操作，探索未知，让脑海中的预想得以实现，在实践中深化理解，获得更加直观和全面的学习体验。

我园种子博物空间的操作区位于小农场西面，这里同时也是我园的农作物创意工作坊。在"种子创意画"活动里，幼儿用自己收集到的种子完成种子粘贴画，根据其外形特点设计和布局画面，感受不同形状、色泽的种子排列成图案的效果。在本活动中，幼儿能发现自然材料之美，享受自然创作的愉悦，全面提高观察力、探究力、合作力、问题解决能力、规划能力、沟通表达及艺术表现能力，同时，深化了亲近自然、热爱劳动的情感，也增强了责任感，获得了成就感。

（三）种子博物空间相关活动例举

1. 与你"油"约

在小蜜蜂农场，四季的更替如同生命的轮回，充满无尽的奥妙，有着无与伦比的美丽。每个时节，我们都能收集到独特的植物种子。

小五班离小农场很近，且门外这块土地就是他们的"责任田"，幼儿在教室里，透过窗户玻璃就能看到小农场的各种植物，靠近窗户的油菜花更能得到幼儿的青睐。自由活动时间，总能看到这个班的孩子们趴在窗台上，交流着各种关于油菜花的话题。为了来年能再度目睹油菜花田绽放灿烂的金黄，小朋友们决定剥开种荚，收藏油菜种子。

---

① 王丽丽. 幼儿操作性学习研究［D］. 武汉：华中师范大学，2013.

收获油菜籽后，孩子们来到工作区。这里的桌上摆放着各式各样的玻璃瓶，有大有小，形状各异。老师给大家示范检查玻璃瓶的方法，要求确保瓶子干净、无裂痕，并提醒孩子们用柔软的布轻轻擦拭瓶子，以免划伤小手。孩子们兴奋地挑选着自己喜欢的瓶子，小心翼翼地擦拭着，仿佛在为即将"入住"的油菜籽准备最舒适的房间。

接下来，孩子们在老师的指导下，尝试将一层薄薄的干燥的沙子或纸巾铺在瓶底，作为油菜籽的"床铺"。孩子们学着老师的样子，轻轻地将种子放在上面，仿佛在进行一场神圣的仪式。

安置好种子之后，就到了最关键的一步——密封与标记。老师向孩子们展示如何拧紧瓶盖，并向他们解释：要确保瓶子密封好，防止潮气和昆虫入侵。

最后，孩子们用彩笔在瓶身上画上自己喜欢的图案，并写下种子的名称、收集日期和自己的名字。每一个玻璃瓶都变成了独一无二的艺术品，承载着孩子们的梦想与期待。

2. 紫茉莉中的"小地雷"

在小农场场馆活动中，中二班的心心惊喜地发现了众多紫色的小花，她兴奋地喊道："看，这些一定是喇叭花吧！它们长得多像迷你的小喇叭啊！"小宝好奇地凑近花朵，轻轻嗅了嗅，疑惑地说："它们还没完全开呢，是不是还要等一等，它们才会全开？"恒恒和姣姣满怀期待地转向老师，齐声问道："这些花叫什么名字呢？"老师微笑着回答："这是紫茉莉，不过它名字的由来可不仅仅是因为它的颜色是紫色哦。"接着，老师又向孩子们透露了这种花一个有趣的别名——"地雷花"。"咦？它长得一点也不像地雷嘛！"孩子们纷纷表示不解。

为了解答大家的疑惑，老师带小朋友们来到操作间，大家一起观看了一段视频。原来，紫茉莉是个害羞的小家伙，它选择在傍晚时分悄悄绽放，避免与其他花朵在白天竞相斗艳。更令人惊奇的是，紫茉莉的花汁还能用来染指甲，而将它花朵的蒂部轻轻一拉，就能从底下抽出一根长长的花蕊，然后使其变身为漂亮的"耳环"。悦悦在尝试了两次后，终于小心翼翼地拉出了花蕊，然后将其蒂部轻轻放到耳朵眼里，花蕊牵连着垂下的花瓣，荡来荡去，俨然一对精美的耳环。悦悦大方地将"耳环"送给了心心。

柔柔和心心则兴奋地尝试用紫茉莉的花朵来涂抹指甲，那淡淡的紫色为她们的指尖增添了色彩，两人相视而笑，感到十分满意。

孩子们还发现，剥开紫茉莉绿色的蒂部，里面竟然藏着圆润的种子。悦悦解释说："这些种子现在是绿色的，等它们成熟后就会变成黑色的'小地雷'了！"

又过了一周，中二班的小朋友们回到农场，小心翼翼地将紫茉莉黑色的种子一一挑选出来。他们仿佛是在进行一场寻宝游戏，每找到一颗成熟的种子，都伴随着一阵欢呼。随后，他们将这些珍贵的种子放在阳光下晾晒，希望借助大自然的温暖与力量，让种子们更好地储存养分，为来年的生长做好准备。

在晾晒种子的过程中，小朋友们不时聚在一起，兴奋地讨论着春天播种时的情景，想象着一片由自己亲手种下的紫茉莉盛开的美景。他们纷纷表示要精心照料这些种子，给予它们足够的关爱与耐心，期待着它们破土而出、茁壮成长的那一刻。

3.芝麻开门

秋风吹送，大一班的孩子们迎来了丰收的喜讯。他们的目光聚焦在那不起眼却充满生命力的芝麻上。从一粒粒微小的种子开始，孩子们见证了它们茁壮成长，直至迎来这丰收的时刻。当孩子们看向那片成熟的芝麻田时，心中涌起了无数关于芝麻的奇思妙想。

奥利："我吃过芝麻糖，里面就有这个。"

熙熙："这就是芝麻的种子，好小，好可爱！"

圆圆按捺不住内心的激动，想拔起一株芝麻来看个究竟，却发现它稳稳扎根于土中，纹丝不动。"哎呀，这芝麻怎么这么顽固！"他有些沮丧。这时，一旁的小伙伴提醒道："你这样硬拔是不行的，我们找剪刀来吧。"

一句话点醒了圆圆，也让大家意识到，收获芝麻是一门需要技巧的活儿。

然而孩子们很快发现用剪刀难以剪断芝麻秆，面对这个难题，他们迅速展现出他们的智慧与团队协作能力。

澄一提出一个实用的建议："我们可以找一把更大更结实的剪刀来尝试。"这个提议立刻得到了大家的认可，因为它直接针对剪刀力度不够的问题。

草莓则细心地观察到了芝麻秆的特点，她提出："找到芝麻秆最细的地方去剪，可能会更容易成功。"

肉肉则从实际操作的角度出发，强调了合作的重要性："在剪的时候，我们需要两个人合作，这样才能更好地控制力度和方向。"

经过反思及同伴间的热烈讨论，孩子们决定调整策略。他们各自找到了可靠的伙伴，共同寻找芝麻秆上较为脆弱的部分，然后齐心协力、小心翼翼地将其剪断。不久，陆续传来成功的喜讯，孩子们兴奋地大喊："老师，我成功啦！"这一刻，他们努力值得肯定，他们的智慧与勇气更值得赞美。

收获之后，孩子们没有忘记接下来的重要步骤——晒芝麻。他们紧跟着汤伯伯，小心翼翼地将芝麻搬运到晾晒的地方。每个孩子都像是守护宝藏的勇士，生怕遗漏掉任何一粒珍贵的芝麻。

日子一天天过去，晾晒场上的芝麻秆悄然间换上了金黄色的外衣，宣告着真正的成熟。孩子们的心中充满了期待，因为汤伯伯的话语时常在他们耳边回响："等到芝麻秆子变黄，就可以敲芝麻啦！"

这一天终于来临，孩子们兴奋地聚集在院子里，眼中闪烁着探索未知的光芒。他们开始四处搜寻，希望找到最适合盛放芝麻的容器。有的孩子找来了大竹篮，有的则发现了旧木盆，还有的干脆用宽大的树叶临时拼凑成一个简易的"芝麻接收器"。

三五个孩子自然而然地组成了一个小团队，他们分工合作，有的手持芝麻秆，有的则拿着小木棍或石头，准备开始这场有趣的"芝麻雨"盛宴。随着第一声清脆的敲击声响起，黑色的芝麻粒儿如同细雨般纷纷扬扬地洒落下来，落在孩子们精心准备的容器中，也迸溅到他们的笑脸上，整个院子顿时充满了欢声笑语。

孩子们一边敲打着芝麻秆，一边兴奋地交流着自己的发现和感受。

随着一颗颗乌黑的小芝麻掉落，已经有小朋友拿着玻璃小罐子准备封装了。

如意："这里面还有好多小树叶，怎么办呀？"在汤伯伯的指导下，孩子们决定动手筛芝麻。

不久，孩子们又遇到了新困难。

果果首先发现了问题。她拿洗菜篮尝试筛芝麻，却遗憾地说："哎呀，这个洗菜篮的洞洞太大了，芝麻都漏得一干二净了，看来得换个法子。"

圆圆则选择了另一个工具——滤网，但结果也不尽如人意。她皱着眉头说："这个滤网虽然能挡住芝麻，但问题是它的网眼太小了，连细小的灰尘都卡在网眼里，筛不干净。"

正当大家一筹莫展之际，心心灵机一动，她找到了两样工具配合起来使用，获得了成功。她得意地向大家展示自己的创意组合："你们看，我把竹匾和扇子放在一起用！"心心的创意得到了大家的一致赞赏，孩子们纷纷效仿，最终都成功地筛选出了干净的芝麻。

4. 秋葵的秘密

种子博物区的功能远不止于储藏种子，它还承载着传承与创新的使命。我园还致力于挑选并培育那些具有优良特性的种子，并用它们来播种，以此扩充园区的生物多样性，并推动农业与园艺的可持续发展。

在这个过程中，专业的园艺师汤爷爷和教育工作者携手合作，挑选优良种子，随后将其播撒在小蜜蜂农场中精心培育，孩子们有机会亲眼见证植物从播种到发芽、从幼苗到成熟的全过程，从而深刻理解生命循环的奥秘，明白农业生产的艰辛，感受收获劳动成果的喜悦。

下面是一个关于秋葵种子的故事。

种子博物区里，孩子们七嘴八舌地谈论着："这是不是我们之前观察过的秋葵呀？""怎么感觉颜色不一样？秋葵是绿色的呀。"更多的孩子探出了小脑袋，想要看个究竟。他们发现，现在的秋葵跟刚采摘下来时的模样差距很大，所以特别感兴趣，不停地问我问题，想寻求答案。

"对呀，这就是我们上学期采下来的秋葵，一直在晾晒的。"靳展说。紧接着，我拿起一个秋葵指了指："这里头还藏着秘密呢！""肯定是小种子！"朵朵开心地说。"那我们一起把秋葵剥了，把它的种子放到种子博物区吧！"我一边说着，一边请小宝把秋葵果荚打开。小宝除去秋葵干枯的表皮，秋葵的种子露出来，它们都整齐地排着队呢。"哇！"小朋友们像看到了新世界——"好多种子呀！""老师，老师，这些小种子什么时候可以播种？""我们可以参与播种吗？"……

孩子们浓厚的探究欲望正是闪亮的教育契机。为了满足他们的好奇心，我们打算将秋葵种子重新播种到地里去。

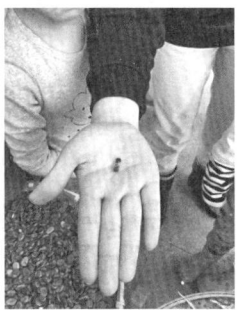

（1）讨论播种方式

种子选择好了，那怎么播种呢？孩子们忙活起来，交流、讨论、查阅资料、询问汤伯伯……

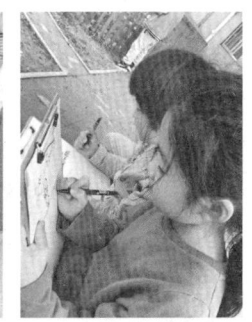

最后，我们总结出三种播种方式，它们分别是：穴播、条播与撒播。

（2）正式播种

经过前期精心地准备，我们的秋葵终于种上啦！孩子们先尝试了穴播，又和汤伯伯一起拿着大锄头试着挖小沟，然后将秋葵种子撒在小沟里。

（3）期待种子萌芽

秋葵种下去之后，孩子们就对秋葵的生长情况十分关注，每天中午到楼下去散步时，他们都主动要求去看一看秋葵苗有没有发芽。可是过去了一个星期，小种子依然毫无动静。孩子们猜想：是不是我们给小种子的照顾不够呢？于是他们更加用心地给秋葵地除草、松土，希望秋葵能快快长出来。可是秋葵种子好像睡着了一般。大家很焦急，不少孩子跑过来询问我。

多多："老师，老师，为什么我们种下的秋葵种子还没有发芽呢？"

苗苗："对呀！我们都种下好久了。"

冬蕊："老师，我们的秋葵不会死了吧？"

看着一个个焦急的脸庞，我安慰道："每一种植物都有它自己的生长规律，只有时机到了，它才会发芽。我们现在要做的就是耐心等待。"虽然这样安慰他们，但我不是百科专家，心里也不是很有底。到底秋葵为什么还没有发芽呢？我们决定再去询问"菜园博士"汤伯伯。汤伯伯告诉我们，秋葵的出芽天数比较长，如果天气暖和的话，大概需要十几天，如果天气冷，需要二十几天呢！这几天正好下雨，所以秋葵就长得慢了。听完汤伯伯的解释，我们放心多了。

总结与反思：

首先，"全收获"理论强调幼儿在教育活动中的全面参与和多方面的收获，而种植秋葵的活动正是这一理念的生动实践。幼儿不仅通过观察、讨论、提问等方式参与了对种子的识别和探究，还亲手参与了播种、照料等实践活动。这个过程不仅让他们获得了关于植物生长的直接经验，更激发了他们对自然的好奇心和探索欲。同时，他们在活动中学会了合作、沟通、等待与坚持，这些非认知领域的发展同样重要，不可或缺。

其次，种子博物空间作为活动起点，为幼儿提供了一个观察、学习、思考的平台。在这里，幼儿对种子的认识不再局限于书本或图片，而是有了更加直观、具体的体验。更重要的是，这一平台激发了幼儿进一步探索的欲望，促使他们将所学知识应用于实践，即进行秋葵种植活动，在整合性的活动中，实现了从理论到实践的跨越。教师也积极引领幼儿亲身体验、动手操作、细致感知、深入思考，全面获得关于植物、种植以及生态环境的深刻认知。幼儿不仅积累了知识，更有了多方面能力的发展，这些能力包括且不限于敏锐的观察力、积极的探究精神、有效的团队合作能力、灵活的问题解决策略、实际的种植技能、前瞻性的规划能力、清晰流畅的沟通表达能力，以及富有创意的艺术表现力。

此类活动还深刻影响着幼儿的情感世界，激发了他们对自然的亲近与爱护之情，培养了他们尊重劳动、珍惜成果的价值观，增强了他们的责任感与成就感。在这些丰富的情感体验的影响下，幼儿将更加健康、全面地成长，为成为有责任感、有创造力的社会成员奠定坚实的基础。

在种植活动的过程中，幼儿遇到了秋葵种子迟迟不发芽的问题，这一挑战不仅考验了他们的耐心和毅力，也促使他们主动寻求答案，如询问汤伯伯等专业人士。幼儿因此学会了如何面对困难、如何寻求帮助以及如何运用所学知识解决问题。这些都是他们成长道路上宝贵的财富。

最后，回顾此次活动，我们可以看到，"全收获"理论在种子博物空间以及延伸出去的种植活动中都得到了充分体现。通过参与活动，幼儿收获了知识、技能、情感态度等多方面的成长，这也为幼儿园的教育教学提供了有益的启示：要充分利用身边的资源，创设丰富的教育环境，引导幼儿在探究、实践、反思中不断成长。

5. 从一颗"小果子"说起

虞永平教授提出"全收获"的种植劳动教育理念，"全"是指多层次、多方面、多主体，"全收获"理念下的种植活动，意味着要引导幼儿开展多样化的活动、帮助幼儿获得多方面的经验，还要促进教师、家长等成人的发展。

然而，在很多幼儿园的种植活动中，幼儿常常只是种植过程的旁观者、景观的欣赏者、果实的分享者，对幼儿来说，无参与、重结果的种植活动，其收获是单一、表面的。[①] 有研究者根据"全收获"的种植劳动教育理念提出"全参与"理念，认为在种植活动中要增强幼儿的自主选择权，充分尊重幼儿的主体地位，让每个孩子都有机会亲身参与到种植、管理、收获的全过程中来。

在我们引导幼儿探究种子奥秘的过程中，幼儿要按照自己的兴趣、意愿和能力自主生成课程，这意味着他们可以在真实的情境中建构经验，进行深度学习。这种学习方式不仅能够让幼儿更加深入地了解种植的过程和原理，还能够培养他们的观察能力，提升其分析和解决问题的能力。幼儿可以根据自己的兴趣和喜好来选择探究活动的方向和内容，从而更加投入、热情地参与到探究过程中来，能够充分发挥自己的想象力和创造力，设计出独一无二的活动。

当然，在这个过程中，教师的角色也是非常重要的。教师需要为幼儿提供必要的支持和指导，帮助他们解决在种植过程中遇到的问题，同时，教师需要关注每个

---

① 王娟. 从全参与到全收获——幼儿园花草种植活动的实践与探索[J]. 好家长, 2018, (78): 72-73.

孩子的兴趣和需求，确保每个孩子充分参与活动，得到发展。在接下来的案例中，我们将看到教师是如何在幼儿自主发起的探究活动中起到引导作用的。

（1）发现一颗小"果"子——拾趣讨论

五月，普通的一天，气温适宜，大自然呈现出一派欣欣向荣的景象。早晨，孩子们陆陆续续进园了，他们分散在中庭草坪的各处，玩着晨间锻炼游戏。我们班的小艺小朋友突然向我跑来，递给我一个果子——"老师，我捡到了一个小果子！"

起初，我并没有在意，可不一会儿，捡果子的幼儿越来越多。

"老师，我也捡到了小果子。"

"我也捡到了，我捡到了5个……"

"这是'蓝莓'，树上还有好多新鲜的'蓝莓'呢！"

孩子们讨论的声音越来越大。

我疑惑：草坪上哪来的"蓝莓"呢？

孩子们带我走近他们捡"蓝莓"的地方，我抬头一看，果然，树上挂满了一串串"蓝莓"，地上也落得到处都是。再仔细看那树叶，我大概知道"蓝莓"的真正身份了。看着孩子们对"此果乃蓝莓"深信不疑、快乐忙活的样子，我打算先不把真相告诉他们，干脆给他们找来几个袋子，让他们提着袋子四处收集。"哦！快来采蓝莓哦！新鲜的蓝莓！"元宝的吆喝声吸引了更多的孩子来收集"蓝莓"。

低处的"蓝莓"很快被他们采摘一空，他们又开始四处寻找果子的踪迹。

"这块地上也有。"

"我够不着，我到蹦床上采去。"

"老师，你能抱我一下吗？"

"这儿也有,你们几个快来!"

"这地上的像葡萄干一样,它是葡萄吧?"

"周老师,我知道,这是芒果!"星宝凑到我耳边,小声告诉我。

我被孩子们各种"信誓旦旦"的答案给逗笑了。我努力忍住不说出答案,想看看接下来孩子们和"小果子"之间还会发生什么趣事。

"周老师,你看!"美宝叫住了我。她手里正拿着一颗脱了皮的"蓝莓","蓝莓"里面是一个裹着一些绿色浆汁的白白的硬核呢。

"老师,这不是蓝莓吧?"

"对,我吃过蓝莓,蓝莓是圆圆的,这个是有点儿尖尖的!"

这时,有些孩子凭自己已有的经验表达着对蓝莓的了解,对面前"蓝莓"的身份产生了怀疑。

(2)真假蓝莓大 PK

孩子们拾到的"蓝莓"有的被带回了家里,有的被带回了班级。我鼓励家长和孩子们一起探究"果子"的身份,也从超市买来了真正的蓝莓,和孩子们开启一场"真假蓝莓 PK 赛"。

大家首先对这些拾来的深蓝色的"果子"进行了仔细观察。他们发现,这些果实的颜色、大小和蓝莓非常相似,但形状略有不同——超市买来的蓝莓果子,形状是扁扁圆圆的椭圆形,表面光滑,颜色偏蓝,脑袋上好像开了一朵小花,看起来非常诱人;而草坪上拾到的"蓝莓"形状是细长的,表面有一些凸起的纹路,颜色为深紫红色,与蓝莓的颜色非常接近。于是,孩子们决定进一步探究。

他们先是用手指轻轻摸了摸蓝莓和"果子",感觉它们不同的触感。"蓝莓摸上去更滑一些。"孩子们用稚气的语言描述着自己的发现。有的孩子对"果子"里面的秘密越来越好奇,开始揉捏"果子",发现它们比蓝莓更硬一些,蓝莓捏一捏会变形,会流出蓝莓汁,而"小果子"捏起来硬硬的,将新鲜的"小果子"掰开后,里面出现硬硬的、细细的白籽,而表面皱巴巴的"小果子",用力捏也捏不开。这一发现让小朋友们更加好奇:这些"小果子"究竟是什么?

(3)追根"树"源

为了找到答案,散步的时候,小朋友们来到了这棵"蓝莓树"旁。这到底是什么树呢?仔细看这棵"蓝莓树",发现它叶子间还隐隐约约有一些花朵。看到孩子们困惑的样子,我不禁提示道:"别忘记去年秋天我们还在这树底下拍过照片呢!再提示一下,开花季节,它会有浓浓的香味!""啊,这原来是桂花的果子!"琛琛第一个说出答案。"啊?这怎么会是桂花(的果子)?""那蓝莓树长什么样子呢?"闹

闹也表示了怀疑和不理解。孩子们绕着这棵桂花树笑着、闹着、聊着，兴趣高涨。我想，或许孩子们和"小果子"的"乌龙"故事还会有"续集"。

（4）走近蓝莓

每学期，我园都会组织一次亲子游活动。这学期，我想和孩子们一起去找一找真正的蓝莓树。家长听说了孩子们和一颗"小果子"的故事，也纷纷表示支持我们的探索之旅。在家长的帮助下，我们一同来到一个蓝莓果园，看到了蓝莓树，摘到了蓝莓果子，品尝了蓝莓。

"蓝莓树和我们幼儿园的桂花树比起来可矮多了！"

"采蓝莓的手会变颜色！"

"蓝莓吃起来有点酸。"……

原来，蓝莓树的树高一般在1-2米之间，是一种小型灌木。它的树干比较粗壮，树枝比较密集，向外展开，形成了一个宽大的圆形或半圆形树冠。在春季和夏季，蓝莓树的树叶间会开出白色或粉色的花朵，非常漂亮，会吸引许多蜜蜂和蝴蝶前来采蜜。蓝莓果实直径约为1厘米，呈深蓝色或紫色，表面光滑，内部汁液丰富，味道酸甜可口。

通过观察、采摘、品尝和园林叔叔的讲解，我们对蓝莓的了解更进了一步。

（5）小种子大希望

新的一周，我们和往常一样在草坪上锻炼，桂花树底下依旧围绕着我们班的孩子，他们指着落下的小果子，悻悻说道："这是桂花树上的宝贝。"

"对啦。不过这个小果子可不能吃哦，它是桂花的种子！"

"桂花的种子？种子能种吗？"孩子们新的问题又出现了。

"桂花的种子？种子能种吗？"这难倒了我。但我回想起，去年植物学专家常教授入园指导时，桂花树上正结着绿色的种子，当时有老师提出了相同的问题："这种子能种出桂花树吗？"常老师回答道："可以种活，但难度比较大，可能会变异……"嗯，可以种活！那这些小种子有用武之地了。

午餐后，我和感兴趣的孩子一起学习了桂花种子的处理和储存方法，第二天，孩子们还从家里收集了废旧的瓶子，准备做装种子的容器。

收集、存储种子的工作开始啦！第一步，要动手挑选出新鲜的、成熟的种子；第二步，去皮，冲洗、揉捏出里面的种子；第三步，平铺晾干；第四步，装瓶保存。

可现在还不是种桂花的时候，这些小种子该放在哪里储存呢？铁蛋激动地告诉我："小农场呀，小农场那边有很多瓶种子，我看见过的。"这提醒了我们！于是，一瓶孩子们用心收获的桂花种子就被交到了汤伯伯手上，陈列在种子展示区。此时，这个故事里的角色已经不仅仅是中三班的孩子和小种子了，还多了我、家长、园丁、汤伯伯，还有这所幼儿园……我们和小种子的故事还没有结束，希望这些小种子将来能长成参天大树，花香沁人心脾……

总结与反思：

全参与式的种子探究活动中，幼儿能按自己的兴趣、意愿和能力自主生成课程，在真实的情境中建构经验，开展深度学习。一颗"小果子"，引发了幼儿对桂花种子的持续探究和观察。本次活动不仅让中班幼儿成功区分了桂花种子和蓝莓，还激发了他们对植物种子和自然物种的好奇心。他们学会了如何通过观察、比较来解决问题，学会了正确表达自己的看法，同时也对大自然物种的丰富和神奇产生了更多的探究欲望。

教育不仅仅是引导受教育者获取知识，更是让受教育者的情感、态度、能力等多个方面获得成长、发展。面对幼儿的新奇发现与未知疑问，教师保持着同样的好奇心与探索欲，与他们"并肩作战"，共同寻找答案。这种平等参与，不仅激发了幼儿的学习热情，也让师幼在相互启发中共同成长，实现了知识与情感的双重收获，这就是"全收获"教育理念强调的"师生共同成长"。

在活动中，也体现出"多主体"参与的理念，即教师、家长等多个主体积极参与活动，都有所收获。其中，教师不断学习植物科学知识、种植知识，强化了科学的教育理念，反思活动的组织实施策略并加以调整和优化；家长为幼儿的探究提供必要的物质支持、心理支持、技术支持，转变了对于种植劳动的观念，收获了正确的育儿理念，增进了亲子之间的感情。本次探究活动中还有小农场汤伯伯、园林叔叔的身影。不同的资源、知识，互相补充，使幼儿的探究过程更完善。正是通过多元教育力量的融合，幼儿才可以获得更加全面和丰富的知识与经验，才能更好地理解自然界的奥秘。在未来，孩子们还将继续借助多种资源的力量开展关于植物种子的探究活动，发现更多关于大自然的奥秘！

二、根博物空间的创设与利用

（一）根博物空间的由来

1. 为什么关注根

我园小农场里，农作物的茎、叶、花、果实等品类丰富，但幼儿的探究对象缺少了一个关键部分——根。根，它往往不能被直接看见，埋藏于黑棕色的土壤里，总是那么不明显。但正是这个容易被忽略的部分，在植物的生命历程中扮演着至关重要的角色——它是植物生命的支撑，维系着植物的生长，是植物与土壤、水分和养分建立关系的源头。根作为植物的重要组成部分，不仅在生态系统中发挥着关键作用，还有着丰富的科学、文化和艺术价值。根也是一种日常生活中能触及的资源，可以成为幼儿增长经验的一个载体。在幼儿园创设一个以根为主题的博物空间，不仅可以为幼儿提供一个深入了解根的世界、挖掘根的价值、探索根的奥秘的平台，也能激发幼儿对自然的好奇和探索欲望，使他们产生亲近大自然、热爱大自然的情感。

2. 根的特性与价值

（1）根的形态与结构

根是维管植物体轴的地下部分，主要起固着和吸收作用，还有合成和贮藏有机物质，以及进行营养繁殖的功能。根分为主根、侧根和不定根。根的形态丰富多样——有的植物拥有粗壮而笔直的主根，如胡萝卜和甜菜，深深扎根于土壤之中，为主茎提供稳固的支撑；有的则是纤细如丝的须根，密密麻麻地分布着，如小麦和水稻的根，能够广泛吸收土壤中的水分和养分。根的内部结构同样精巧复杂，从最顶端到基部，分为根冠、分生区、伸长区、根毛区和成熟区五个部分。根不同的部分分工明确，协同合作，表皮细胞起保护作用，维管束负责物质运输，储藏组织储存养分……每一部分都在植物生长过程中发挥着关键作用。

（2）根的生态功能

根的生态功能举足轻重。根是植物吸收水分和养分的关键渠道，通过无数细小的根毛，从土壤中摄取植物生长所需的各种矿物质和水分，为植物的茁壮成长提供物质基础。根还能牢固地固定植物，使其在风雨中屹立不倒，防止水土流失。特别是在山坡、河岸等容易受到水流侵蚀的地区，植物的根系如同坚韧的网，紧紧抓住土壤，有效减少了土壤的流失和滑坡灾害的发生。

（3）根的文化象征意义

根在文化中也承载着丰富的象征意义。根常常被视为稳定、根源和传承的象征。它代表着家族的延续、文化的传承和民族的基础。"落叶归根"即表达了人们对故乡的深深眷恋与回归的渴望。根作为文化意象，不仅在文学、艺术作品中频繁出现，也深深融入了人们的思想和情感之中，成为一种精神的寄托和文化的符号。

3. 建设根博物空间的参考资料

英国皇家植物园邱园（Kew Gardens）是较为成功的根主题博物空间。邱园是世界上最著名的植物园以及植物分类学研究中心之一，其根系统展示区，通过大型的透明根系模型和实景展示，向游客直观呈现了不同植物根系的形态、结构和生长方式，配有详细的科普解说，让游客深入了解根在植物生长和生态系统中的重要作用。

美国纽约植物园则有"地下世界：根的奥秘"展览。该展览运用多媒体技术，包括虚拟现实和互动展示，让观众仿佛置身于植物的地下根系世界，感受根的神奇与复杂。

中国北京自然博物馆也专门陈设了关于根的主题展区，通过展示丰富的根类标本、实物以及图文并茂的展板，系统介绍了根的种类、功能和演化。展区还设置了一些互动实验，增强了观众的参与感。

（二）根博物空间的创设

1. 空间规划

参考上述多个成功案例，我园根据现有的根展品的特性，将根博物空间合理划分为展示区、互动区、操作区等。

（1）展示区

在小蜜蜂农场入口处，墙面侧边的柜面是根的第一个展示区。在台面上的玻璃罐中，精心陈列着形态各异的根，如胡萝卜的根，粗壮，笔直，表面光滑；红薯的根，形状不规则，结节众多；蒲公英的根，相对纤细，颜色淡黄；韭菜的根，呈白色，簇生且短而细；花生的根，长满了小小的根瘤，在土壤中纵横交错……透过玻璃，幼儿可以清晰地观察到多种植物的根的外部特征。

在大厅和绿化带等区域，以及小山坡上，是根的另一个展示区，这里展示着师幼共同收集到的不同植物的根，它们都来自幼儿园种过的各种植物。这些根经过适当的处理后进行展示，幼儿在日常活动中就能接触到，并能对其进行细致观察。如桂花树的根形态各异，有的较粗壮，有的较细长；主根明显，根系发达；幼根颜色较浅，通常呈浅黄褐色，随着根系的生长和老化，颜色逐渐变深，老根多为黄褐色；根系在土壤中蔓延生长，形成复杂的网络。

（2）互动区

在幼儿园大厅里安装有电子白板，滚动播放我园陈列的根的图片，幼儿可利用白板查看关于某种根的详细介绍，了解关于根的知识。

（3）操作区

在幼儿园大厅的西面，有桌椅、纸笔、各种美工材料，可供幼儿即时做表征，记录所观察到的植物的根系，使幼儿乐于创作、表达，提高审美素养。

2. 展品选择与布置

根博物空间展品简介与区域规划（部分）

序号	品种	简介	区域
1	红薯根	红薯的根形状各异，有的像不规则的纺锤，有的像圆润的拳头。它们的根通常粗壮且富有肉质，表皮略显粗糙，颜色或红或白，纵横交错在土壤之中，努力吸收着养分，为红薯块茎的膨大积攒能量。	小农场侧边柜面
2	白萝卜根	白萝卜的根洁白如玉，通常是笔直的，犹如粗壮的象牙。主根粗壮，侧根较少，根的尖端收拢，好似一个优雅的圆锥体。萝卜根在土壤里深深地扎下，凭借强大的吸收能力，茁壮成长。	小农场侧边柜面
3	向日葵根	向日葵的根较为粗壮，主根明显，侧根则有序地分布在主根周围。这些根像坚定的卫士，深深扎入土壤，为高大的向日葵植株提供稳固的基础和充足的水分与养分，使其能追逐着阳光生长。	小农场侧边柜面
4	蒲公英根	淡黄色的蒲公英根纤细而柔韧，它们在土壤中默默伸展，虽然看似脆弱，却蕴含着强大的生命力，为蒲公英花与种子的生长提供着必要的滋养。	小农场侧边柜面
5	花生根	花生的根上布满了小小的根瘤，如同一颗颗小巧的珍珠点缀其上。这些根瘤能够有效地固定氮元素，为花生植株提供重要的营养来源。花生根系在土壤中纵横交错，为花生果实的发育奠定了基础。	小农场侧边柜面
6	棉花根	棉花的根呈白色或淡黄色，主根较粗壮，侧根则密密麻麻地分布在主根周围。棉花的根在土壤中不断延伸，努力吸收水分和养分，以支持棉花植株的生长和棉桃的发育。	小农场侧边柜面
7	桂花树根	颜色深沉的桂花树的根，犹如蜿蜒的蛟龙，在土地深处默默伸展。主根粗壮有力，侧根细密交织，形成了一张稳固的根系网络，为桂花树的繁茂提供坚实的支撑。	幼儿园大厅

上表中提到的这些根，不仅物化了博物馆探究活动的目标，能够引发幼儿的探究兴趣，更能帮助幼儿主动学习与合作学习[①]。儿童博物馆视角下的幼儿园学习场景的建构，以直观的学习场景展区为依托，以幼儿为主要服务对象，通过引导幼儿主动建构和积极探索，激发其好奇心、学习动力和博物意识，是由教师引领、幼儿主动参与的动态建构过程[②]。直观形象的实物，便于幼儿利用直接经验进行探究性学习，贴合幼儿的身心发展规律和学习特点。

（三）根博物空间相关活动例举

1. 寻桂花根

十一月，是我园修剪树木的时候。有一棵小丹桂，挤在几株大树中间，不利于

[①] 陆淑娴.博物意识与幼儿园课程实践的新探索[J].学前教育研究，2014，（10）.
[②] 马伟生.基于儿童博物馆视角的幼儿园学习场景建构探析[J].教育导刊（下半月），2020，（06）：23-27.

自己长大,还影响了其他树木的生长。因此,园部安排园林师傅把它移走,还请了几位小朋友来搭把手。

(1)谈话,确定活动内容

活动开始前,师幼进行了谈话。首先是让孩子们了解马上要去做的事情:挖桂花树的根。虽然这几天都是阴雨天,道路泥泞,但这阻挡不了孩子们的"寻根"热情。

既然要挖树根,肯定要有所准备呀,孩子们开始讨论使用哪些工具。有的说要用铲子,有的说要用锯子,还有的说要用斧头、镰刀。突然,想宝说:"老师,我们小农场就有工具呀,我们去拿吧!""对呀,农场里有好多工具呢,上次我去农场,就用了铲子,我还知道它们在哪里呢!""老师,那我们得穿雨靴吧?我进农场的时候都穿雨靴的。""还要戴手套呢,不然(直接用)手拿铲子(手)会疼的。"……听了孩子们的话,我的嘴角开始上扬——还需要我做什么呢?我陪伴他们就行啦。出发!

分析与支持:

这个活动环节,我做到了真正放手,把问题抛给幼儿,让幼儿与同伴自主思考问题,共同讨论和协商,最终,他们凭借已有的生活经验确定了要使用的工具。我体会到"生活即教育""教育即生活",也体会到幼儿园开展的教育活动要符合幼儿的天性,劳动任务应是他们力所能及的事,是他们敢于接受的挑战。

(2)对根的一系列探索

① 工具准备

孩子们迫不及待地穿上雨靴,手拉着手、有说有笑地往小农场走,一边走还一边猜测:到底要挖哪棵树的根呢?在六六的带领下,我们来到小农场,很快找到了放置手套的柜子。孩子们开始自己戴手套,有几名幼儿,手上拿着一只手套,还要给另一只手戴手套,比较费劲。这时,想宝说:"我们可以把它(一只手套)放地上,一只一只地戴。""哎呀,你戴反了,我来帮你!"很快,孩子们戴好手套,六六又带领大家穿过长长的石头小路,开始选工具,几个孩子选的都是铲子。

② 寻找并确定目标

我:工具选好了,一起去中庭草坪吧。

六六：那棵桂花树在中庭草坪上吗？

大饼：老师，是哪一棵呢？

我：我们一起去看看，到底是哪一棵桂花树影响了其他树的生长呢？

到了中庭草坪，孩子们寻找起来，到底是哪一棵呢？"我找到啦，就是这一棵！"大饼指着那棵小桂花树，很肯定地说。其他孩子也跟着附和："就是这一棵，就是这一棵！"我提出问题："你们怎么判断出就是它呢？""你看，它小小的、矮矮的，头上就被别的树枝挡住了，根本没办法长高呀！"大饼笃定地说。"它们（大树与小树）离得那么近，不适合（小树）生长。"禹廷接着说。"确实是这棵小桂花树。孩子们，我们坐下来等郑师傅，顺便来讨论一下，如何挖桂花树的根呢？"

想宝：可以把旁边的土挖开，挖开一点点，然后把根挖出来，切断。

大饼：遇到树根的地方要轻轻地、慢慢地（挖），不能把树根给砍断。

六六：如果树根断了，其他小朋友就看不到（完整的树根）了。

很快，大家等来了郑师傅。接下来可以做什么呢？孩子们纷纷发表自己的意见。郑师傅微微一笑，开始给孩子们安排任务。

③ 挖土

郑师傅带领孩子们来到树前，说："小朋友们，先看看郑伯伯是怎么挖的。我们要先顺着这一圈把土松开。"郑师傅边解说边用铲子围着树画了一个圈。"用力挖土后，（把土）放到旁边。"只见郑师傅用力一踩铲子，挖了一铲土放到旁边，继续讲解道："孩子们，要注意，我们要分开一点，围成一个圈。"孩子们分散开来，尝试挖土。

禹廷两只手握住铲子用力往下按，小肚子也直接顶在铲把上面，但小铲子似乎

不听使唤，停留在地表上，丝毫不往下去，这让禹廷很着急。大饼急忙说："要用脚踩才行，看我的！"大饼直接给禹廷示范。禹廷一下子明白了，开始用脚用力蹬踩铲子，确实有效！这时，想宝说："快看，我的铲子被'定住了'！"只见想宝的铲子竖在了泥土里，六六帮他拔了出来。

"快看，我们挖的（土）比禹廷他们多！""哎？想宝，你们挖出来的土为什么比禹廷他们的多呢？"我提出了问题。六六很快回答："因为他们那里的土硬。"想宝附和道："对，还有石头呢！"我转身问禹廷和大饼："你们挖的土为什么没有他们的多？禹廷你发现了什么？"禹廷边埋头挖边回答："因为我的工具和他们的不一样。""你的工具是怎样的？""我的工具（头部）是方的，他们的（工具头部）是圆的。"大家停下来，观察了一下铲子，果然，有的头部是方方的，有的头部是圆圆的。"你们觉得哪一种铲子更方便挖土呢？""圆圆（头）的！""等下我们换一个工具好吗？""好！"

这时，园长妈妈帮我们又拿来四个工具：两把圆头的小铲子和两个小耙子，个别孩子根据自己的需要更换了工具。果然，用圆头的铲子更容易上手，可是那个绿绿的小东西是什么呢？"六六，你拿的这个工具是什么呀？""耙子！""哦，它有什么作用呢？""可以把土刨到一边……"他话还没说完，只听想宝喊道："湛博！""干吗？""拔不动了！"原来，想宝的铲子一下子挖得太深，拔不出来了，他一边"求救"，一边使劲拔他的铲子。六六来到他身边，一起和他用力拔出了铲子……

孩子们如火如荼地干着，可是对于五六岁的孩子来说，这项工作无疑也是艰难的，果不其然，难题出现了。"我挖到树根了！""我也挖到了！"孩子们开心地叫着，可是，树根的出现，也让孩子们无从下手了。

④ 探根

这时，郑师傅请来了他的同伴，我们也考虑到孩子们的劳累程度，决定让孩子们休息片刻，在旁边观察郑师傅他们是怎么挖树根的。师傅带来了专业的劳动工具：木柄羊角锄。孩子们纷纷围观："咦？这是什么呀？"郑师傅向孩子们解释道："这是木柄羊角锄，它可以帮助我们把树根挖出来，减少对树根的伤害。"原来，树根是错综复杂地交织在一起的，用小铁铲挖不能很好地保护树根。孩子们认真听着郑师傅的解说，也让仔细观看郑师傅使用羊角锄劳作。

这时，我引导孩子们谈谈劳动感想，并做简单记录。

禹廷：我劳动的时候很开心，还会有点怕脏，我还怕铲子碰到别人，感觉使用铲子要用劲。

大饼：我用绿色的耙子挖土的时候很轻松，不像禹廷说的要用力。

我：你知道使用的绿色工具是什么吗？

大饼有点犹豫和害羞，这时六六说："是耙子。"

六六：刚刚挖土时我很开心，但是也很脏。我和想想挖得很快，而且没有把树根挖坏。我们用了很大的力气，挖了好多土。我和想想都很开心。

我：想想，你以前有没有挖过树根？你感觉怎样？

想想：没有，这是我和小朋友第一次挖树根，我感觉很快乐。

⑤ 协力取根

树根挖到一半时，孩子们开始尝试晃动树根，他们一个个走到小树前，开始晃动小树，可是因为身体距离树根有点距离，使不上力气。郑师傅说："你们可以靠近树根，两只手一起用力。"孩子们尝试后，发现还不行，需要继续挖一挖。

终于，大部分树根出现在眼前，郑师傅请小朋友上前再次尝试，这次，四个孩子一起上阵。想宝和六六慢慢走到土坑底部，晃动树根，小树摇晃起来，"你们也上来，一起！"郑师傅呼唤另两个孩子。于是，四个小朋友分散开来，在一

阵加油声中，取出了树根。孩子们开心地跳着、叫着，唯有想宝尴尬地笑着，为啥呢？哈哈，原来他一下子"骑"在了树根上，给了小树一个大大的拥抱！

⑥ 共同清根

看着完整的树根，大家发出由衷的赞叹："哇！太美了吧！""好想带回我们班，给其他小朋友看看啊！"六六说道。大饼也轻声说："也让弟弟妹妹看看这个树根。是我们一起挖出来的呢！"

孩子们的话我记在了心里，并和郑师傅商量，问他是否可以清理一下树根，然后将其放在大厅，给其他孩子也观赏一下。郑师傅同意了。

"好，孩子们，我们一起把树根清理干净，然后放在大厅，给全园的小朋友观赏，好吗？""哇！太好了！"孩子们开心地手舞足蹈。"那我们一起来清理吧。"孩子们立刻行动起来，有的拿铲子，有的拿耙子，轻轻地把树根上的泥土弄下来。"动作轻轻的，保护好树根，还要注意安全哦！"

但是光靠铲子还不能将树根完全清理干净，这时，郑师傅将水管接在水龙头上，要给树根"洗澡"啦！孩子们排排站，专注地看郑师傅用高压水流冲洗树根，树根上的泥土顺着水往下掉落。（由于水压较强，为保证幼儿的安全，郑师傅不建议孩子们亲手拿水管清洗树根，孩子们虽然站在旁边观看，却也乐在其中。）

没过多久，树根就被清洗干净了。孩子们再次上前观赏树根，用手摸一摸——原来树根是长这样的呀！孩子们你一言我一语地说着："有细的，有粗的；有长的，有短的；有湿的，有干的；还有带着泥土的……"

⑦ 抬根

"需要将树根晾晒后再放入大厅，不然它容易腐烂。"郑师傅说。

"那我们把它放在阳光下晒一晒。"六六说着。

"不行，阳光直射对树根的伤害也大，要让它自然风干才行，要放在有风没阳光的地方。"郑师傅解释道。

"那里！"想宝指着一个拐角说道，"那里没有阳光。"

我们一起看向想宝指的地方。原来，是小四班拐角处的阳台，正好空着，也没有阳光照射。"行！"郑师傅点头说道。于是，孩子们齐心协力，一起把树根抬到了阴凉的阳台上。

⑧ 绘根

班里其他孩子听说了"寻根"的故事，都想去一探究竟，看看这棵小桂花树的根到底长什么样。于是，我先给我班所有孩子观看了先前四名幼儿挖树根时的照片及视频片段，然后引导大家分组去观看还未风干的桂花树根，并尝试绘画树根的样子，或记录自己观看后的感受。

⑨ 赏根

为使幼儿园里的其他小朋友也能欣赏到树根，我们将风干的树根抬到了大厅。可是，就这样将树根立在大厅，大家是不是会感到很奇怪？会问是从哪里来的，为什么会放在这儿吧？于是，孩子们又一起想办法。经过全班讨论，大家决定制作展板，通过绘画展示小桂花树的根是怎样被挖出来的。为了让介绍更直观，我将孩子们的活动过程制作成一条短视频，并转成二维码，将其放在了小桂花树的树干顶部。

分析与支持：

　　经过幼儿的努力，寻根劳动完美结束。这个活动让我想起陈鹤琴先生说的："凡是孩子自己能做的事，让他自己去做。"陶行知先生也曾提出"生活即教育""教学做合一""行是知之始"三大教育理念。这次活动中，我为了培养幼儿独立做事的能力，让他们根据活动的需要自主发言、自主体验、自主劳动，亲历劳动过程，体验劳动乐趣，形成劳动意识，在劳动中获得全面发展，真正成为劳动的主人。这无疑是对先贤的教育理论的很好诠释。

（3）再续"根"缘

　　接下来的日子里，孩子们一入园，就会跑到大厅的树根处观赏一下，有时还向其他小朋友简单介绍。为了继续引导孩子们探究"根"，我在班级自然角设置了根系观赏区，在这里摆放了一些树根微景观、实物根、几种能看得到根的植物，还展示了根的造型艺术图片，安排了一个充满神秘感的"根系观察窗"。通过创设这样的教育环境，让孩子们再续"根"缘。

分析与支持：

　　在种植劳动教育中，幼儿开心快乐的源泉就在于他们有足够的空间和时间，可以和小伙伴一起做喜欢的事，可以沉浸在自然环境中体会各种奇妙的现象，在不断的探索中获得成长。苏霍姆林斯基说过："儿童的智力在他的手指尖上。"在具有探索深度的、适宜的学习环境中，幼儿通过亲身参与劳动，体验探究与劳动过程，增强了劳动意识和能力，身心得以健康发展，也增强了同伴协作能力，增进了同伴友谊。

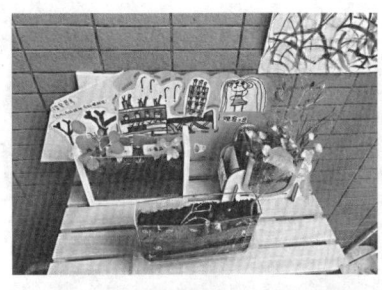 

总结与反思：

　　我的童年是美好的，儿时与大自然的亲密接触、无忧无虑的生活、帮助家人干农活、与同伴在田间小路上嬉戏……都给了我很多快乐，这些也让我产生了"劳动能换来美好生活"的信念。当代幼儿生活在城市里，他们与大自然亲密接触的机会是宝贵的，如果能到大自然中去感受、体验，能真正理解大自然的美好，是非常值得庆幸的一件事。热爱劳动是中华民族的传统美德，我的幸福感也由劳动而来，因此，当我面对一群活泼可爱的孩子，让劳动融入他们的生活，是我的责任所在。

　　在"探寻桂花树根"这个活动中，我为幼儿营造温暖轻松的环境，让他们以积极愉快的心情讨论、探索，寻找根、展览根。他们不仅收获了快乐，更懂得了互帮互助，体验到合作完成一件事所获得的乐趣，感受到亲密无间的友谊，心灵与智慧都得到了滋养，收获了对劳动的美好体验。这将使他们受益终身。

2. 寻找漂亮的根

　　植物的根系往往错综复杂，其本身的造型十分独特，是引导幼儿探寻美、感受美的天然的艺术资源。在小蜜蜂农场里，就有着庞大且漂亮的根。

　　在一个细雨绵绵的早晨，孩子们迫不及待地穿上雨衣雨鞋，开始寻找棉花的根。根据已有的种植经验，他们知道根就藏在茎的下面。于是他们戴上手套，试图徒手将根和棉秆一起拔出来。但是一次又一次的尝试后，他们发现徒手拔根很困难，于是开始寻找工具。他们找来小铁锹、小耙子挖根。刚下过雨，泥土湿润，他们发现用小铁锹、小耙子将根部周围的泥土挖掉后，可以将棉花的根整个拔出来，这样的发现让他们感到兴奋。"哇！好大的根！"棉花根拔出来以后，孩子们将其清洗干净，仔细观察。他们发现棉花的根是直根，它分为主根和侧根。

挖出来的根可以做什么呢？可以向孩子们展示，让他们了解植物吸水的秘密；可以用在场馆活动中，作为孩子们进行艺术创作的素材；可以将根部和种子摆在一起，让孩子们观察，使他们感受生命成长的神奇……值得我们做的，有许多。

分析与支持：

虽然棉花已经枯败了，但棉花秆还屹立在那儿，这吸引了幼儿的注意。既然植物的茎、叶、花、果实都可以是我们收获的硕果，那何尝不试着将其根部挖出来，看一看根是什么样子的？幼儿果断尝试了。经过尝试，他们发现了不同工具、不同天气条件对劳动的便利性不同，也收获了对棉花根的直观认知。

在我园的种植劳动活动中，教师从不来不是只引导幼儿关注植物的某一部分，而是引导幼儿对植物进行全面而深入的观察，在"全收获"教育理念的引领下，幼儿自然而然对棉花的根产生了兴趣。教师鼓励他们自己去尝试挖根，自主完成这项有一定难度的任务，去发现使用工具的好处，去探索什么工具更适合于挖掘——这也是种植劳动教育活动给孩子们带来的收获。

与此同时，教师也在思考挖出的根可以用来做什么，想法设法让幼儿在与根的互动中获得更多新经验。

在教育活动中，教师始终关注幼儿全面发展的机会，关注幼儿多维度的收获，努力为幼儿创造一个充满尊重、自由和支持力量的学习环境，让他们在快乐中成长、在探索中收获。

3."特别"又"好吃"的根

（1）特别的根

在收集根的过程中，幼儿发现了很多关于根的秘密，比如：根的形状、颜色不同；有的根长在水里，有的根长在土里；有的根长，有的根短；等等。这时，有一种"特别的根"引发了两个孩子的争论。

A孩子拎着一个刚从土里拔出来的萝卜，指着它最下方的一条长长的根须说："这个萝卜的根好长哦，还有许多小小的像刺一样长在上面的须须。"他身旁的B孩子听到了他的话，迅速提出异议："萝卜其实就是根。"这一突如其来的反驳让

A孩子措手不及，瞬间陷入了思考的沉默。教师敏锐地察觉到这一教育契机，决定借此机会深化孩子们对植物结构的认识。她首先鼓励两位孩子再次细致观察手中的完整萝卜，随后问A孩子："你为什么认为萝卜不是根呢？"A孩子自信满满地回答："因为它能吃啊！"教师巧妙地追问："那么，是不是所有不能吃的都是根，或者所有根都不能吃呢？"这一问题让A孩子的信心开始动摇。

接着，教师转向B孩子，鼓励他说说自己的看法："你为什么坚信萝卜就是它的根呢？"B孩子略显犹豫地说："我在书上看到过，但我不太确定萝卜下面那些细长的部分是否也属于根。"教师温柔地建议："那不如你明天把书带来，我们一起探索答案，怎么样？"就这样，一个关于知识的探索之约悄然建立。

次日，B孩子满怀信心地带来了答案，兴奋地告诉大家："我找到了！萝卜是'块根'，是可以食用的根，而那些细细的、白色的是须根。"这一发现不仅让B孩子自己兴奋不已，也激发了全班幼儿的好奇心。教师趁机将话题引向深入，提出了一个更具启发性的问题："既然萝卜是一种特别的根，那么在我们周围，是否还藏着其他特别的根，等待我们去发现呢？"这个问题如同一颗种子，在孩子们心中生根发芽，激发了他们探索自然奥秘的无限热情。

（2）好吃的根

大家已经知道了萝卜根属于肉质根类，可以食用，也具有一定的药用价值，那么萝卜该怎么吃呢？有丰富农业生产经验的汤爷爷带领幼儿开展了腌萝卜活动！

①清洗

大家将萝卜一个一个放进大盆里清洗，有泥土的地方就用丝瓜瓤擦一擦。可是，才洗了两个萝卜，盆里的水已经很浑浊了，这怎么办呢？

西西说："我们可以先在盆里洗，然后再去水龙头那边冲一下。"

在西西的提议下，每个人洗一个萝卜就跑到水龙头那边清洗一下。渐渐地，大家发现这样太麻烦了，跑来跑去，还要等待，比较浪费时间。

经过商议，大家决定，大部分小朋友都在大盆里进行清洗，洗好后放在小盆里，小航负责在水龙头那里清洗，七七负责将初次清洗好的萝卜递给小航，佳佳负责将清洗干净的萝卜送给切条组，就这样，一条清洗萝卜的"生产线"就诞生了。

中班幼儿的合作意识开始萌芽，大家为了将萝卜清洗干净，采取分工合作的方式，各司其职。

②切条

为了将萝卜切成条，孩子们从生活馆借来了刀具，但是他们发现生活馆的刀是西餐厅切牛排的刀，不是很锋利，这给切萝卜工作增加了难度。切的时候，面临的两个主要困难是：萝卜皮很硬，刀根本切不动；萝卜是圆形的，用力切的时候，另一只手扶不住，萝卜就会跑掉。

这可怎么办呢？孩子们继续商量，想出了一个解决方案：换上锋利的刀具。但这个方案很快被否决，因为有点危险，小朋友不小心切到手怎么办？而且萝卜已经洗好了，现在去买刀也来不及了。很快，孩子们又想出另一个办法：改变萝卜的形状。"请老师帮忙，把萝卜竖着切开，这样萝卜就从圆形（球形）变成了半圆形（半球形），这样我们会不会就好切一点了？"抱着试一试的心态，他们去厨房借了一把刀，又请老师帮忙，先把萝卜横切成一段一段的，再竖切一下；最后，孩子们自己从萝卜肉那侧朝萝卜皮方向切，成功地将萝卜切成了一条一条的。

在这个过程中，幼儿通过使用刀具发展了手指精细动作，还感知了圆形（球形）容易滚动的特征，并巧用横切、竖切的方式破解了难题。

③盐渍

在汤爷爷的指导下，孩子们将切好的萝卜条装进盆里，撒上了食盐，并用双手搅拌，保证萝卜条与食盐充分接触。不一会儿，盆里出现了很多水分，这是为什么呢？

汤爷爷告诉大家，用食盐腌渍可以将萝卜里的水分去除掉，还可以将萝卜变得咸咸的，这样萝卜在晾晒的时候就不容易发霉坏掉了。

④晾晒

午睡起床后，孩子们迫不及待地跑到盆边，观看萝卜条的状态，发现经过几个小时的盐渍，萝卜盆里的水多了很多，萝卜也从原来直直的、硬硬的样子变得软趴趴的，看上去好像一点精神都没有了，这意味着可以进行晾晒了。

大家将萝卜条从盆里捞出来，铺在簸箕上，放在阳台上晾干。

第二天观察萝卜条的时候，大家发现，只有上面的一层萝卜条干了，下面两三层的萝卜条还是湿湿的。小榴莲说："这样下去可不行，萝卜不晒干的话会坏掉的，这可怎么办呢？"元宝说："我们可以像串珠子一样把萝卜穿起来晒！"

老师听到了孩子们的需求，立刻给他们拿来了针和线（教师事先已有准备）。怎么穿呢？"珠子的中间有一个洞，可以直接穿，这个没有洞，但是我们可以用针戳中间，将绳子穿过去，穿一个就（把它）放到绳子的下面，那里有一个结，它是不会滑下去的。"动手能力比较强的汤圆一边讲解一边示范。看完汤圆的示范，大家开始动手尝试，越来越熟练，很快将所有萝卜条穿好了。

接下来，孩子们每天来园后的第一件事就是去看看自己穿的萝卜条晒得怎么样了。一天、两天、三天……

小义："我们的萝卜变小了好多，以前满满一簸箕的，（现在）就剩这么一点点了。"

小宝："摸上去硬硬的，是不是已经晒干了？"

老师："你们说得没错，经过长时间的风吹日晒，萝卜里的水分已经蒸发完了，变成萝卜干了。"

⑤调味

萝卜变干后，就可以调味了。经过前期调查，大家已经知道要用到哪些调料，各自将需要的调味品带到幼儿园来。

"食盐和白糖都是白色的，但是食盐不会粘在一起，白糖会粘在一起。"

"这个红红的，肯定是辣椒面，靠近了闻一闻，直想打喷嚏。"

"这个调料是什么？它是五角星形状的，闻一闻，有点香，让人有点想吃。"

"这个不能直接吃，它是八角，这个圆圆的是花椒，它们是用来煮东西的。"

大家将这些调味品带到了生活馆，每样放一点，抓一抓、揉一揉、拌一拌，将调料与萝卜干充分混合，然后放入坛子中，密封保存。

⑥后续活动

腌萝卜活动告一段落了，但是萝卜美食似乎在孩子们心里生了根发了芽，全班掀起了一股关于萝卜美食的热潮。大家在家将萝卜做成了各种美食，有的将萝卜切成丝，加点调料凉拌着吃；有的给萝卜丝加点面粉，将其做成萝卜丝饼；还有的烧了萝卜汤……

家长是幼儿园教育活动重要的合作伙伴，是幼儿园课程建设中不可缺失的参与者。在家长的帮助下，幼儿在探索萝卜的过程中进一步扩展了多种经验，例如，学习使用了刨子，学习了和面、煎饼、凉拌等劳动技能。

> **总结与反思：**
>
> 　　在这场漫长的种植与收获萝卜、制作萝卜美食的活动中，幼儿经过了两个季节。他们通过直接感知、亲身体验、实际操作，感受到劳动的快乐，也收获了丰富的经验。幼儿不仅加深了对萝卜的认知，还获得了腌萝卜的新经验，掌握了刀具、针线的使用方法，观察到了食盐能"杀"出水的现象，认识了多种调料，感受到了成功的喜悦。
>
> 　　大自然、大社会都是活教材。从收获萝卜到制作萝卜美食，幼儿在劳动中分工合作，交流讨论，在发现问题、解决问题的过程中发展了动手能力、合作能力、思考能力，是一场在自然中学习、在探究中发现、在经历中感悟的丰富体验。
>
> 　　此次活动有不足之处：在切萝卜时，没有将不同种类的萝卜分开盐渍、晾晒，导致晒干之后无法探究不同种类萝卜干口感的差别。也留有遗憾：由于临近寒假，幼儿没有亲口尝到自己腌制的萝卜干，因为受密封与存储条件的限制，寒假结束后，萝卜干已经发霉了。面对这些不足与遗憾，建议教师在今后的教育活动中继续引导幼儿更好地深入探究，为下一次腌制蔬菜的劳动提炼出一些宝贵的方法。

三、创设幼儿园博物空间的基本方法

英国哲学家波兰尼指出，儿童能在其经验之中学习的可能性，远比能够说出的东西更多，真正的思考源自以儿童自身经验为依托的"现象场"[①]。

当今的博物场馆，往往致力于开展科普小讲堂和科学小实验等活动，为参访者提供学习科学知识的机会，突出"现象场"的教育功能。

从宏观来讲，幼儿园的博物馆课程，需要来自多主体的人员参与，如幼儿、教师、家人、社区等；需要各类材料、场地、资金的规划配置；需要制订相关的计划、制度、方案，以形成多方认同的活动文化与运作机制。从微观来看，幼儿每一次的学习与探究活动，都需要得到教育者有效的关注、及时恰当的回应。这将为幼儿专注、持久地探究学习提供长期和有效的支持。

结合我园开设的博物空间以及相关活动案例，我园教师认真思考并总结出创设博物空间的一些基本方法，在资源的搜集与整理、物品的分类与陈列、幼儿的观察与操作、样本的及时更换与调整等方面，都有较为清晰的阐释。

（一）以幼儿兴趣为驱动力

要支持幼儿在博物空间开展"全流程"深度探究。兴趣是幼儿的最佳导师，起着至关重要的作用。在博物空间的活动中，幼儿是活动的中心，他们拥有自主选择

---

① 钟启泉. 课堂研究［M］. 上海：华东师范大学出版社，2016：10.

游戏内容的权利。当活动内容与幼儿的关注点及兴趣紧密相连时，幼儿会自然而然地产生内在的学习动力，积极主动地参与到活动中去。这样的状态，不仅促进了幼儿的自主学习与探索，也极大地推动了活动的进展，提升了活动成效。

为准确捕捉幼儿的兴趣，我们采用两种既具有普适性又高效的方法：一是谈话交流，二是观察记录。

在谈话交流方面，我们鼓励幼儿之间自由对话（幼幼谈话）、教师与幼儿之间深入交流（师幼谈话），大力支持家长与幼儿、教师之间的家园互动（家园谈话），以此来全面了解幼儿的兴趣与需求。

比如，一个小朋友可能兴奋地说："我在花园里看到了一条好长好长的根。"另一个小朋友则回应道："我也见过，那根像一条小蛇。"于是，关于根的形态特征的探索就可以开始了。教师与幼儿之间的深入交流（师幼谈话）也至关重要，我园教师经常用提问引导幼儿思考关于种子与根的问题，如："你们觉得根有什么作用？""根为什么会长在地下呢？""有没有看到过长在地面以上的根？"教师还会通过讲述诸如《小萝卜成长记》等故事，让幼儿对根产生好奇；通过展示桂花的图片，引导幼儿思考桂花的根在哪里。此外，教师还经常请家长和幼儿一起观察家中植物的种子、根，并请家长向教师反馈幼儿的反应和提出的问题等。

而在观察记录方面，我们细致观察幼儿在活动中的表现，记录下他们谈论的趣事、热烈讨论的话题，这些记录是我们分析幼儿兴趣、调整活动内容的宝贵依据。例如，小一班幼儿在下午吃点心时间，对水果里的籽，如橘子籽、哈密瓜籽、西瓜籽等，产生了浓厚的兴趣，他们好奇地询问老师，这些籽种在土里是否能长出新的水果。小朋友们还会互相比较水果籽的大小和数量，获得了不少乐趣。户外散步时，他们继续探索，提出关于小草和草籽来源的问题，展现了对生命起源的纯真好奇。教师敏锐地捕捉到幼儿的这些兴趣点，结合季节，组织了一系列关于种子的讨论活动，从谈论水果种子延伸到谈论蔬菜种子，激发了幼儿对四季豆种植活动的浓厚兴趣，由此开启了一系列探究与实践活动。再如，一次散步活动中，小朋友们发现了一棵大树，大家纷纷围过去观察它的根。有的小朋友说："这个根好粗啊！"有的则说："它像一个大网。"教师敏锐地捕捉到幼儿对根的形状和生长样态的兴趣，便可以据此组织一系列对根的形状和功能进行探究的活动。

（二）搜集与整理

在博物空间的活动中，幼儿的角色从"被动学习者"转变为"博物空间小管理员"，这种角色的转变极大地激发了他们创建博物空间的热情，促使他们更加主动地开展对博物对象的探索。博物空间是专为幼儿精心打造的探索天地，其核心价值在于充分激发幼儿参与活动的主体性。当确定了博物空间的主题后，我园教师邀请幼儿及其家长携手合作，共同搜集与博物主题紧密相关的各类素材。在这个过程中，幼儿不仅能亲身体验到收集与整理的乐趣，还能在不知不觉中丰富自己的认知，为后续的深入探索打下坚实基础。

例如，中一班幼儿在"种子博物——秋收活动"中，运用传统的摔、打等技巧，在爸爸妈妈的帮助下，给一株株金黄的谷穗脱粒，得到了一粒粒谷子，体验了传统的秋收文化。最后，幼儿主动提出将打下来的谷子存储到幼儿园种子博物空间，这体现了他们在活动中的主体地位和创造性思维的萌芽。

再如，请家长利用周末时间带孩子一起去公园寻找不同的植物的根，小心地挖出一些小型植物，并将它们洗净，观察它们的根的形态和结构；将这些小型植物带回幼儿园后，幼儿将自己的发现分享给其他小朋友，并一起将收集到的根分类整理到陈列区。这个过程中，有的幼儿负责清洗根，有的负责摆放根，还有的负责记录根的特点，最后汇总成一张"植物根系一览表"。在此过程中，幼儿不仅学会了合作，还对根有了更加深刻的认识。

（三）分类与陈列

在博物空间的材料管理中，分类与陈列起着核心作用。当收集到丰富多样的与博物对象相关的素材后，教师可以灵活运用实地示范和视频教学等手段，引导幼儿对材料进行细致对比和科学分类。例如，教师可以拿出两种不同植物的根，让幼儿观察它们的形状、颜色、大小等特点，并引导幼儿讨论如何对这些根进行分类；还可以播放一些关于根的分类的视频，让幼儿观看、学习。

经过精心分类的材料将被巧妙地安置于博物空间的两大功能区：陈列区和操作区。陈列区汇聚了关于博物对象的图片、照片、文字资料、视听素材及实物等，旨在让幼儿通过眼睛、耳朵等感官汲取知识；操作区则摆放着与主题紧密相关的成品、半成品、生活材料、低结构材料及美工工具等，鼓励幼儿动手操作，将理论知识转化为实践能力。例如，在操作区提供了泥土、小铲子等工具，让幼儿亲自用植物种子种植一些植物，观察这些植物的生长过程；放置了一些用根制作的手工艺品，幼儿可以观察并尝试模仿制作；等等。通过这样的布局，博物空间变得井然有序，能激发幼儿探索与创造的兴趣。

当然，博物活动也不局限于这个固定的空间中，我们还充分利用园内每个角落，引导幼儿探究植物的完整生命周期，体现"全要素"课程理念。

例如，我园小蜜蜂农场入口旁的走廊设有手摇发声器，操作时，它能介绍植物从种子开始的生长全过程。更值得一提的是，每一阶段不同样态的植物，都被制作成实物标本，以便幼儿观察。晨间锻炼后回班的路上、区域和场馆游戏时间、入园和离园途中，幼儿经常快乐地摇动机器的手柄，探索种子萌发、植物生长的奥秘。

 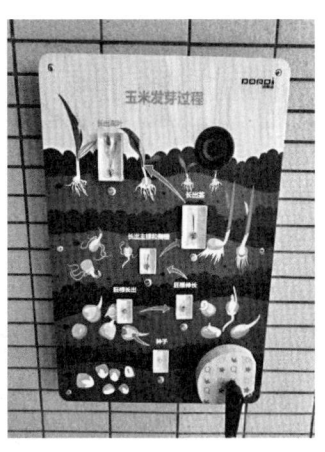

再如，在花园的角落里，设置着一个小型的根观察区，种植有一些不同类型的植物，让幼儿随时观察根的生长变化；在走廊上设置了一些关于根的知识的展板，让幼儿在日常活动中也能学习到相关知识。

（四）观察与操作

在这一关键环节，幼儿的个性化需求得到了充分满足，他们的自主性和探索自由得到了前所未有的提升。在区域活动的广阔天地里，他们能根据自己的兴趣和喜好自由挑选各类材料，与外部世界进行亲密互动。

在观察欣赏区，幼儿可以自由结伴，与同伴们围坐一起，分享彼此在探索过程中的所见所闻、所感所悟。他们或轻声细语地交流心得，或兴奋地展示自己的新发现。而在操作实践区，孩子们则化身为小小科学家，勇于尝试新事物，积极验证自己的小疑问。他们不断地探索、尝试、改进，努力将想象转化为现实，为自己的博物探索之旅增添更多的色彩和乐趣。

例如，在根博物空间，教师组织幼儿对陈列的根进行观察，幼儿可以使用放大镜等工具仔细观察根的细节。教师还引导幼儿进行一些简单的操作，如触摸根的表面、感受根的硬度等，加深幼儿对根的认识。教师还可以让幼儿用画笔描绘、用超轻黏土制作自己观察到的根，培养他们的观察力、创造力和审美水平。

总之,在观察与操作环节,幼儿或沉浸在观察与赏玩的宁静之中,细细品味每一个细节;或积极投身于动手制作,围绕主题精心摆弄材料,展现出无限的创造力。他们不仅能够在实践中学习、在探索中成长,还能够培养自己的观察力、思考力、创造力和合作能力。他们的每一次尝试、每一次发现、每一次成功,都是对自己能力的一次肯定和提升。

(五)更换与调整

因为我园种植劳动博物空间陈列的对象均为自然物,出现损耗与短缺状况是常态,但与传统区域活动不同,这里幼儿被赋予了主导权,成为材料更换与调整的决策者。

随着活动的深入,幼儿能够根据自己的兴趣和发现,自由地丰富博物空间的展示内容。他们可能会将日常生活中的新奇发现转化为照片、手绘或简短文字,巧妙地装饰在"探索发现"展示板上,与同伴分享自己的独特视角。他们也会将自己精心制作的相关艺术作品,自信地展示在陈列台或操作间各个角落,为博物空间增添一抹亮丽的色彩。幼儿作为"天生的艺术家",自发丰富博物空间的主题展示内容,同伴间的互相欣赏也给博物空间探究活动增添了不同的视角。例如,阿星在公园里发现了一种奇怪的根,他会让妈妈用手机拍下照片发给老师,请老师打印出来,贴在"根的发现"一栏中,然后在旁边画下一个"星星",表示是自己的发现。幼儿还会将自己和家人一起精心制作的艺术作品陈列在观赏区,犹如展示"雕塑作品"一般。比如,山山用树枝和毛线制作了一个根的雕塑,放在陈列台上展示。可见,幼儿是积极的"布展者",他们的创意充斥在整个博物空间,这里是一个个小艺术家们汇集、展览创意作品的空间!

此外,幼儿还展现出对材料的尊重与维护。种子过期了,必须更换了,他们不会袖手旁观,而是积极寻找解决办法,运用自己的智慧和双手补充新的种子;幼儿还会自己动手修复损坏的材料。这种自主管理材料的行为,不仅锻炼了他们的动手能力和解决问题的能力,也使他们懂得了要珍惜资源、爱护环境。

因此，在博物空间相关活动中，材料的更换与调整不再是教师单方面的责任，而是幼儿参与游戏、探索世界的重要环节。这种转变不仅赋予幼儿更多的自主权和创造力，也让博物空间更加贴近他们的需求和兴趣，成为一个充满生机与活力的学习场所。

在未来的教育实践中，我园将进一步优化种子与根博物空间，不断丰富博物活动的内容和形式，为幼儿创造更多有益的学习机会。比如，举办与根主题相关的艺术展览、手工制作等活动，传承和弘扬根文化；利用社区等专家资源，请博物馆的专业讲解员来到幼儿园，为幼儿进行讲解，普及相关知识；通过举办丰收节，邀请民间的手工艺人现场展示用根制作的艺术品，如根雕，并指导幼儿尝试自己动手制作根的艺术品，让幼儿感受到传统农耕文化以及根文化在民间艺术中的深厚底蕴，激发爱国情怀。

当幼儿成为课程实践活动的主人时，各种类型的博物活动就不仅仅是一种课程或一件辅助工具，而是幼儿通往大自然、了解科学、拥抱知识的桥梁。教师应该在博物意识的引领下，引导幼儿从小体验、欣赏、操作、收获，合理开发幼儿的观察能力与动手能力，使他们从中感受到巨大的乐趣，获得身心的满足，产生对大自然的感激之情、敬畏之心，也享受并珍惜自然环境给予我们的馈赠。这样做，是为幼儿未来美好发展种下充满希望的种子，是助力他们成为未来社会合格的建设者。

第三章

幼儿园种植劳动教育的实施路径及多元融通

第一节
幼儿园种植劳动教育的实施路径

一、班本劳动日活动

《纲要》强调:"幼儿园的空间、设施、活动材料和常规要求等应有利于引发、支持幼儿的游戏和各种探索活动,有利于引发、支持幼儿与周围环境之间积极的相互作用。"幼儿园的种植园地是大自然的一个缩影,只有把种植园地还给幼儿,让幼儿成为种植园地的小主人,才能引发幼儿探索的兴趣,才能真正发挥种植劳动的教育功能。

种植活动是幼儿园里的综合性实践活动,不仅能让幼儿亲近自然,更是劳动教育直接、生动的体现,我园深知其意义,因此,我们紧密贴合幼儿的成长需求,以种植活动为课程"抓手"。在种植劳动教育活动中,各班每周都安排固定的时间,引导幼儿开展劳动实践,我们将其定为"班本劳动日"。我们以班本劳动日的课程建构、开发等为载体,充分发掘种植园地里的课程资源、劳动内容,使劳动充分发挥育人作用。

(一)班本劳动日基本情况

1. 每个班级都有自己的"责任田"

园部根据各班班额情况对种植园地的土地进行统筹安排,划分好各班种植区域,分配好种植内容,随后各班开展活动。然而,在实施过程中却暴露出明显的问题:班级幼儿在劳动时往往缺乏有效的组织与协调,导致"扎堆""一窝蜂"现象频发。这种无序的状态,使得本应专注于除草、浇水、收获等实际劳动任务的幼儿,更多地是走马观花,而非真正投入种植活动的学习与实践,没有产生对种植过程的兴趣与好奇心，也未能进行持续、深入的观察、记录与反思。幼儿的参与停留在表面，缺乏深度学习的机会，种植活动的教育价值未能得到充分发挥。

为解决这一问题，为真正践行"赋权儿童"的理念，我们对种植园地进行了细致的评估与科学的规划，创新性地将其划分为多个独立且充满活力的"责任田"区块，给予每个班级一块专属的"绿色领地"，真正把土地的使用权交给了班级。在各班规划"责任田"用途时，我们鼓励其基于幼儿的兴趣和需求自主选择作物种类、设计种植方案，鼓励幼儿在实践中体验决策的乐趣与挑战。这种从"被动参与"到"主动创造"的转变，极大地激发了幼儿的探索欲与创造力，使他们真正成为种植活动的主人。

班级	地号	班级	地号	班级	地号
小一	10	中一	1	大一	3
小二	5	中二	4	大二	15
小三	2	中三	7	大三	12
小四	14	中四	11	大四	6
小五	13			大五	8
小六	9				

小农场自主种养殖区块划分图及认领登记（2023—2024 春学期）

2. 班本劳动日活动开展的时间及频次

种植园地有其独特的生命力，成为幼儿探索自然奥秘、培养科学素养、实现成长发展的宝贵资源。为了充分利用种植园地的教育资源，园所精心规划了每周一次的班本劳动日活动，确保小、中、大各班幼儿都有机会亲身参与其中；劳动时间则安排在每天下午的户外活动时间，既避免了与日常教学活动的冲突，又充分利用了幼儿精力较为充沛的时段，让自然探索与身体锻炼相得益彰。

为确保各年级组幼儿有序参与"班级劳动日"种植劳动，园所实行错峰安排。以大班为例，大一班在每周一的下午2：40至3：10开展活动，大二班在每周二的同一时间段踏入种植园地。这样的安排，既保证了活动的连续性，又避免了班级之间的相互干扰，确保每个孩子都能获得充分的探索与体验时间。

为确保每个幼儿都能充分参与并享受劳动的乐趣，我们建议教师引导班级幼儿合理分组，分成A、B两组，轮流进行劳动。通过分组，减少了同一时段内参与劳动的人数，使每个幼儿都能得到更充分的指导和关注，从而整体提高劳动效率。分组方法并非一成不变，可以根据活动进展情况和幼儿的表现进行适当调整，以确保活动顺利进行。

3.班级"责任田"种植劳动的亮点

（1）尊重幼儿意愿，提供内容选择空间

班级"责任田"的种植内容充分尊重各班幼儿的意愿，为他们提供了广阔的选择空间。我们鼓励幼儿根据兴趣、季节适宜性、植物生长特性、地块的位置，结合阳光、水源等诸要素，自主选择种植对象或参与决策，以此培养幼儿的责任感、自主性和归属感。同时，通过种植实践，幼儿持续关注、观察植物的生长过程，体验劳动的乐趣，身心得到全面发展。

案例：朵朵葵花向阳开——小六班（9号地）班本劳动日活动（片段）

陈鹤琴先生说过："大自然是我们的知识宝库，大社会是我们的生活宝库，是我们的活教材。"春天是万物复苏、生机盎然的季节，幼儿园里各种花朵陆续开放，时常引得幼儿驻足赞叹。

小六班孩子们与向日葵的故事源于一小袋花种。保育老师在整理幼儿园仓库时发现了一包过期的向日葵花种，扔掉很可惜，就把它们带回了班级，尝试培育。老师把花种包在湿纸巾里，看它们能不能出芽。

幼儿1：老师，这是什么呀？

幼儿2：是向日葵的花种。

幼儿3：这是瓜子吗？

孩子们七嘴八舌地讨论着，我们与向日葵的故事也由此开始了。

案例：你好，辣椒！——中四班（11号地）班本劳动日活动（片段）

一天中午，吃的是青椒炒牛柳，小朋友们打开了话匣子。

幼儿1：我在家里经常吃青椒，一点都不辣，你吃过吗？

幼儿2：我可不喜欢吃辣椒，辣辣的味道不好。

幼儿3：咦，青椒是从哪里来的？

幼儿4：什么季节可以吃？

幼儿5：我摘过辣椒，有很多种类呢！

幼儿6：我们是不是可以种辣椒？我想看看它们是怎么长大的。

儿童具有与生俱来的好奇心和探索欲望。中班幼儿对身边的一切事物都充满了好奇心，他们的小脑袋瓜里有很多奇思妙想，简直就是行走的"十万个为什么"。

经过调查，中四班的幼儿发现辣椒很有营养，特别是甜椒，营养价值很高，它是蔬菜中的"VC之王"呢！而且辣椒家族很大，有很多成员，如线条椒、灯笼椒、螺丝椒等。

为了满足幼儿的好奇心，为更加便于幼儿深入了解辣椒的种类、拓宽视野，全班决定在种植园地种辣椒。大家选择了几种最感兴趣的品种——甜椒、线条椒、灯笼椒、螺丝椒，中四班幼儿种植辣椒的故事马上就要开始了……

案例：嗨！西瓜——大三班（12号地）班本劳动日活动（片段）

大三班教师引导幼儿商讨本学期的种植计划，了解幼儿对种植活动的期待和想法。

教师：咱们班的菜地是小农场的8号地，大家想种什么？

幼儿1：以前我们种过南瓜，能不能再种一次？

幼儿2：我们还是种向日葵吧，（向日葵）开的花好漂亮！

幼儿3：我想种西瓜，江宁的奶奶家有一大片西瓜田，夏天就能吃（西瓜）了，我们在幼儿园种好，等到毕业前就能吃到西瓜。

幼儿4：夏天吃西瓜，会很凉快。

究竟种什么合适呢？回家后，孩子们和家长一起查找资料，结合季节特征、养护难度、照料细节等问题进行了初步调查。他们发现西瓜适合在现在这个早春时节种植，它喜欢温暖和光照。最终，经过投票表决，大三班的孩子们决定种植西瓜。明确了种植目标，他们的种植行动也随即展开。

儿童是天生的发现者，他们对生活中的事物充满了好奇。从前期讨论种植计划，到投票选出最想种植的植物，教师充分引导幼儿自主探索，巧妙解决了集体种植"选择难"的问题。

（2）制作个性化植物标识牌

各班在"责任田"里种上各类植物之后，我们建议给每块田地配上幼儿亲手制作的个性化植物标识牌，让幼儿感受到这片土地是专属于他们的"小天地"。这种归属感使幼儿更加珍惜和爱护自己种下的植物，主动承担起浇水、除草、观察等养护责任，从而培养责任感和主人翁意识。植物标识牌上，包含植物名称、生长周期等信息，文字与图片相结合，为幼儿提供了一种直观的学习材料。在照料、观察植物的过程中，幼儿能够自然地学习相关知识，了解植物生长的基本规律，促进认知发展。植物标识牌不仅展现了幼儿的创意,更是他们成长的见证。随着时间的推移,植物和幼儿都在不断成长,植物标识牌上的信息也将成为孩子们共同回忆的一部分,记录下这段美好时光。

关于班级"责任田"植物标识牌的讨论(片段)

讨论话题:怎么设计班级种植牌?

讨论过程:

幼儿1:我们班的菜地,要加上班级名,别人就不会弄错了。

幼儿2:要放一些种的菜的图案,这样其他班的小朋友也(能)知道(我们种的是什么)。

幼儿3:也可以把刚种下去、长大和开花结果实时的样子也放上去,这样别人也能了解。

幼儿4:对,对,还得加上时间。

幼儿5:可是关于这种菜我们也有很多问题和不明白的地方呀。

教师:有什么好办法呈现出来呢?

幼儿6:我们可以把问题画下来呀!

"包菜"标识牌(示例)

"青黄瓜"标识牌（示例）

小一班蚕豆田的植物标识牌（片段）

小一班的蚕豆田里已经插上了班级牌，随后大家决定每人交一个"蚕豆朋友"，认养一株蚕豆苗。

幼儿1：这是独一无二的植物牌！

幼儿2：我们有了属于自己的蚕豆了！我会好好照顾它。

（二）班本劳动日活动的组织步骤①

1. 前期筹备阶段

主题与目标：明确本周"班级劳动日"的主题（采摘菊花脑），设定教育目标。

劳动认知：认识菊花脑，知道菊花脑的嫩叶是可食用的；明白多次收获菊花脑之后，其枝条上会产生更多分枝，生长得更旺盛。

劳动技能：了解收获菊花脑的正确方法，尝试用拇指和食指掐取嫩叶。

劳动情感：感受合作收获的乐趣，体验劳动的快乐。

活动内容：根据幼儿的年龄特点和兴趣，设计适合他们的种植活动，如播种、浇水、除草、观察植物生长等。

经验准备：幼儿有观察、认识菊花脑的经验；幼儿认识托盘秤。

物质准备："收获菊花脑"课件、洗菜箩6个、竹匾6个、鸭蛋3个、托盘秤1个、塑料袋2只、桌子1张、胶鞋12双。

2. 活动实施阶段

环节一：讨论、了解收获方法

（1）讨论收获菊花脑的方法（地点：种植园地的操作间）

教师：菊花脑可以经常收获，这会让它长出更多的分枝，它们能生长得更旺盛。我们一起来掐菊花脑吧！

①教师：想一想，应该掐取菊花脑的什么部位？

②教师：怎么收获菊花脑呢？

（2）观看关于收获菊花脑的视频，学习掐的方法

教师：这里有一段视频，我们一起来看一看！

活动实施策略：

1. 以问题导入，引发幼儿关注菊花脑哪些部分是可以食用的

幼儿知道菊花脑可以吃，但是对于吃它的什么部位并不清楚，有的说吃叶子，有的说一整根都可以吃。这一环节，使幼儿了解菊花脑的嫩叶部分可以食用，也是本次劳动中需要掐取的部位。此外，引导幼儿迁移已有的农场收获经验讨论如何收获菊花脑。

2. 引导幼儿观看视频，了解收获菊花脑的方法

利用多媒体课件向幼儿直观展示"掐"的方法，引入新经验。

---

① 这部分内容以南京市香山路幼儿园某届中五班菊花脑地种植劳动为例。

环节二：学习掌握收获菊花脑的方法，带着任务合作劳动

（1）尝试掐菊花脑

教师：菊花脑怎么掐？掐它的什么部位？谁来试一试？

教师：这里有一些菊花脑，我们一起来试一试！

（总结方法：顺着菊花脑的茎，从下往上找到靠近顶部的嫩叶部分，利用大拇指和食指的指甲掐断它的茎，取下嫩叶部分。）

（2）认识称重工具，了解劳动任务

教师：刚才我们掐的这些菊花脑可不够吃呢，制作一份菊花脑美食最少需要200g嫩叶。

①提问，引发思考。

教师：你们觉得200g嫩叶有多少？

教师：怎样才能知道已经摘了200g嫩叶呢？

②认识称重工具。

教师：今天，我给大家带来了一样工具，一起来看一看。这是什么？

教师：这叫托盘秤，当我们把物品放在上面的托盘里时，下方的指针会转动，指向某个数字，这个数字就表示物品的重量。等会儿我们把收获的菊花脑装在塑料袋里，当指针指到200的时候，就说明已经够200g啦！

（3）明确劳动前的准备

教师：马上我们要去劳动啦！需要注意什么？

①自我保护。

②保护菊花脑。

（4）实地劳动，掐菊花脑

教师：两人一组，带着竹匾去掐菊花脑，记得要掐最嫩的部位哦！

（教师关注幼儿是否掌握掐的方法，掐的是否为菊花脑嫩叶。）

教师：把采摘下来的菊花脑放在一起称一称，够200g了吗？

活动实施策略：

1. 学习掌握掐的方法

请幼儿在观看视频的基础上个别展示掐的方法，并集体学习，教师迅速观察幼儿对新技能的掌握程度，及时加以指导。可以配上简单的口诀，引导幼儿掌握"掐"这一劳动技能，解决活动难点。

2. 认识称重工具，明确劳动任务

此次劳动的目的之一是通过采收促进菊花脑分生枝叶，其二是制作美食，品尝、分享劳动成果。明确至少掐取200g菊花脑的劳动任务，更能激发幼儿劳动的兴趣。同时，引入称重工具，将抽象的"200g"变得具象、直观，这更符合幼儿的年龄特点。

3. 明确劳动前的准备

这里主要是引导幼儿迁移已有的劳动经验，分为保护自我和保护菊花脑两方面，以观察幼儿表征的方式，引导幼儿向同伴学习。同时进一步关注收获菊花脑与收获其他农作物的区别——不能连根拔起，因为要让它继续生长出更多的分枝。

4. 合作劳动，亲自收获

对中班下学期的幼儿来说，教师应有意识地引导他们开展合作劳动，在合作的过程中，幼儿可以分享经验、相互学习。

环节三：清洗、制作菊花脑美食，体验劳动的快乐

（1）迁移生活经验，合作清洗菊花脑

教师：制作菊花脑美食之前，我们还需要做什么？

教师：你们会洗菊花脑吗？

教师：这里有一些盆和筛子，小朋友们还是两人一组，每组分一些菊花脑，一起把菊花脑洗干净吧！

（2）制作、分享美食，感受劳动带来的快乐

教师：瞧，这里还有新鲜的鸭蛋！我们带着菊花脑和鸭蛋一起去生活馆吧！

活动实施策略：

1. 合作清洗菊花脑

种植劳动是综合性的活动，可以让幼儿体验"食物从长在田间地头到被端上餐桌"的全过程，因此，教师给幼儿提供了洗菜工具，让幼儿现场就清洗菊花脑。幼儿两人一组，一个拿盆一个拿筛子，两两合作，在教师的示范和引导下学会清洗蔬菜的方法。

2. 制作、品尝菊花脑鸭蛋汤

结合小农场的自然条件，引导幼儿将两种食材烹饪成一锅美味的汤，真正体验劳动的快乐，同时感受到劳动的辛苦——大家齐心合力掐了200g的菊花脑，看起来很多，但烧熟以后每人只能分到一小碗，劳动可真是不容易呀，当然不能浪费，要喝得一滴都不剩呢！

3. 后期跟进阶段

持续观察与养护。鼓励幼儿在日常生活中继续关注并照顾班级"责任田"里的植物，定期给其浇水、除草等。

反思与总结。活动结束后，教师进行反思与总结，分析活动的成功与不足之处，为接下来的种植劳动提供参考和改进方向。

总结与反思：

幼儿园劳动教育是指支持幼儿在亲历实践和动手操作的过程中有目的、有意

识地运用体力和智力改造外部世界,从而获得劳动知识、劳动技能、劳动习惯、劳动意识和劳动情感等方面发展的一种教育活动。

1. 劳动教育促进幼儿经验提升和技能学习

在收获菊花脑这节活动中,我们带领幼儿在真实的情境中学习掌握劳动技能,幼儿在劳动的过程中能够通过自身的操作和感知获得直接经验。掐这一动作的学习,使其手部精细动作得到锻炼,感受到老与嫩之间的区别。同时这一技能是可以继续延续到幼儿的家庭生活以及其他的种植劳动活动之中的。

2. 劳动教育为幼儿提供关注和了解自然的机会,了解人与自然的关系

了解对菊花脑多次采摘可以帮助菊花脑生长分枝,而更多的分枝为我们带来更多嫩叶可以食用,所以收获的时候除了保护自己还要保护菊花脑,养成良好的劳动习惯和意识,初步感受到人与自然和谐共处。

3. 劳动教育让幼儿体会到成功的喜悦

劳动的本质是服务生活。在活动中,我们通过引导幼儿两两合作,给予幼儿与同伴相互学习的机会,同时,幼儿在亲历收获之后品尝劳动成果,感受到劳动的快乐,激发起持续劳动的兴趣和情感。

(三)班本劳动日活动中教师的观察与指导

1. 观察幼儿的兴趣与参与度

兴趣表现:关注幼儿在种植劳动中的参与热情和积极性,看其是否对播种、浇水、除草等各个环节都充满好奇和兴趣。教师可以通过观察幼儿的表情、动作和语言交流等了解他们的兴趣点。

参与度:记录幼儿参与劳动的次数和时长,分析哪些环节最能吸引幼儿的注意力、哪些环节需要改进以提高幼儿的参与度。教师可以根据观察结果适时调整活动内容和形式,使活动更加符合幼儿的兴趣和需求。

2. 观察幼儿的操作技能

日常管理技能:关注幼儿在浇水、除草等日常管理中的表现,观察幼儿是否了解植物的基本生长需求,是否能采取相应的管理措施。教师可以通过提问和引导幼儿讨论的方式,帮助幼儿了解关于植物生长的基本知识,并鼓励他们尝试自己解决问题。

3. 观察幼儿的观察与记录能力

观察植物生长:鼓励幼儿定期观察植物的生长情况,观察植物发芽、长叶、开花、结果等过程,并用自己的方式记录下来。教师可以给幼儿提供观察记录表或日记本,指导幼儿用绘画、符号、文字等方式记录观察结果。

记录植物的生长变化:引导幼儿关注植物生长过程中的细节,如叶片的颜色、形状、大小等,并记录一些变化。教师可以组织幼儿进行分享和交流,帮助他们更好地理解和记忆植物生长的过程。

4. 观察幼儿的交流与合作能力

同伴交流：观察幼儿在种植劳动中与同伴交流的情况，观察幼儿是否愿意与同伴分享自己的发现，是否愿意倾听他人的意见和建议。教师可以通过组织小组讨论或分享会等活动促进幼儿之间的交流与合作。

师幼互动：教师积极参与幼儿的种植劳动，与幼儿进行互动和交流，解答他们的疑问，鼓励他们提出新的问题。通过师幼互动，教师更好地了解幼儿的需求和困惑，为幼儿提供更有针对性的指导和帮助。

5. 指导与建议

（1）丰富种植知识

教师通过讲述关于植物的故事、展示植物图片或相关视频等方式，向幼儿介绍种植知识，帮助幼儿了解植物生长的基本条件和过程。

（2）示范与指导

在初次进行种植劳动时，教师进行示范操作，让幼儿了解正确的种植方法和步骤。在后续活动中，教师引导幼儿自主进行种植和管理，并在必要时给予指导和帮助。

（3）鼓励与表扬

对于幼儿在种植劳动中的积极表现和进步及时给予表扬和鼓励，激发他们的自信心和成就感。同时，教师也要关注幼儿在劳动中遇到的问题和困难，给予耐心的指导和支持。

综上所述，幼儿园种植劳动教育中，班本劳动日的观察与指导重点应围绕幼儿的兴趣与参与度、操作技能掌握度、观察与记录能力以及交流与合作能力等方面展开。教师通过丰富幼儿的种植知识、给予幼儿示范与指导、及时鼓励表扬等措施，促进幼儿在种植劳动中获得全面发展。

（四）班本劳动日活动方案例举

1. 关于播种的活动方案例举

关于播种的种植劳动活动方案 1

周次：_____ 日期：_____ 活动时间：_____

活动名称	种大蒜	班级	小五班
活动目标	1. 对种植劳动感兴趣，乐意参加种植劳动。 2. 迁移种草莓的经验，继续学习栽种过程。 3. 关注植物的生长情况，愿意连续观察、记录植物的生长变化。		
活动准备	经验准备：幼儿对大蒜的生长有一定了解。		
	材料准备：健康饱满的蒜头若干，种植盆若干，《种大蒜》儿歌录音及音频播放设备。		

续表

活动过程	补充与调整
1. 观察大蒜，认识其外形特征。 教师：你们看，这是什么？（出示大蒜） 教师：请你看看，大蒜是什么样的？有点儿像什么？（幼儿描述大蒜的外形特征："白色的球状，外面有皮……"教师可以引导幼儿展开类比、想象，用简单的词语描述大蒜的外形特征。） 提示：引导幼儿发现大蒜是由多个小蒜瓣组成的，蒜瓣围成一个圆圈，每个蒜瓣都有白白的蒜根，尖尖的地方是蒜芽，用手轻轻一剥，大蒜的"外衣"就被扯破。 教师：请你们把大蒜掰开，看一看，它们是什么样的？再数一数，一个蒜头有几瓣？（引导幼儿丰富词语"蒜瓣"。） 教师：你们吃过大蒜吗？是什么味道？喜欢吃吗？（总结：吃大蒜可以预防很多疾病。） 2. 学习种植大蒜的方法。 教师：你会种大蒜吗？我们种大蒜需要什么？ 3. 与幼儿一起讨论，并明确种大蒜的材料和工具等。 （1）教师：种大蒜的第一步是做什么事情？我们先把一个个圆形的蒜头剥成一个个小蒜瓣。 （2）教师：再看第二步，大蒜哪头朝下埋到土里？（蒜根朝下，蒜芽朝上。） （3）教师：怎么把大蒜种到土里呢？（引导幼儿自由讲述自己的想法。） （4）教师：再看第三步，老师是怎么种大蒜的？ （5）小结：我们先把圆形的蒜头剥成一个个小蒜瓣，然后用小铲子松松土，土松好后，拿起一个小蒜瓣，蒜根朝下，蒜芽朝上，将蒜瓣插进泥土里，盖好土，最后给蒜瓣浇点水，大蒜就种好了。 4. 幼儿观察老师示范种大蒜的方法，教师鼓励幼儿尝试用语言描述老师的种植方法。 5. 尝试种植大蒜。 教师播放《种大蒜》儿歌录音，幼儿尝试种植大蒜，教师观察并指导幼儿正确种植。 （1）幼儿自由种大蒜，教师重点观察幼儿是否将蒜瓣的尖头朝上，并请幼儿给种好的大蒜浇水，再将种植盆平稳地放在户外平台上。 （2）教师：大蒜长大后会是什么样呢？种下的大蒜能长出叶子吗？（引导幼儿自由猜测并大胆说出自己的想法。） （3）教师：小朋友们，种好大蒜后，把自己的名字贴到你种的大蒜盆上，以后就知道你种的大蒜在哪里了。蒜瓣过几天就会长出绿芽，往土外钻，绿芽长呀长呀，就会长成一棵高高的大蒜。 6. 巩固新知：小朋友们真能干，会种大蒜了！能告诉老师你是怎样种大蒜的吗？ 7. 总结：小朋友们的大蒜都种好了，让我们慢慢等着大蒜长大吧！现在我们要收拾地上和桌子上的物品了，让它们归位吧。	教师用照片记录孩子们的寻找过程和成果

关于播种的种植劳动活动方案2

周次：_____ 日期：_____ 活动时间：_____

活动名称	种萝卜	班级	中一班
活动目标	1. 引导幼儿乐于参与种植劳动并在活动中获得愉快体验。 2. 在游戏中初步了解种植方法。		

续表

活动准备	经验准备：带幼儿参观过大班幼儿的种植活动，他们对大班幼儿泗地、种种子等种植过程获得了感知经验，认识了相关的几种种子，并对种植工具怎么使用有了初步的认识和了解。 物质准备：铲子、盘子、萝卜种子、故事图片。
活动过程	
1. 以游戏的口吻提问，激发幼儿种植的兴趣。 教师：听，是谁在呜呜地哭呀？哦，是小种子在哭。种子宝宝，你为什么哭呀？原来，它们没有房子住，所以很伤心。那我们该怎样帮帮种子宝宝呀？（幼儿：我们给它盖个房子。） 2. 教师：你们还记得故事中种子宝宝的房子是什么样子的吗？（幼儿：像小鸟住的那样；像给小蚂蚁挖的洞那样……） 教师：对，种子宝宝的家就像一个小坑。（出示图片） 3. 给种子宝宝盖房子。 （1）带着幼儿边说儿歌《走在田埂上》边走到本班种植园地的田埂间。 （2）带领幼儿给种子宝宝盖房子（挖小坑）。 4. 提出要求：用铲子时要小心，不要碰到手；房子与房子之间不要靠得太近。（由于有了前期经验的铺垫，幼儿已经掌握了握铲的要求。） 5. 请种子宝宝住新家。 教师：孩子们，咱们给种子宝宝盖好了家，请种子宝宝搬到你盖好的房子里吧。但是，一定要注意，一间房子里不要住太多宝宝啊！（如果观察到幼儿捏了好几粒种子放到一个小坑里，可以马上用种子宝宝的口吻说："太挤了，我们想4个好朋友住在一起，再给我们盖间新房吧！"） 6. 给种子宝宝盖被子。 教师：种子宝宝说它们有点冷，想请我们帮它们盖上被子。请小朋友轻轻盖，再用小手帮它们按一按，把被子盖严了。（引导幼儿将土踏平。） 7. 小结：今天我们给种子宝宝盖了房子，让它住进了新家，还给它们盖了被子，它们可以安心地住在里面了。它们都说，谢谢小朋友，希望你们过几天再来看我们，我们会伸出头来的！	补充与调整

关于播种的种植劳动活动方案3

周次：_____ 日期：_____ 活动时间：_____

活动名称	种芋头	班级	大二班
活动目标	1. 观察芋头，了解芋头的基本特征，大胆讲述自己的发现。 2. 了解种植芋头的方法，尝试用铲子挖坑种植芋头。 3. 体验参与种植劳动的快乐。|		
活动准备	经验准备：幼儿认识小农场的劳动工具。			
	材料准备：小农场的芋头地、芋头、浇水壶，请来有丰富种植经验的汤伯伯。			
活动过程				
1. 带领幼儿来到小农场，观察芋头地。 教师：小朋友们，今天我们来看看我们班的"责任田"芋头地，我们将在这块地上种植芋头。 2. 展示芋头，引导幼儿了解芋头的基本特征及种类。 教师：看，这是什么？这些芋头是什么样的呢？它们叫牛奶小芋头。它们表面是什么样的？摸上去什么感觉？	补充与调整			

续表

3. 引导幼儿认识需要用到的工具。 （1）教师：我们要种植芋头了，需要准备哪些物品呢？今天我们要用到一种劳动工具——铲子。它是什么形状的呢？怎么使用它呢？ （2）总结：铲子前面是弯曲的，有点像月牙形。我们可以两手抓住它的把，将铲子前面弯曲的那一面挨着地面，以便挖掘和清理土壤。 4. 引导幼儿了解种植芋头的方法和注意事项。 （1）教师：请汤伯伯给我们演示如何种植芋头，大家一定要仔细观察，一会儿我们来交流哦。 （2）小结：首先，用铲子在地上挖出一个小坑，然后将芋头放入坑中，注意一个坑只放一个芋头，最后用土覆盖它。 5. 引导幼儿分组种植芋头。 （1）引导幼儿先挖坑，再将芋头放入坑中，最后覆盖上土。 （2）引导幼儿用浇水壶为芋头浇水。 6. 请幼儿分享种植芋头的感受。 7. 带领幼儿清理小手和小脚，排队回班。	

2. 关于田间管理的活动方案例举

关于田间管理的种植劳动活动方案 1

周次：_____ 日期：_____ 活动时间：_____

活动名称	给黄瓜地浇水	年段	小班
活动目标	1. 给黄瓜苗浇水，观察黄瓜的变化，积累照料黄瓜的经验。 2. 活动中能仔细观察，大胆表达自己的观点。 3. 爱护生长中的作物，对大自然感兴趣。		
活动准备	经验准备：幼儿认识农场的劳动工具。		
	材料准备：浇水用的小桶、小茶杯等若干。		

活动过程	
	补充与调整
1. 带领幼儿去黄瓜地。 2. 猜想黄瓜的长势。 教师：你们猜猜，黄瓜苗有没有长高呢？ 3. 引导幼儿观察黄瓜的变化。 教师：有些黄瓜苗已经长得很高了。这些竹竿有什么作用呢？ 4. 幼儿自由观察。 5. 教师示范、讲解如何给黄瓜苗浇水。 教师：黄瓜苗有点口渴了，我们来给它们浇浇水吧。要轻轻地往黄瓜苗根部浇水，不要用很多水一下子冲过去，那样黄瓜苗根部会受伤的。 6. 划分浇水区域，引导幼儿从小溪中灌水，然后给黄瓜苗浇水。 7. 幼儿收拾整理浇水用具。	

关于田间管理的种植劳动活动方案 2

周次：_____ 日期：_____ 活动时间：_____

活动名称	给菜地除草	年段	中班
活动目标	1. 观察小农场农作物的生长情况，能发现菜地中杂草较多。 2. 能够发现泥土里的一些小秘密。 3. 在劳动中不怕吃苦、不怕累，养成吃苦耐劳的精神品质。		
活动准备	经验准备：幼儿对农场菜地有一定的了解。 材料准备：雨鞋、铲子、篮子。		
活动过程			
1. 走进小农场，观察农作物的生长情况。 幼儿分组观察，教师引导幼儿重点观察地里的情况。 2. 师幼集中讨论。 教师总结：上周收获之后，菜地里有了什么变化？种上了新的农作物，但是杂草很多，怎么办？ 3. 幼儿穿上雨鞋，给菜地除草。 要求：抓住杂草的根部往上拔，不能伤害农作物；将连根拔起的杂草装进篮子里。有的杂草，根长得很深，还需要用铲子来帮忙除草。 4. 收拾整理。 引导幼儿将篮子里的杂草倒进堆肥箱。 5. 回到班级讨论自己的新发现。 可以引导幼儿把在农场中的新发现用绘画的方式记录下来。			补充与调整

关于田间管理的种植劳动活动方案 3

周次：_____ 日期：_____ 活动时间：_____

活动名称	给山芋地浇水	年段	大班
活动目标	1. 能正确使用浇水工具给山芋地浇水。 2. 能发现山芋地的变化，并选择参加适宜的劳动活动。 3. 喜欢参与种植劳动，感受劳动后的成就感。		
活动准备	经验准备：山芋地、水壶、常见劳动工具。 材料准备：雨鞋、洒水壶、篮子等。		
活动过程			
1. 师幼一起进入小农场。 教师提醒幼儿有序排队，手扶栏杆下楼梯，安静地进入小农场。 2. 幼儿自主观察山芋地的变化。 教师：你们看，我们班的山芋地和上周相比有了什么不一样的地方？（鼓励幼儿积极分享自己的发现。） 3. 幼儿分组，给山芋地浇水。 （1）提醒幼儿控制浇水量，注意观察土地的湿润度。 （2）等待的幼儿可进行其他劳作，如除草、喂动物等。 （3）提醒完成劳作的幼儿在指定区域耐心等待，小声交流劳作过程与感受。 4. 分享劳动后的感受。 教师：你今天参与了什么劳动？ 教师：劳动后，你的心情怎样？有什么感受？ 5. 组织幼儿回教室。 提醒有序排队，一个跟紧一个，安静地上楼回教室。			补充与调整

3. 关于生长过程管理的活动方案例举

关于生长过程管理的种植劳动活动方案 1

周次：_____ 日期：_____ 活动时间：_____

活动名称	各种各样的蔬菜	年段	中班
活动目标	1. 观察了解蔬菜的生长过程，初步认识几种常见的蔬菜。 2. 掌握各种蔬菜的基本特征。 3. 通过参观小菜园的活动，使幼儿体验到丰收的喜悦。		
活动准备	经验准备：幼儿有在小农场进行劳动的前期经验。		
	材料准备：雨鞋、拍摄设备等。		

活动过程	
1. 幼儿自由观察小菜园，触摸各种蔬菜。 教师：这些是什么菜？它们长在哪些地方？（有的菜长在土里，有的菜长在架子上……） 2. 幼儿辨识几种常见蔬菜，了解其外形特征。 （1）辨识白菜、萝卜、辣椒、南瓜等。 （2）引导幼儿观察这些蔬菜的外形特征（长什么样），触摸菜叶、果实等。（幼儿根据自己的观察自由回答） （3）引导幼儿辨认各种蔬菜，帮助幼儿了解蔬菜的组成部分（叶、茎、杆、花、果实等）。 3. 比一比：各种蔬菜外形的不同之处。（幼儿自由讨论） 4. 引导幼儿初步了解蔬菜的价值。 教师：今天我们认识了很多蔬菜，看到它们长得这么好，我们感到非常喜悦。我们的身体离不开各种蔬菜，蔬菜给我们提供很多营养，所以吃饭的时候要多吃蔬菜，不能挑食哦。	补充与调整

关于生长过程管理的种植劳动活动方案 2

周次：_____ 日期：_____ 活动时间：_____

活动名称	观察山芋	年段	大班
活动目标	1. 认识山芋，知道秋天是收获山芋的季节。 2. 通过观察认识山芋，知道整株山芋的组成部分。 3. 活动中能仔细观察，能大胆表达自己的观点。		
活动准备	经验准备：教师事先检查菜园是否整洁、安全。		
	材料准备：雨鞋、铁锹、放大镜等。		

活动过程	
1. 初识山芋。 教师：小朋友们，你们看，这是什么植物？它是生长在哪里的？它长得怎么样？ （引导幼儿从山芋的形状，颜色等方面回答。） 2. 完整认识山芋。 教师将一棵山芋植株从地面上扯起来，最后连根挖出。 教师：看，这是一棵完整的山芋，它有哪些部分？山芋妈妈有多少宝宝？	补充与调整

小结：一棵完整的山芋有叶子、藤，还有埋在泥土里的根，它的根就是我们平时吃的山芋。瞧，山芋妈妈的孩子都有很多。 3. 观察山芋叶。 （1）教师把山芋叶柄上的皮剥下来，让幼儿观察。 教师：山芋的叶子长得一样吗？上面有什么样的纹路？ 小结：剥掉皮的叶柄还是青色的，湿润润的，很嫩，它们可以炒来吃哦。 （2）讨论山芋叶子上的洞洞。 教师：叶子上为什么有洞洞呢？ 小结：虫子会吃山芋的叶子，我们可以用打农药的方法来治虫。 4. 观察山芋。 教师：山芋长什么样呢？我们带着这些大大小小的山芋回教室观察吧。

4. 关于收获及后处理的活动方案例举

关于收获及后处理的种植劳动活动方案1

周次：_____ 日期：_____ 活动时间：_____

活动名称	收获红小豆	年段	中班
活动目标	1. 通过观察、触摸等多种方式了解成熟的红小豆的外形特征。 2. 能借助统计表进一步认识红小豆的外形特征，并尝试用不同的方式收获红小豆。 3. 珍惜小农场的农作物，体验采摘豆荚的乐趣。		
活动准备	经验准备：幼儿了解过植物各组成部分，观察过植物各部分的颜色、形态等。 材料准备：板夹、记录单、记号笔、统计表。		
活动过程			补充与调整
1. 共同回忆上次观察红小豆地的经验。 教师：上次我们来，红小豆田是什么样子的？ 幼儿回答，教师总结。（出示记录单） 2. 进入红小豆田，引导幼儿观察红小豆田的新变化。 教师：现在的红小豆田又有什么新变化呢？仔细看一看，它的叶子、茎、豆荚的颜色有改变吗？摸一摸它们，有什么不一样的感觉？把你们的发现记录下来。 3. 幼儿自由探索，带着任务观察，并完成记录单。（教师在旁指导） 4. 根据记录内容说说自己的发现。 教师：你都发现了什么？ 幼儿回答，教师总结。（展示记录单） 教师：这个阶段的红小豆可以收获了。 5. 与幼儿探讨采摘豆荚的方法。 教师：你有什么采摘豆荚的好办法吗？ 幼儿回答，教师总结。 6. 采摘豆荚。 提出收获要求：田里成熟的豆荚全部采摘下来。 7. 分享经验。 教师：整块地的豆荚全部收获完了吗？你用了什么方法？这个方法好不好？（方法好，好在哪里？方法不好，出现了什么问题？可以怎样改进？） 8. 活动延伸：剥豆。 教师：我们收获了这么多豆荚，快回班比赛剥豆吧！			

关于收获及后处理的种植劳动活动方案 2

周次：_____ 日期：_____ 活动时间：_____

活动名称	一起来挖藕	年段	大班
活动目标	1. 认识藕，知道藕是荷的地下茎。 2. 能用铲子挖、双手挖等多种方法尝试收获藕。 3. 感受劳动的快乐。		
活动准备	经验准备：幼儿对荷的叶、花等有初步的认识。 材料准备：护衣、篮子、铲子等。		
活动过程			

活动过程	补充与调整
1. 寻找藕。 教师：秋天来啦，荷叶全都枯萎了，泥土里会有什么宝贝呢？藕长在哪里？是荷的什么部分？ 2. 学习收获藕的方法。 （1）讨论收获藕的方法。 教师：怎么收获藕呢？挖藕需要哪些工具呢？ （2）观看收获藕的方法。 教师：藕是怎么收获呢？我们一起看看汤伯伯是怎么收的。 （3）尝试收获藕，体验收获的快乐。 3. 挖藕前的安全提醒。 教师：马上我们就要挖藕了，有什么需要特别注意的地方吗？ 4. 分组挖藕。 5. 交流与分享。 教师：藕是什么样子的呢？	

关于收获及后处理的种植劳动活动方案 3

周次：_____ 日期：_____ 活动时间：_____

活动名称	分离棉絮	年段	中班
活动目标	1. 学习并尝试分离棉桃的蒂梗和棉絮。 2. 能专注细致地分离棉絮，并将蒂梗和棉絮分开摆放。 3. 体验专注劳动、成功收获的快乐。		
活动准备	经验准备：幼儿对棉桃的外形特征有所了解。 物质准备：上周收获的棉桃、空篮子、手套、评价记录工具。		

活动过程	补充与调整
1. 观察棉桃的特征，提出分离棉絮的任务。 2. 播放工人手工分离棉絮的视频，请幼儿尝试自己动手，将一个棉桃中的棉絮分离出来。 3. 幼儿交流自己的感受，教师有针对性地解决幼儿在第一次尝试中遇到的困难，并进行示范讲解。 4. 幼儿再次尝试从棉桃中分离棉絮。 5. 幼儿展示劳动成果，并和旁边的幼儿说一说自己的心得。 6. 教师集体评价。 7. 幼儿自我评价，完成评价记录表：分离的棉桃个数、棉絮的干净程度等。	

（五）班本劳动日活动的价值

1. 规范小农场的日常劳动

确定种植区域和内容、准备种植工具和材料、制定种植劳动计划、实施种植劳动、总结与反馈……这些班本劳动日活动安排让我园的种植劳动成为常态。班级教师根据各班情况以及幼儿的年龄特点设计活动，根据活动目标形成具体的活动方案，包括活动内容、时间、人员分工、所需工具等。教师还在谈话活动中与幼儿一起总结了如何规范化地照顾菜地。

2. 丰富幼儿的种植劳动知识

劳动活动开展前期，教师利用PPT、小视频或图片等向幼儿介绍关于种植的基本知识，如不同植物的生长周期、所需光照和水分情况等；讲解种植工具的名称、用途及安全使用方法，强调使用工具时的注意事项。在班本劳动日的种植劳动中，教师也亲身实践，并带领幼儿参与翻土、播种、浇水、除草等劳动，引导幼儿学习种植技能。在照料、管理种植地期间，教师鼓励幼儿观察植物的生长变化，记种植日记或绘制植物生长过程图，培养幼儿的观察力和记录能力；组织幼儿进行小组讨论，让幼儿分享种植过程中的经验和发现，使幼儿增强合作意识。

案例：挑选绿豆种子（片段）

小三班的"责任田"里种的是绿豆。在一连串的活动中，孩子们学习挑选绿豆种子，观察绿豆种子发芽的过程，学习测量芽苗的长度，移栽绿豆苗到地里……体验劳动的快乐和成就感。

教师：在这次种植劳动中，你有什么收获？

幼儿1：要挑选绿豆种子，饱满、颜色鲜亮的是好种子。

幼儿2：浇水的时候，如果水浇得太多，绿豆苗就会软软的，所以我知道了要适量浇水才行。

3. 帮助幼儿提高日常种植劳动技能水平

种植并非简单的挖坑、埋种，它需要一系列精细而复杂的劳动技能。起初，幼儿在松土、播种、浇水等环节中显得有些笨拙，力度掌握不当，浇水也常常是"大水漫灌"。但随着时间的推移，在教师的耐心指导下，幼儿不断尝试与调整，其劳动技能水平得到了显著的提升——松土时，幼儿学会了如何均匀用力，避免破坏土壤结构；播种时，他们能根据需要精准控制间距，确保每颗种子都能获得充足的生长空间；对于浇水，他们掌握了"见干见湿"的原则，学会了根据土壤的湿度来灵活调整浇水量，避免水资源的浪费与过度灌溉。此外，幼儿还学会了识别并有效清除杂草，学会了根据植物的生长情况合理施肥，为植物提供充足的养分。

案例：移栽辣椒可以用什么工具？该怎样使用工具？（片段）

中四班种植的是辣椒。最初，孩子们对小铲子等种植工具的使用方法比较生疏，坑挖得太浅，出现了辣椒移栽后没有成活的情况。吸取了经验教训后，他们逐渐掌握了正确的使用工具的方法。比如，他们学会了轻轻铲土，以免伤害种子或幼苗，学会了如何控制水壶的倾斜角度来均匀浇水。他们对工具的使用从生疏到熟练，甚至能够互相提建议，调整、改进工具使用方法。

4.使幼儿增强同伴合作意识，提高问题解决能力

种植园地里的每一项活动，从选种、播种到浇水、除草，都需要幼儿的紧密合作。教师精心设计了一系列任务，旨在通过实践活动培养幼儿的团队协作能力。在劳动过程中，幼儿自然而然形成小组，他们共同讨论种植计划、分配任务，并在遇到难题时集思广益、相互帮助。这种同伴间的合作，不仅让劳动更加高效，也让他们体验到了合作的乐趣和价值。

随着种植劳动的深入，幼儿解决问题的能力也得到了有效的锻炼。他们学会了观察问题、分析问题，并尝试运用所学知识或生活经验来寻找解决方案。当土壤湿度不够时，他们会一起想办法调整浇水频次；当幼苗生长缓慢时，他们会共同研究施肥方法。这些实践中的探索与尝试，不仅让幼儿积累了宝贵经验，也让他们学会了如何面对挑战、克服困难。

更令人欣喜的是，种植劳动中的合作与解决问题的过程，不仅增强了幼儿之间的友谊，也促进了他们个性的全面发展，他们变得更加自信、勇敢，学会了在团队中发挥自己的长处，也学会了倾听他人的意见、尊重人与人之间的差异。这种积极向上的集体氛围，为他们的健康成长保驾护航。

案例：天上掉下一个大罩子！（片段）

大五班的孩子们还没有找到保护稻谷的好方法，眼看稻谷被鸟雀吃得越来越少了，大家都很着急。于是，我申请购买了一张透气的纱网。孩子们立即发现了这张纱网，并七嘴八舌地讨论起来，这个纱网俨然成了小农场里的"大明星"！和之前的床单相比，纱网透气、透明、结实，真是保护水稻的大宝贝。

但纱网罩子怎么罩上去呢？直接放上去，会压倒稻秆。孩子们迁移之前给黄瓜苗搭架子的经验，也想做个架子，把网放上去，那样就不会压倒水稻了。

正巧，幼儿园有位工人叔叔，我们请他一起帮忙，把竹竿搭成架子，终于成功地把网子罩了上去。为了给水稻做好全方位、无死角的保护，小朋友们又仔细地把罩子靠近地面的边边角角压好、压紧。

大罩子罩了起来，孩子们悬着的心才总算放下来。有了纱网罩，小鸟真的不会来了吗？靠近看，确实不会来。那悄悄地躲起来再看看呢？小朋友们躲在窗户后面观察，高兴地交流："嘿，小鸟，这下你们没有办法来偷吃粮食了吧！"

不过，还是有个别孩子有点担心，怕小鸟把网子啄出洞，然后钻进去继续偷吃。所以，大家觉得平时还是要多关注纱网的情况。

5. 使幼儿增强对劳动对象的责任感和参与劳动的主动性

班级劳动日的劳动场所——种植园地，不仅是自然与生命的展示窗，更是幼儿心灵成长的沃土，它在悄然间激发了幼儿对劳动对象的责任感和参与劳动的主动性。

随着每一次翻土、播种、浇水，幼儿对这片土地产生了深厚的情感。他们亲手种下的每一颗种子，都承载着他们的希望与梦想。在劳动过程中，幼儿对待劳动对象的态度发生了显著变化。他们更加细心地照料每一株植物，从最初随意一瞥，到后来每日关注，这种转变体现了幼儿内心责任感的觉醒。当劳动不再是简单的完成任务，而成为一种情感的寄托和责任担当时，幼儿会主动询问植物的生长情况，积极寻找消灭病虫害的方法，甚至会经常自发来到种植园地，为作物除草、施肥。幼儿参与劳动的主动性大大增强了，这让教师深感欣慰，因为这不仅体现了幼儿对劳动本身的热爱，更体现了他们对生命、对自然的尊重。

通过种植劳动，幼儿还更加珍惜劳动成果，懂得了每一分收获都来之不易。他们开始意识到，自己小小的努力能够给外界带来如此大的变化，这种成就感与自豪感进一步激发了他们参与劳动的热情和动力。

案例：秋葵长大啦！（片段）

孩子们种下的秋葵苗每天都有小小的变化，在黑夜，在白天，秋葵叶片都在不知不觉中努力长大，昂扬向上。周一一大早，孩子们便催我带他们去小农场看一看秋葵朋友，他们发现秋葵长大了、长高了，绝大多数都长出新叶来了，"一株秋葵上有不同样子的叶片呢！""外边的叶子好大，靠近里边的叶片比较小。""看，小叶子们缩在一起。"……在孩子们眼里，到处都是新鲜事。

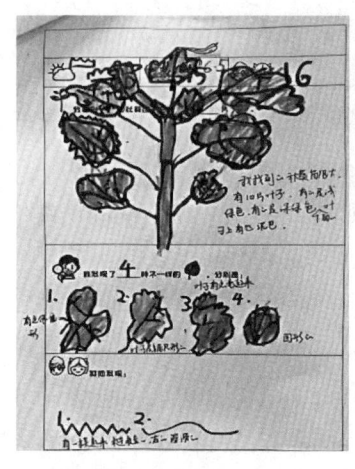 

6. 使教师增强对种植劳动的指导意识

在班级劳动日种植劳动中，教师充分相信幼儿，尊重幼儿的想法，并尽可能为幼儿提供实现种植计划的各种条件，当幼儿遇到困难时，又会像朋友一样，客观提出自己的建议。在深化幼儿对劳动的情感方面，教师抓住植物生长变化的契机，在自由融洽的互动氛围中，让幼儿尽情释放与表达。"当孩子们诉说着自己照顾菜地的经历，我意识到，种植园地离不开他们持之以恒的付出。这个过程也让我看到了他们的成长，而我又是多么荣幸，能够与孩子们一同经历这个过程。"教师深情表达。

案例：采摘菊花脑劳动的教师反思

菊花脑可以"再生"，这马上就成了菊花脑地里的大新闻，同时也验证了一些小朋友之前的猜想。其他幼儿在羡慕的同时，也有了寻找新叶的动力，他们弯下腰，蹲下来，眼睛都要贴到叶子上了，像雷达一样的眼光扫过了一株又一株菊花脑，发现有少部分没做标记的菊花脑也长出新叶来了！他们有点惊喜，又有点懊恼："早知道当时做标记时我就选这一株了！"虽然有点着急，但还是小心翼翼地翻翻自己观察的这株菊花脑的叶子，生怕连这样细微的动作也会影响它们生长。"唉，看来要再等两天了，周一一大早我就过来，（它）应该也会长出（新叶）来。"活动结束的时候，有小朋友这样说，"虽然我们是同一天采摘、同一天做标记的，但它们的生长速度确实不一样，贾茹他们的就先长出（新叶）来了，好羡慕啊！"

【教师的反思】

（1）在对菊花脑的观察活动中，细心的幼儿发现采摘后的菊花脑的茎上出现了一些嫩绿色的小叶子，在他们疑惑时，我倾听、尊重他们的求知需求，支持他们带着问题去探索，鼓励他们对菊花脑的叶子进行持续的观察和比较，大胆猜想并验证。

（2）植物的生长变化本身是一个需要耐心观察与等待的过程，观察过程中的种种发现能丰富幼儿的经验。

（3）用符号记录是幼儿选择的一种表达方式，在持续的观察活动中，幼儿用数字、图画等记录自己观察的菊花脑植株的生长变化。他们先仔细观察，再进行记录，可见他们是会观察的。

（4）幼儿在集体中乐意分享自己的观察所得，能大胆表述自己的发现。这既是幼儿对探究过程、结果的表达，也是与同伴分享、倾听同伴意见，或进行讨论甚至争论，达成初步共识的过程，这需要幼儿思维和语言能力的高度参与。

（5）在观察发现的过程中，猜测正确与否并不是最重要的，最重要的是幼儿在验证自己想法的过程中，调动已有经验，不断努力寻求真相，这是最宝贵的。

综上所述，极具个性的班级劳动日种植活动，看上去只是幼儿在平日里对植物进行养护，实际上是幼儿获取劳动知识、培养劳动情感的宝贵机会。幼儿在每周常规的劳作日活动中，逐步掌握了养护植物的劳动技能，不断巩固、提升劳动经验。在浇水、松土、施肥等看似简单的活动中，幼儿逐渐领悟到劳动的意义和价值，体会到每一个成果的来之不易。在这个过程中，教师重视各环节活动的组织与实施，有效培养幼儿的劳动习惯，促进幼儿形成良好的劳动素养。

种植园地的劳动在我园园本课程中呈现出多样性，其核心的共同点在于高度的可操作性，能够显著丰富幼儿的认知，锻炼他们的劳动技能，并深化他们的情感体验。正是在这样的直接感知、实际操作和亲身体验中，幼儿逐步积累知识，形成扎实的劳动素养。

二、场馆日活动

（一）场馆日活动基本情况

1. 场馆活动

我园自 2010 年开园以来，充分开发利用室内外优越的空间资源，从儿童的兴趣、能力及需要出发，初步建构了四个儿童主题场馆：农艺馆、生活馆、阅读馆、综合馆。儿童场馆立足于捕捉幼儿的兴趣点，感悟幼儿的需求，激活幼儿的敏感点，使场馆资源成为生成幼儿课程的重要源泉，成为幼儿园课程的有机组成部分。这些场馆创设了真实的生活情境，支持儿童获取直接经验；关注儿童的自主性与个别化学习，帮助儿童优化学习方式；提供了独立的空间与丰富的活动内容，促进儿童主动全面发展。

十多年来，我园在可持续发展理念的影响下，结合幼儿的发展需求，在探索和反思中不断调整和优化场馆设置，从空间上，将儿童场馆划分为室内游戏馆及户外游戏场。"馆"一般是指室内的游戏场所，空间相对固定，资源多样、丰富、可变。我园的室内游戏馆分为阅读馆、生活馆、微型科技馆及综合馆，其中综合馆包含了布艺、纸艺、涂鸦、水墨、木工、泥塑六个区域。"场"一般指户外的场域，空间更广阔。户外游戏场又分为以种养殖为主的小农场及户外创造性游戏场。其中，户外创造性游戏场包含了户外建构区、户外沙水区、户外角色游戏区、户外运动区这四个区域。

儿童场馆作为独有的课程资源，在目的上，强调综合利用各种教育资源，为幼儿提供健康、丰富的生活和活动环境，满足他们多方面发展的需要；在内容上，不同于传统集体教学，开设的相应课程富有弹性，与园本资源紧密融合，贴近幼儿的生活，并根据幼儿的发展需求及特点不断进行调整和增设；在活动形式上，采用混班和混龄的互助式学习方式，促进幼儿与环境和同伴的互动。

2. 场馆日活动

场馆日活动，顾名思义，就是在儿童场馆开展的活动。当前，我园中、大班幼儿每周进行2-3次儿童场馆日活动，每次活动持续1.5小时；每次活动时间，幼儿戴上游戏手环，自主选择区域，混班进入儿童场馆（户外游戏场则为混龄）。我们也会根据幼儿的实际意愿和活动需要引导他们调换场馆，或允许他们持续在某个场馆活动较长时间，儿童可以在一定空间、足够时间内自由、自主地进行创造性活动，或自主安排活动内容。场馆日活动是丰富的课程内容，成为班级主题活动的延伸和拓展。

以2022—2023年第一学期的场馆日活动安排为例：大班的场馆日活动安排在每周二、周四，中班的场馆日活动安排在每周三、周五，活动时间均为9：20—10：40。幼儿在晨间锻炼及生活活动之后，就可以根据自主选择的场馆游戏内容，带上水杯，在班级教师的带领下，分批进入场馆中进行活动。班级教师将本班所有幼儿送入对应场馆后，就进入自己负责的场馆，成为该场馆的指导老师，组织实施有关活动。活动结束后，由各场馆负责老师将本场馆的幼儿一一送至各班，并简要反馈当日的活动内容，且于活动当天往年级组共享文件夹中上传幼儿在场馆中的活动及作品的照片。

以下呈现某学期大班场馆日活动人员安排表作为示例。

大班场馆日活动人员安排

场馆日活动时间：每周二、四，9：20进场馆，10：40回班

场馆		负责教师 （人数）	保育协助 （人数）	场馆 可容纳人数
室内 游戏馆	生活馆	1	1	12
	阅读馆	2	0	24
	微型科技馆	1	0	12

续表

场馆		负责教师（人数）	保育协助（人数）	场馆可容纳人数
室内游戏馆	综合馆—布艺区	1	1	12
	综合馆—纸艺区	1		12
	综合馆—水墨区	1		12
	综合馆—泥塑区	1		12
	综合馆—涂鸦区	1	1	12
	综合馆—木工区	1		9
户外游戏场	小农场（农艺馆）	2	1	25
	户外建构区	2		16
	户外角色区	2	1	16
	户外沙水区	1		12
	户外运动区	1		12

户外游戏场的活动在户外开展，虽然场域较开阔，但也容易受天气影响。当天气状况不佳时，户外游戏场的活动会根据需要转到室内进行。下面是大班雨天户外场馆活动安排。

大班雨天户外场馆活动安排

场馆	雨天活动场地	负责教师（人数）
户外表演区	大一班	2
户外沙水区	大二班	2
户外运动区	大三班	2
户外建构区	大四班	2
小农场	大五班	2

（二）场馆日活动的基本特征

开展场馆日种植劳动时，班级幼儿自主选择，分组混班进入小农场；每期小农场种植劳动的周期为两周，共4次，以确保幼儿种植经验的连续性。在场馆日活动期间，幼儿通过观察、看图示、完成任务单、讨论等多种形式，自主选择确定探究内容及劳动任务，自由选择劳动工具或探究工具，在合作交流中感知生命的成长，在亲近自然、探索自然奥秘的过程中，感知人与自然的关系。我园场馆日种植劳动的基本特征如下：

①混班开展。
②小组活动为主。
③基本频次为2周4次，使经验连续。
④种植劳动内容丰富全面。

（三）场馆日活动的教育价值及相关资源

小农场作为种植劳动场馆日活动的主阵地，是聚焦于自然体验项目（种植、养殖、农具农艺博览活动等）的空间环境与材料投放场地。在自主探究、小组合作、集体讨论等多种形式下，幼儿选择适用的工具，进行播种、浇水、施肥、除草、收获、喂养、观察、记录等各种劳动，在合作与交流中，他们不仅亲身体验到生命的成长过程，还通过亲近自然、积极探究深化了对人与自然和谐共生关系的理解。

1. 场馆日活动的教育价值

（1）种植区的教育价值

种植区是小农场中空间最大的区域，根据季节和幼儿的兴趣特点及需要，高低错落地种植着蔬菜、瓜果等多种农作物，有食用根茎类的，有使用菜叶类的；有直立生长的，也有爬藤生长的……在种植区的劳动中，幼儿不仅收获了食物，还收获了数量、测量、空间等方面的数学经验，提升了协作意识、任务意识等多方面的素养，真正践行了"全收获"理念。

（2）农具摆放区的教育价值

小农场东侧有一处面积约10平方米的开间，这里就是农具摆放区域。木质柜子里和架子上摆放着各种农具：竹篮、镰刀、耙子、铁锹、草帽、手套……幼儿可以根据图片标记的提示以及相关的活动内容自由取放工具。幼儿在劳动过程中，会不断根据实际需要探索使用适宜的工具，从大小、质地、安全性、便利性等方面进行选择。在这个过程中，他们不仅增强了对物品的认知，也加深了对劳动工具与劳动目的之间关系的认知。

（3）操作区的教育价值

小农场西边20平方米的开间则是幼儿进行实物操作的空间。操作区有水池、台面、木架等，满足幼儿收获后清洗、称重、测量、分类、晾晒等需要。取水区还设置了不同的取水方式，以满足幼儿的活动需要。这是幼儿与同伴、教师交流的又一处场所，幼儿在这里用语言、视频、文字、图画等多种方式交流活动中的发现和问题。此处还安装有展板和多媒体一体机，教师能用不同的方式向幼儿呈现各种与种植养殖相关的资源，幼儿也可以自主翻阅、查看。

（4）养殖区的教育价值

养殖区由"爱心池塘"和"开心牧场"两个空间组成。"爱心池塘"从选址、开挖、建设到小动物养殖管理、水生植物种植管理，都是在幼儿的共同参与下完成的。目前"爱心池塘"里饲养着鸭子、鹅、金鱼、鲤鱼、乌龟、泥鳅、河蚌、螺蛳等，培育着莲花、菱角、藕等水生植物。"开心牧场"中的木质小屋是小兔、小鸡、孔雀的家，这里还饲养过小香猪。幼儿在这里与活泼"会动"的小动物亲密接触，更能体会大自然的生动与神奇，他们亲近大自然的情感也更加浓厚。

2. 场馆日活动的相关资源

我园也对场馆日活动的资源进行了梳理。

场馆日活动相关资源

序号	名称	照片	备注
1	种植田地		采用班级责任制，是幼儿开展种植劳动的重要实践场。
2	导览图		因为每学期会更换种植物，所以每学期会绘制新的导览图。此图由幼儿绘制，帮助大家对小农场有整体认识。
3	大棚		为植物保湿、保温。
4	水培箱		可供幼儿采用水培方式种植植物，并对比观察水培、土培两种种植方式的效果等。

续表

序号	名称	照片	备注
5	亭子		供爬藤类植物攀援，供幼儿乘凉、小憩。
6	农作物简介展板		由幼儿制作。大家可以用终端设备扫码，了解关于种植物的知识。
7	鸡兔笼		供鸡、兔、孔雀等动物生活，幼儿定期进行投喂、清洗等劳动。
8	小池塘		供鸭、鹅等动物活动，种植水生植物，幼儿定期进行投喂、清洗、种植、管理、收获等劳动。
9	鸭鹅窝		供鸭、鹅等家禽生活，幼儿定期进行投喂、清洗等劳动。

续表

序号	名称	照片	备注
10	鱼菜共生池		小型生态循环系统,养鱼、种菜同时进行,供幼儿了解生态循环的原理等。
11	劳动工具及工具收纳处		三齿耙、锄头、儿童镰刀、铁锹、捞网等,按类别收纳,满足幼儿种养殖劳动与安全使用的需求。
12	劳动护具及护具收纳处		太阳帽、手套、袖套、鞋套等,按类别收纳,满足幼儿安全劳动的需要。
13	雨水收集器		收集、过滤、储存雨水和空调滴水,以备浇灌之需。
14	一代堆肥箱		用杂草、植物的茎叶沤肥。

续表

序号	名称	照片	备注
15	二代堆肥箱		将收集的树叶、杂草按照"三明治堆肥法"放入其中，生成液肥和固肥。
16	水车		两名幼儿可以同时蹬踩，使池塘水流动起来，给池塘水补充氧气。
17	操作区		水池、台面、木架等满足幼儿收获后清洗、称重、测量、分类、晾晒等操作需要。
18	晾晒架		晾晒、储存收获的豆类、棉花、稻谷等。
19	多功能一体机		便于观看各类种养殖知识，师幼互动。

续表

序号	名称	照片	备注
20	种子博物区		大部分由幼儿自己从农场中收获、整理、装瓶,瓶身上记录着种子的名称和收获时间。
21	二十四节气（具有装饰性的路面）		帮助幼儿了解二十四节气;分隔田地。
22	稻草人		一定程度上保护农作物,也是装饰物。

（四）场馆日活动的组织流程

可持续发展理念影响下，小农场的种植劳动形式多样，在充分给儿童赋权的同时，我们更关注人与人、人与自然、自然与自然之间的关系。借助场馆日活动，教师可以和幼儿一起进行分组游戏，根据农作物的生长特征、天气情况或其他资源条件，因地制宜开展活动。如，某些农作物刚收获结束，便可开展翻地、松土的劳动；当阳光强烈、雨水较少时，可增加浇水频次……场馆日活动期间，小农场种植劳动的组织大致可参考以下步骤。

1. 集中讨论，生成活动

幼儿和同伴及场馆负责教师在操作间讨论活动内容，如观察、记录、写生、捉虫、除草、堆肥、翻地、收获、清洗、晾晒、称重、测量、清洗鸡兔笼、清洗小池塘等，每次教师重点指导1-2项活动。

"老师,你先告诉我,今天我去做什么吧。"糖糖说。

"你想做什么呢?"教师问道。

糖糖看了看老师,笑着说:"我今天想喂兔子,照顾小兔子!"

"我想去收获甘蔗!""我想去浇水。""我也可以去喂兔子吗?"……孩子们争先恐后地表达着自己的想法。

究竟做什么事情呢?孩子们带着自己的场馆活动计划表,四处寻找着需要他们做的事。他们三三两两地在一起讨论起来。

"我们可以去喂兔子,我刚才看了下,兔子家里没有吃的了。""我发现那边有许多花,里面有黑黑的籽,我们可以帮忙收集(种子)。""我看到那边有好多的芝麻,还没有拔,我想去拔芝麻。""我想去观察花,把它们画下来。"……

2. 制定计划,分组活动

幼儿了解各项劳动的困难和所需要的工具后,制订简要的劳动计划,并开展劳动。

孩子们带着制定好的计划开始了自己的劳动,有的松土除草,有的收集种子,有的照顾兔子,有的踩水车,有的观察记录……

甘蔗林里面的甘蔗已经长得很高很大了,可以收获了。那甘蔗到底怎么收获呢?在收获前,孩子们自主讨论需要的工具及收获的方法等。

甘蔗这么高,又很硬,要用什么方法来收获呢?毕竟是有两年农场种植经历的人了,这可难不倒他们,大家讨论起来。

幼儿1:可以直接用手拔,一拔就拔出来了!

幼儿2:拔不出来,里面还有根呢!

幼儿3:对,要把根也挖出来,这个地里面还要种新的东西呢。

幼儿4:应该用铁锹从根部挖!像挖山芋一样,先把土挖开,再把甘蔗拔出来。

幼儿2:可以先用镰刀把甘蔗从根部砍下来,然后再用铲子把根挖出来。

幼儿5:还可以用耙子把泥土挖开,然后用锯子锯一下!

3. 选择工具，自主活动

教师讲解安全注意事项及劳动内容，幼儿自主拿取劳动工具，穿戴好劳动护具，如手套、帽子、渔裤等。当某项活动完成后，幼儿可继续进行其他劳动活动。

大家把自己的想法记录下来，就迫不及待地要去"干活"啦！穿上胶鞋、戴上手套、拿起工具，向甘蔗地出发！第一次收获时，大家按自己的计划选择了不同的劳动工具进行劳动。

小宇选择了锄头。他用锄头挖甘蔗根部的土，挖了很长时间，发现还没有挖出根来，就用手摇晃了几下甘蔗，竟然一下就把甘蔗给拔出来了。

桃桃和同同开始时选用的是镰刀，但是在挖土过程中发现镰刀并不好用，在观察到小宇使用的是锄头后，就更换了工具。

收获下来的甘蔗还带着根，根须上又有很多泥土，同同说那个部分是不能吃的，于是，他和小宇用锄头对准根部向上的部分一锄，就把根给切下来了。

何乐选择用小镰刀在甘蔗根部位置来回地锯，锯了很久才锯出一道口子，后来在小宇的帮助下，从切口处将甘蔗的茎拗了下来。

4. 集中讨论，解决问题

分享劳动过程中遇到的问题及新发现。

究竟怎样才能方便快捷地收甘蔗呢？在回顾了同伴经验的基础上，希希绘制了一份"甘蔗收获步骤图"——选择铁锹，在选定的甘蔗根部附近挖土；还可以请一个小朋友协助摇晃甘蔗，挖一会儿摇一会儿，当发现甘蔗根部松动后，试着拔一拔；收下来的甘蔗比较长，可以两个人抬着走。有了这份步骤图，每个小朋友都能迅速掌握收甘蔗的方法。芋头提议："还可以拍一段视频，这样就更清楚了！"

5. 收拾整理，分享收获

种植劳动种类多样，成果也是多样的，除了获得种植经验外，小农场收获的根、茎、叶、花、果、实都是宝贵的物质资源，在生活馆、综合馆、阅读馆及户外游戏场都会被广泛运用。小农场收获的农作物，幼儿在清洗、称重后，把它们送到生活馆，制作成各种各样的美食，如甘蔗马蹄水、萝卜丝饼、秋葵鸡蛋糕、糖芋苗等；棉花经过晾晒处理后被送到综合馆，被布艺区的小朋友制作成娃娃家的棉被；玉米的茎也被送到综合馆，供幼儿进行艺术创作活动，根部和种子则被送到根博物区和种子博物区进行展示。

（五）场馆日活动中教师的观察与指导

我园关注教师团队建设和教师专业水平的整体提升，探索了多元化、互动化、针对性、体验性的教师研修新模式，使教师明晰主题场馆日活动与其他活动的差异，理解种植劳动场馆日活动的教育理念和教育价值，通过集体教研形式，多次对场馆日活动的基本组织流程进行研讨、实践、反思与优化，总结出"引发讨论、制定计划、幼儿自主游戏、表达与互助"的基本流程框架,将其逐步内化为场馆日活动组织理念与指导行为。

①在幼儿观察、发现的基础上,充分运用好种植劳动中的资源。

②最大程度提供机会(时间、空间、经验等)引导幼儿进行自主学习。

③关注幼儿在学习中所伴随的积极的情感体验。

④启发幼儿在观察、操作、辨别、判断、尝试、实验中寻求答案、解决问题。

⑤引导幼儿在活动过程中发展社会交往技能。

(六)场馆日活动设计例举

农艺馆场馆日活动设计 1

活动时间	2023.9.7	执教者	魏婷
年段	大班	活动名称	收获秋葵
活动目标	\multicolumn{3}{l	}{1. 尝试用剪刀收获秋葵籽。 2. 观察秋葵的外形,能分辨已经成熟的秋葵。 3. 愿意参与到活动中,感受收获的喜悦。}
工具准备	\multicolumn{3}{l	}{剪刀、手套、篮子}

活动过程
1. 交流收获秋葵的方法。 教师:秋葵怎么收获呢? 2. 尝试运用剪刀进行收获。 教师:小剪刀怎么用?剪秋葵的哪个部位? 小结:剪刀对准秋葵果荚的底部剪。 3. 学习辨认可以收获的秋葵。 教师:哪种秋葵是可以收获的?它是什么样子的? 小结:变黄、有裂口的秋葵是可以收的。 4. 分组尝试收获秋葵。 一组幼儿收获秋葵;一组幼儿剥秋葵籽。 5. 交流秋葵籽的保存方法和秋葵籽的作用。 (1)秋葵籽的保存方法。 教师:秋葵的种子怎么保存呢? (2)秋葵籽的作用。 教师:你们知道收获的秋葵籽有什么用吗?

幼儿活动照片

续表

活动反思
在组织收获秋葵时，认真落实《3—6岁儿童学习与发展指南》的精神，下面我从三个方面对本此活动进行反思： 1. 先从幼儿已有经验入手，和幼儿一起谈论生活中接触过的秋葵，再利用多媒体课件让幼儿了解收获秋葵的正确方法，学习模仿农民收获秋葵的动作，最后让幼儿亲自动手收获。 2. 本次活动中，所有提问、评价、思考、讨论等环节，都是面向全体幼儿的，尤其是在幼儿相互模仿学习收获秋葵的方法时，尊重幼儿的主体性，发挥教师的主导作用，极大地激发了幼儿的兴趣。 3. 信息技术的应用符合幼儿思维的特点。本次活动充分利用视频、图片，帮助幼儿调动多种感官参与活动，获得新经验。

农艺馆场馆日活动设计2

活动时间	2022.11.14	执教者	魏婷
年段	大班	活动名称	收获山芋
活动目标	1. 通过观察，分辨成熟和未成熟的山芋。 2. 了解正确挖山芋的方法。 3. 积极参与活动，大胆说出自己的想法。		
工具准备	铁锹、手套、篮子		

活动过程
1. 来到山芋地，寻找山芋。 教师：山芋在哪里？怎么收获山芋？ 2. 制订收获山芋的计划。 教师：收获山芋的步骤是什么？ 教师：收获山芋需要哪些工具？ 3. 收获山芋。 （1）尝试用自己的方法挖山芋。 （2）学习用正确的方法挖山芋。 4. 清洗山芋，将山芋洗净。 5. 观察收获到的山芋，对山芋进行称重，感受收获的喜悦。

劳动计划图
 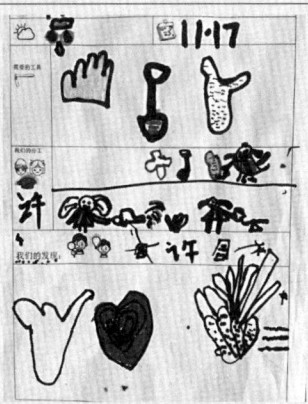

续表

幼儿活动照片

活动反思
虽然本次活动取得了较好的效果，但其中还有不少可以改进和提高的方面。 1. 教师语言不够简练。希望在以后的教育教学活动中语言更加精准、简练。 2. 教师的教育机智在活动中是非常重要的，教师要善于观察、总结，这一点在本次活动中体现不足。希望今后在这方面更多地积累经验，不断成长。

三、项目活动

虞永平教授认为，种植劳动是幼儿园常见的一种活动形式，是幼儿与植物、泥土、水以及各类工具相互作用的过程。幼儿园的种植环境是天然的资源和宝库，也是幼儿园项目活动的重要生发地。

项目教学作为幼儿园常见的教学策略，目的是让幼儿参与到可持续的学习之中。在《幼儿与环境：致力于可持续发展的早期教育》第十一章中，作者莎伦·斯塔姆科在书中鼓励教师开展具有变革性的项目教学，将可持续性教育的教育原则和教学法——变革性、批判性思维、赋权和主观能动性、民主融入课程实施中。在小农场场馆日活动中，我们不再仅仅关注知识的共同建构，还关注到支持幼儿做出改变的教与学的策略。

（一）种植劳动项目活动基本情况

项目活动，又称项目教学法、项目式学习、PBL教学法等。项目活动自20世纪初期诞生以来，经过百年的持续发展和推陈出新，如今依旧是极具代表性的幼儿园课程模式之一。美国巴克教育研究所认为，项目活动是指学习者在一段时间内对真实的、复杂的问题进行探究，从中获得知识和技能的一种方法。在本书中，项目活动指基于儿童的兴趣和发展需要，通过引导儿童解决真实问题，从而促进儿童主动学习和建构意义的一种教学理念和教学活动组织实施方式。

种植劳动教育中的项目活动，意味着对小农场中某一值得学习的主题进行深入探究，探究的成员可以是全班幼儿、部分幼儿，也可以是某一名幼儿。种植劳动项目活动的主要特征是针对种植劳动中的某一主题进行探讨，聚焦于寻找相关问题的答案，而这些问题可能是幼儿、教师或师幼双方共同提出的问题。

（二）种植劳动项目活动基本特征

1. 以具有挑战性的问题为驱动

问题能使幼儿产生学习目的，激活其已有经验，在新经验与原有经验之间产生连接。种植劳动中的项目活动，需要教师根据幼儿的认知水平和学习方式做出专业决策，设置适宜的情境，提出难度适中的驱动性问题。影响问题挑战性水平的三个因素是：基本概念在理解和应用时的难度；问题的结构化程度；幼儿解决问题所需完成的步骤的数量。

2. 开展持续的探究

针对有挑战性的问题，幼儿通过多种方式，如实地参观、访问专家、设计并开展实验等，获得与问题相关的核心概念，掌握一定的原理，寻找解决问题的路径。在项目活动中，幼儿将不断发现问题和解决问题，在相关领域的学习也逐渐走向深度学习。

3. 在真实的情境中探究

项目活动的主题通常来自幼儿感兴趣的生活中的事件或问题，项目活动对幼儿的生活世界能够产生一定的影响。种植劳动中的项目活动，源于幼儿在小农场里的真实的活动，幼儿是在真实的种植情境中发现、探究并解决问题。

4. 以幼儿为主体

幼儿受个体内在动机的驱动，积极主动地投入项目活动，参与种植管理，包括自主决定种植物的品类、观察并记录、向网络或父母寻求帮助、和同伴共同讨论、分享自己的观点、做下一步的计划等。项目活动中，幼儿主动选择、主动学习、自主收获，这是幼儿形成创造意识、习得问题解决能力的重要条件。

5. 公开展示相关成果

幼儿将一个或一系列的观察记录、写生作品或语音记录作品等与他人进行分享，并在交流中发现一些新问题。公开展示作品能够有效提升幼儿对活动的参与度，使他们意识到自己工作的价值，帮助其增强自我效能感。

项目活动强调在较长时间的探索中通过实际操作获得对事物的认知，从而自主建构个人经验。做中学是幼儿学习的基本方式，这种方式符合幼儿的年龄特征、认知特征和所持经验的特征，能够有效支持缺少直接经验和认知能力的幼儿进行有意义的自我建构，也有助于个体不断发展对自我、对他人和对外部世界的认识。

（三）种植劳动项目活动实施步骤

1. 选择适宜的项目活动主题。

2. 教师和幼儿建立共同的经验，发掘幼儿的相关知识。

3. 发掘幼儿想探究的问题。

4. 布置有助于幼儿探究的情境。

5. 转入探究阶段。

6. 实地调查。

7. 讨论及听取报告（记录）。

8. 结束项目课程。①

（四）种植劳动项目活动案例

案例：萝卜来了（项目活动）

【活动缘起】

这个故事源自一次散步。午间散步时，孩子们一致提议去小农场，看看新学期小农场里又会有哪些新的蔬菜宝宝。一进农场，孩子们的目光便被地里刚冒出的小苗苗吸引了。

"汤伯伯，这是什么小苗苗呀？"孩子们好奇地问农场管理人员汤伯伯。

"这是萝卜呀！"汤伯伯说。

"那这边的呢？"又有孩子指着另一块地问。

"那里也是萝卜！一个是白萝卜，一个是红萝卜。你们看两种萝卜有什么不一样？"汤伯伯拿着两株萝卜苗请孩子们看。

"一个下面是红色的，一个下面是白色的。"立即有孩子发现它们的不同之处。

"我喜欢绿色，有绿色萝卜吗？"

"我喜欢粉色，有粉萝卜吗？"孩子们争先恐后地询问着。

"有啊！萝卜有很多不同品种的！"汤伯伯说。

"那我想种一个红萝卜。"

"我想种个粉色萝卜。"……

孩子们兴奋地表达着自己想法，对不同的萝卜产生了极大的兴趣，都跃跃欲试地准备种植一棵属于自己的萝卜。旁边的空地用来种什么？这个问题有了答案——一起种上我们喜欢的萝卜吧！一场关于萝卜的探索之旅即将拉开帷幕。

【活动过程】

1. 大调查——萝卜有哪些？

萝卜到底有哪些品种？我们在农场里种哪种萝卜呢？我们把问题交给孩子，并

---

① ［美］裘迪·哈里斯·赫尔姆，丽莲·凯兹. 小小探索家——幼儿教育中的项目课程教学［M］. 林育玮，洪尧群，陈淑娟，等译. 南京：南京师范大学出版社，2004：2-3.

利用家长资源，请家长带着孩子进行亲子调查。在爸爸妈妈帮助下，孩子们通过去菜场看、到网上搜索等方法，认识了很多不同品种的萝卜。经过讨论和投票，种胡萝卜、青萝卜、粉萝卜（心里美）和紫萝卜的呼声最高。大家自主选择了心仪的"萝卜小分队"。

2. 现场勘查——土地不够怎么办？

确定了想要种植的萝卜品种，我们要选择播种地点啦！在现场勘察中，孩子们发现，在现在的萝卜地的旁边，就有两块空地。但是新的问题出现啦——孩子们想种四种萝卜，而空地只剩两块，土地不够怎么办？孩子们开始交流讨论。有人提议就种两种，可是谁都不愿意放弃自己想种的萝卜。

"我们每种萝卜少种一点，分一分地方吧！"美泰提议。

"我们可以用大石头放在地中间，把一块大土地分成两小块呀！"萱萱说。

"我们还能把小树枝插在中间，拉上绳子，一边种一种萝卜。"……

孩子们纷纷提出自己的想法，寻找解决问题的办法。

看到孩子们面对问题能积极思考，我作为教师更应去支持他们的探究，应该鼓励他们动手操作，这样的活动才是"以幼儿为本"。于是，大家一起来到小农场、小香山，去寻找需要的、可以划分土地的材料。我们在小香山附近找到了大大的鹅卵石，在小农场周边发现了树枝。大家一起动手，有的放石块，有的插树枝，有的拉绳子并请老师帮助打绳结，终于将两大块土地划分成了四小块！四种不同的萝卜都可以播种啦！

3. 种植行动——萝卜怎么种？

萝卜怎么种呢？我们请教会种植的汤伯伯。汤伯伯告诉我们，种植萝卜要先挖一个坑，放上种子后盖点儿土，浇上水，这样萝卜种子才会很快发芽。

在种植的时候，我们发现，在播种青萝卜、紫萝卜和心里美萝卜的种子时，都是将几粒种子捏住，分别放在一个个小坑里，可胡萝卜地里的坑是一长条的，种子也是很多一起撒进去的。

"为什么胡萝卜要这样去种？"孩子们提出了疑问。

我们对比了胡萝卜和其他萝卜的种子，发现不同品种的萝卜的种子，其大小、颜色、形状都有些不同。最奇特的是胡萝卜种子，又小又扁，而其他的萝卜种子都比较大，鼓鼓的。

汤伯伯说，正是因为胡萝卜的种子又小又扁，所以不能像其他萝卜种子那样点播，那样太慢了，不适合；胡萝卜种子需要撒播，种得更快。原来，不同的萝卜，根据其种子的大小等特征，有点播和撒播等不同的播种方式。萝卜种植真有意思呀！

那不同品种的萝卜长出来的苗苗会不会也不一样呢？新的问题又被提出来了。大家静待种子发芽后再来看。

4. 生命的萌芽——苗苗怎么分不清？

经过一个星期的精心照顾，萝卜长出小苗苗啦！胡萝卜的苗苗一根一根，细细小小的，像小草一样，和其他品种的萝卜苗都不一样。但是，另外三种刚长出来的萝卜小苗苗，看上去是一样的，大家有点分不清楚了。"哪个是我的心里美苗苗呢？"有的幼儿一脸疑惑。

观察周围的土地，我们发现，小农场里很多地块都有自己的标记牌，上面贴着一些图片，介绍地里种植的蔬菜。摸一摸，标记牌外表还有保护膜。"我们也来动手制作标记牌吧！"每个"萝卜小分队"的成员都运用绘画、手工等方式，制作出萝卜地标记牌，给每块萝卜地插上了。

"为什么只有胡萝卜苗的叶子长得不一样？""其他萝卜苗长大后叶子会变吗？"带着这样的疑问，大家期待萝卜快快长大。

5. 对比观察——萝卜都有哪些不同呢？

萝卜越长越大啦，在对比观察中，孩子们发现，不同萝卜的叶子长得都不太一样。他们用图画或其他符号进行记录，分享、交流自己的发现。孩子的日常观察记录中这样描述：红萝卜的叶子是一整片的，白萝卜的叶子是一小瓣、一小瓣的，胡萝卜的叶子一根根、细细的，摸上去毛毛的感觉。这些萝卜叶子的形状、颜色、表面的触感都不一样哦！

在观察中，孩子们对萝卜的多样性有了进一步的认知，也产生了新的问题——萝卜的叶子和茎不一样，长出的萝卜是不是也不一样呢？

6. 意外发现——这是萝卜吗？

一次观察活动中，班级萝卜地对面的一群"小家伙"吸引了孩子们的目光。"它们也是萝卜吗？""这些是谁种的？""为什么种在大蒜地里？"一个又一个问题接踵而来。

"我吃过这个，这是杨花萝卜，也是萝卜！"有孩子答道。我们再一次咨询了汤伯伯。汤伯伯告诉我们，这是他种的杨花萝卜，因为长得小，所以种在大蒜地里的空缺处，这叫做套种，可以节约土地。杨花萝卜已经成熟，可以收获啦！于是，一场计划之外的收获行动开始啦！

在收获杨花萝卜的过程中，有的幼儿总是一拔萝卜叶子就断了，有的幼儿收获的萝卜总是非常小的。经过多次尝试与交流，孩子们学会了收获杨花萝卜的方法：一看，拔开叶子看一看，找到长得比较大的萝卜；二抓，将一个杨花萝卜所有的茎叶都抓住，尽量抓到最底部；三拔，使劲向上拔。把杨花萝卜拔出来之后，孩子们分工摘叶、清洗，很快便收获满满！

"我们去生活馆做萝卜（美食）吧！"有孩子提议。在生活馆，他们向老师学习怎么制作凉拌杨花萝卜：在萝卜上切十字花，准备香菜、花生米等配菜；加糖、醋进行搅拌；等待一会儿，美味的杨花萝卜就做好啦！

一个意外的发现，一场欣喜的收获，孩子们从此又认识了一种萝卜——杨花萝卜，知道了一种新的、可以节约空间的播种方式——套种。在收获中，孩子们几经失败，在对比与尝试下，探索出了有效的收获方法——一看、二抓、三拔，更在生活馆中动手制作了萝卜美食——凉拌杨花萝卜。有了这次的经验，孩子们更加期待收获自己种的萝卜啦！

大萝卜也是这样去收获吗？会不会拔不动呢？拔不动怎么办呢？他们开始有些担心。

7. 初次收获——大萝卜怎么收？

时间一天天过去，我们种的萝卜，叶子也越长越大啦！孩子们觉得萝卜的丰收季到了。

到底哪种萝卜成熟了呢？"我觉得白萝卜可以收了，因为它下面的萝卜很大。""我觉得红萝卜能收，因为下面的萝卜也挺大。""心里美应该可以收了吧？虽然萝卜细细的，但是我感觉应该很长，都埋在土里。"……有了上次收获杨花萝卜的经验，孩子们开始有目的地进行对比观察，想先确定本次收获的目标，再展开收获行动。大家在萝卜地里不停地翻着叶子，观察叶子下面的萝卜，交流自己的发现。

随后，大家分头行动，将自己觉得可以收获的萝卜各拔了几颗。在此过程中，孩子们遇到了困难，"拔不动"的问题真的出现了，有的萝卜实在太大了，一个人根本拔不动！这一回，孩子们不慌不忙，他们根据经验，尝试不同的解决方法：两个人合作拔、使用小铲子把萝卜挖出来。

经过对比，我们发现：现在长得最大的萝卜是白萝卜和红萝卜，长得最小的是胡萝卜。同时种下去的萝卜种子，为什么胡萝卜长得最小？

8. 小小萝卜——胡萝卜为什么这么小？

看着拔出来的像小拇指一样细细小小的胡萝卜，孩子们纷纷猜测："一定是没有营养，长不高！""可能没浇足够的水吧！""是因为它全都埋在土里，太阳晒得不够多吗？""我们还是去问问汤伯伯吧！"美泰建议。

"是因为没有给胡萝卜间苗，它没有地方长啊。"汤伯伯解释说。听了汤伯伯的话，孩子们焦急地追问："那我们现在可以间苗吗？它还会再长大吗？""间苗要从小就开始哦，现在有些迟，但可以试一试。"汤伯伯说。

一场迟来的间苗行动开始了，孩子们围在汤伯伯身边，学习间苗的方法：拨开叶子，将长势不好、茎很细的胡萝卜拔出来，给其他长得好的腾出空间。而那些被拔出来的胡萝卜，则可以晾晒干，准备做堆肥。

胡萝卜需要间苗才能长得大。虽然这次间苗行动不及时，好多胡萝卜没有长大，但是大家学到了新的知识和技能——间苗。这次小小的失败，也让幼儿完整经历了发现问题、分析问题、解决问题的过程。在以后的活动中，一定能够帮助他们更好地进行种植。

9. 萝卜大丰收——这么多萝卜怎么吃？

大收获来临了！有了前面的收获经验，孩子们对这次的收获充满了信心。他们自主分工，在地里忙碌着，有的拔，有的运送，有的摘叶，有的清洗，当然也少不了小小统计员。这次确实是大丰收啦！

"这次的萝卜也带回去吃吗？"桃子问。

"肯定呀！这么多呢！"楷博说，"我感觉带回去都吃不完，太多了！"

"我也觉得，吃不完会不会坏呢？"

我们一起咨询了厨房阿姨，得到了一个保存萝卜的方法——腌萝卜。

于是，家长开放日活动自然生成了——我们邀请到有经验的奶奶、外婆，带领孩子们腌萝卜。大家将洗净的萝卜切成条，用绳子串起来晾晒。五彩的萝卜串尽情享受着阳光的照耀！

还剩下一些萝卜，孩子们带回家继续制作萝卜美食，有的再次尝试了腌萝卜，更多的是在家长的指导下做了萝卜汤、萝卜丝饼、红烧萝卜……原来，用萝卜能做出这么多的美味！

关于萝卜的种植劳动圆满落幕。从播种到收获，发生了一个个有趣的成长故事，孩子们直接感知、实际种植、亲身体验，从劳动成果中感受到喜悦，也积累了大量种植经验。

总结与反思：

在我园"可持续发展的全收获课程"理念下，亲近自然的活动才是最贴近儿童真实需要的活动。虞永平教授说过："全收获"是对种植劳动价值的新认识和新观念，要突破单纯对植物果实的物质性收获，要更加重视劳动过程中幼儿经验的获得。儿童与生俱来拥有亲自然、亲生命性，种植萝卜的活动贴近儿童的天然需求，在真实的自然环境中开展，也具有生长性。正因为有了这样的课程资源，生发了种植劳动，我们才有了那么多学习的机会，才发现儿童果然是"天生的学习者"，他们有极强的观察、探究能力，他们所获得的经验不是教师刻意灌输的，而是他们在持续的探究中发现的，是幼儿对生命、生活的真实理解和表达。他们投入、专注,关于萝卜的一切变化都牵动着他们的心,他们零距离感知自然,在自然中生成学习内容,又通过亲身劳动学习自然知识。

1. 自主规划、自主种植

本次活动,从种植品种的选择到土地的划分,都赋权于幼儿,也是我们第一次尝试"一地多种"。萝卜到底能不能长出来?会长成什么样子?这些都是未知的。但是对未知的等待本就是一件迷人的事情。在此过程中,幼儿自主探索、尝试,一次次发现问题,努力用自己的方式解决问题。这样坚持不懈的探究,让我们相信他们并更多地赋权给他们,让他们做自己想做的事。即便遇到失败(胡萝卜没有成功长大),虽然有遗憾,但也让大家获得了经验,失败是获得经验的另一条通道。

2. 多品种对比种植

这次的种植对象是多品种的,幼儿自然而然就会进行对比观察。幼儿的科学学习,就是在探究具体事物和解决实际问题的情境中,尝试发现事物之间的差异与联系的过程。从活动开始时调查、收集关于萝卜种类的信息,到活动中感知、发现萝卜生长的变化,进行观察、比较、记录、分享、提出问题并大胆猜测,幼儿之间有合作、交流、学习、思考,他们敢于尝试,愿意探索,还学会求助身边有经验的人。通过这次活动,他们获得的发现问题、分析问题、解决问题的能力,是有益于他们今后的学习与成长的。

3. 课程资源的拓展与教育活动的整合

这次活动也拓展了课程资源,幼儿有了更多学习机会,这些学习机会是自然生发的;活动过程中,游戏、教育与学习也真正统一为整体,我们在活动中看到了幼儿的需要、成长和教学的价值。

案例:变"废"为"肥"(项目活动)

【活动缘起】

秋天是收获的季节,孩子们在小农场里收获了各种农作物,但是地上还有不少枯枝烂叶,该怎么处理呢?怎样让这些材料更好地为我们所用呢?之前,有大班的哥哥姐姐将这些材料投放到第一代堆肥箱中,希望将它们变成肥料,让小农场里的农作物生长得更好,但是没有成功。我们班(中班)的孩子们知道此事后,一下子就对堆肥产生了浓厚的兴趣,纷纷表示也想来试一试。说干就干!

【活动过程】

1. 堆肥知多少

(1) 什么是堆肥

观看堆肥科普视频后,孩子们知道了堆肥是对物质再利用的一种天然方式,堆肥是有机种植的肥料,也是土壤的改良剂。堆肥的原理是通过微生物降解将物质循环再用。比如,叶子掉落到地面,地面上的微生物慢慢将叶子降解掉,使它重新变成可以被植物吸收的养分。

　　孩子们对此产生了浓厚的探究兴趣，渴望尝试自制堆肥。于是，我们请家长利用周末时间和孩子一起查阅资料，了解有关于堆肥的知识，并共同完成关于堆肥的调查表。通过亲子调查，小朋友们对堆肥都有了初步的认识，知道了厨余垃圾可以用来堆肥，还知道蚯蚓能将烂叶变成肥料。

分析与支持：
　　《3—6岁儿童学习与发展指南》中指出，5—6岁的幼儿应初步了解人们的生活与自然环境的密切关系，知道尊重和珍惜生命，保护环境。在探究活动开始之初，教师为幼儿播放相关视频，引导幼儿了解堆肥是有效处理生活垃圾的一种方式，是保护地球家园、减少环境污染的好办法，可以激发起幼儿深厚的探究兴趣。另外，请家长积极配合共同探究，也极大地丰富了幼儿关于堆肥的经验和认知，进一步调动了幼儿亲身参与堆肥的积极性。

（2）堆肥工具和材料
　　了解了关于堆肥的一些知识，孩子们就行动起来。可一开始，问题就接踵而至。
　　①堆肥容器和工具有哪些
　　用什么东西来装堆肥材料呢？孩子们学习上一届大班哥哥姐姐的方法，也从家里带来了各种透明盒子，开始第一次堆肥活动。他们将堆肥材料放入盒子里，加入水和白糖，来帮助发酵。透明盒子虽然便于观察，但保温效果不好，而且容量太小，装不下太多堆肥材料，没过几天，孩子们就发现盒子散发出浓重的气味。
　　怎么办？我也是第一次堆肥，我也要了解更多相关知识才能引导孩子们操作。我继续查找资料，了解到堆肥箱一般是一个密封的、比较大的容器，这样才能更好地制作肥料。于是，我在网店搜索，发现了一个价格不菲的堆肥箱，带有温度显示器，具有保温效果好、出肥速度快等优点，最后可以生成液肥和固肥。我把我的发现告诉了孩子们，并发起了投票，大多数孩子觉得用现成的堆肥箱更方便。
　　于是，我们大胆向园长妈妈申请从网上订购一个堆肥箱。其实，我心里既充满期待，也充满担忧：期待这个堆肥箱的到来，孩子们能更好地操作、实验；担忧是否能成功出肥。

几天后，堆肥箱到啦！孩子们看到后，迫不及待地想知道堆肥箱的使用方法。我们在卖家的指导下，安装好液肥管子，并将白色收集桶平放，调节好进气阀和出气阀，做好了堆肥准备工作。

那还需要用到什么工具呢？再问问汤伯伯吧！汤伯伯告诉孩子们，还要准备铲子、搅拌器、簸箕，用来搅拌堆肥材料、收集肥料等。

②怎样收集堆肥材料

我们可以去哪里收集堆肥材料呢？孩子们分组收集。

第一组——户外收集。在幼儿园的草地上，孩子们找到了好多落叶；在小农场里，孩子们四处拔杂草，收集枯黄的叶子。

第二组——班级收集。每天把水果皮收集起来。

第三组——幼儿园厨房收集。来到幼儿园厨房，收集大厨师傅不要的菜叶。

第四组——家里收集。家里每天都有厨余垃圾，孩子们收集后带到幼儿园来。

> **分析与支持：**
> 在幼儿了解堆肥需要的容器、工具及材料后，我引导幼儿进行了讨论，探讨材料的适宜性和方案的可行性，并分组收集材料。幼儿在亲自体验与探究的过程中掌握了更多关于堆肥的知识，充分调动多种感官感知、探究堆肥劳动中的小秘密。

2. 堆肥进行时

（1）投放堆肥材料

随着活动的深入，孩子们最喜欢、最期待的环节开始了，要往堆肥箱中投放堆肥材料了！究竟怎样堆积材料呢？把它们全都倒进堆肥箱里就可以了吗？我们又查找了资料，了解到"三明治堆肥法"——先铺上一层垫料（主要成分是木屑），再铺一层收集到的堆肥材料，再盖上一层垫料……这样重复多次，一直到把堆肥箱堆满。

10月24日（堆肥操作的第1天），我们按照"三明治堆肥法"进行堆肥。先在堆肥箱里铺上一层垫料，再将收集来的树叶、杂草等放入堆肥箱里。孩子们发现堆肥箱还有好多空间没有填满，继续收集更多的材料。回家后，孩子们还动手画了"堆肥过程图"，并将图片贴在堆肥箱上，让更多的人了解堆肥。

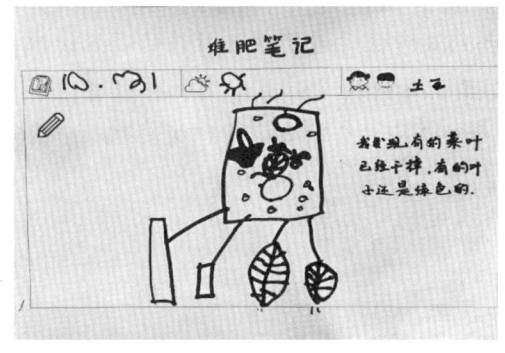 

（2）堆肥材料的变化

10月27日（堆肥操作的第3天），我们一起观察堆肥箱里的材料发生了什么变化。

幼儿A：盖子上面有好多小水珠。

幼儿B：（看着温度计）箱子里面有点热，热就有水分了。

幼儿C：我发现菜叶子颜色更深了，树叶没什么变化。

孩子对自己的发现兴奋不已。

10月31日（堆肥操作的第7天），一周时间过去了，我们再次来到小农场，孩子们认真仔细地观察着堆肥箱，看堆肥箱的温度，看堆肥材料的颜色。

幼儿D：我发现有的菜叶已经干了，有的叶子还是绿色的。

幼儿E：我发现最近温度一直都在30度，没有升高。

有小朋友建议给堆肥箱穿上"衣服"，大家一致同意，于是，小朋友们从教室里拿来了桌布，给堆肥箱盖上，期待堆肥箱里的温度升高，加快出肥。

分析与支持：
　　幼儿对堆肥过程充满好奇，他们自己动手收集材料、定期观察，充分参与堆肥过程，有了最直接的堆肥经验，自然也会格外关注堆肥箱的情况。这个过程，有利于培养幼儿的观察分析能力、责任意识，帮助他们掌握科学探究的方法。

（3）加速出肥

①探讨影响出肥速度的因素

11月4日（堆肥工作的第11天），孩子们又来观察堆肥材料的变化。他们发现堆肥箱里温度升高了，已经快要40度了。有小朋友说："盖子上都是小水珠，树叶还没什么变化，火龙果皮上面有许多白点点了，菜叶已经黑黑的了。可是那些干枯的落叶、杂草还没腐烂。"这一现象引起了大家的思考：为什么堆肥材料变成肥料的速度不一样呢？如何尽快发酵成功呢？另外一个小朋友说："可能（堆肥）材料比较大，不容易腐烂。"有道理。那怎样让收集来的材料变小呢？有小朋友提议："我们可以用剪刀（剪），还可以用手撕。"还有小朋友说可以用臼来捣碎。于是，孩子们又开始操作起来。

11月8日（堆肥操作的第15天），大家继续探讨不同堆肥材料的腐烂速度。大家发现，果皮特别容易腐烂，因为果皮里面水分较多，所以变化得很快。而树枝、杂草比较干，所以变化得慢。大家得出结论：水分越多、堆肥材料越小，腐烂的速度就越快。

②投放加速剂

除了上面的因素,有没有其他办法能加速发酵呢?

我们再次询问卖家,知道了还可以往里面加点加速剂,加快材料发酵。于是,我们又买来加速剂,往堆肥箱里加了一点。

11月11日(堆肥工作的第18天),果然,在投放加速剂之后的第3天,孩子们就发现堆肥材料有了明显的变化。

"堆肥箱里都长了一层厚厚的白毛了!"

"温度上升到快50度了。"

"我发现堆肥箱里面冒着热气呢!"

> **分析与支持:**
> 　　当幼儿在探究过程中遇到困难时,教师鼓励、支持幼儿积极动手动脑寻找答案或解决问题。当发现堆肥箱中有些材料一直没有发酵后,幼儿想到要用一些工具或材料以支持它们尽快发酵。但究竟怎样做呢?教师并没有直接告诉幼儿,而是允许他们自主挑选、尝试不同的材料,从而发现问题、解决问题。这样做,能初步培养幼儿解决问题的意识和能力。通过观察、讨论,幼儿知道了温度、水分、堆肥材料的大小等都是影响出肥速度的因素,也加深了对堆肥过程的认识。

3. 收集肥料

(1)收集液肥

11月14日(堆肥工作的第21天),孩子们像往常一样来到堆肥场观察。突然,有小朋友说:"你们看,这边管子里有水了!"大家纷纷过来观察。大家发现管子里有一些棕色的水,大家都很好奇——这是不是液态肥料呢?我们打开堆肥箱看,果然,好多果皮没有了。我们将液肥倒入瓶子中,第一次出的液肥比较少,只装了一小杯。

孩子们凑在一起,将装有液肥的瓶子拿在手上仔细观察,发现液肥的颜色是棕色的,闻起来没什么气味。

11月17日(堆肥工作的第24天),又过了三天,孩子们惊喜地发现桶里的液肥越来越多了,我们将液肥装进桶里进行保存。孩子们好奇地围在一起看,大家说着对液肥的认识:"这次颜色和上次一样,还是棕色的,闻起来没有臭味,反而有点果皮的味道。""那我们是不是可以用这个液肥来浇小农场里的农作物呢?"为了不犯错,我们继续查阅资料,了解到这液肥还不能直接给植物用,因为现在它里面的营养物质太丰富了,浓度过高,需要兑水才行。

(2)收集固肥

11月24日(堆肥工作的第31天),又过了一周,我们再次观察堆肥箱。这一次,孩子们怀着激动的心情打开了堆肥箱固态肥的出口,果然,先前投放的果皮都变没啦!都变成了黑黑的、烂烂的东西。孩子们小心翼翼地用铲子把固态肥从堆肥箱里取出来,装在簸箕里。刚挖出来的固态肥热热的,还能看到一点点树叶渣、一些杂草。这是我们制作的第一批有机固态肥,把它们施给小农场里的植物们吧!

(3)我来施肥

施肥啦!孩子们将兴致勃勃地给液肥兑好水,浇灌农作物;齐心协力将固态肥均匀地洒在小农场的泥土上。

接下来的日子，孩子们定期去观察农作物的生长情况。在肥料的帮助下，农作物越长越好，天然无公害的蔬菜瓜果就这样长大啦！劳动的喜悦洋溢在孩子们心中。看来堆肥既环保又经济。

> **分析与支持：**
> "一分耕耘一分收获"，幼儿经过一个多月的辛勤劳动，从了解堆肥、收集堆肥材料，到定期观察、想办法加快出肥，再到收集肥料、给农作物施肥，他们体验了漫长的等待，更感受到资源循环利用的力量，而这些宝贵的感性经验，是很难通过阅读书本和课堂听讲获得的。

4. 家庭可持续发展

随着幼儿园堆肥活动的开展，孩子们在家也开始进行堆肥实验啦！幼儿园在落实可持续发展教育理念，家长也在转变其教育观念，他们用幼儿园做好的天然肥料浇灌家里的植物，也开始了解堆肥，并在生活中注意收集堆肥材料，如咖啡渣、果皮等，在家与幼儿尝试堆肥。家长成了可持续发展教育的积极参与者，也给幼儿树立了榜样。

> **总结与反思：**
> 1. 适时引导，鼓励幼儿主动思考
> 《发展指南》指出，教师要多方面地支持和鼓励幼儿的行为，引导幼儿猜一猜、想一想，有条件时和幼儿一起做一些简易的调查或有趣的小实验。本次活动，教师的角色是观察者、引导者、支持者。教师为幼儿创设宽松、自由的环境，积极鼓励他们探索，发现问题并解决问题。在幼儿遇到困难时，教师鼓励并支持幼儿动手实践、主动思考，寻找解决问题的方法。

2. 以问题为导向，促进幼儿深度学习

《发展指南》指出："幼儿科学学习的核心是激发探究兴趣，体验探究过程，发展初步的探究能力。成人要善于发现和保护幼儿的好奇心，充分利用自然和实际生活机会，引导幼儿通过观察、比较、操作、实验等方法，学习发现问题、分析问题和解决问题。"在堆肥活动中，教师用一个个问题将幼儿的探究逐步引向深入，引导幼儿大胆猜想，并不断运用实践去验证猜想，引导幼儿通过直接感知、实际操作、亲身体验的方式了解堆肥，进行深度学习，帮助幼儿不断积累经验，使其获得受益终生的学习方法。

3. 多方支持，丰富幼儿的经验

幼儿的好奇心和求知欲是无穷无尽的。在堆肥工作过程中，教师鼓励和引导幼儿仔细观察并记录堆肥箱每天发生的变化，记录投放堆肥材料的日子和出肥的日子、不同材料的腐烂速度、不同时期堆肥箱温度的变化等。幼儿完整体验了"肥"宝宝的诞生到它再次回归大自然怀抱这一神奇的过程，令他们惊叹，使他们更加喜欢自然、乐于探究。这个过程也丰富了幼儿的认知经验，他们对已有经验理解得更加深入，获得的情感体验也十分丰富，包括对生命的认知、对自然的情感等，同时，提高了科学探究能力、数学能力、操作能力、合作能力、表达能力。

4. 家园配合，支持幼儿不断学习

《纲要》指出："家庭是幼儿园重要的合作伙伴。应本着尊重、平等、合作的原则，争取家长的理解、支持和主动参与，并积极支持、帮助家长提高教育能力。"幼儿园活动的有效开展离不开家长、社区的支持与参与。在本次堆肥活动过程中，教师充分搭建家园互动平台，例如，通过网络通信平台向家长发送关于堆肥活动的调查问卷，在堆肥活动开展前期，请家长为幼儿提供经验上的帮助；中期，协助幼儿收集堆肥材料；最后，在家尝试亲子堆肥活动。通过这些举措，使家长对幼儿园的堆肥活动有了新认识，对幼儿有了更深入的了解，形成了家园教育合力，同时，也大大提高了幼儿的兴趣，使幼儿的参与活动的热情得以持续。

案例：甘蔗（项目活动）

秋学期开学啦。经过两个多月的暑假，小农场里的农作物宝宝们还好吗？大二班种植的农作物是甘蔗，接下来的时间里，我们要一起探究甘蔗。

1. 记录问题

通过观察甘蔗林，孩子们提出了很多有关甘蔗的问题："甘蔗的叶子为什么这么长？""为什么甘蔗表面摸起来滑滑的？""为什么甘蔗长得那么高？"……

教师记录幼儿感兴趣的关于甘蔗的某一个问题，以此为线索和导向，筛选有教育价值并符合该年龄段幼儿水平、可操作的活动，引导幼儿展开探究。

2. 找相关答案

怎么解答孩子们的问题呢？我们依托了家长资源，请家长与幼儿共同搜寻关于甘蔗的问题的答案，通过各种方式获取信息，并对信息进行整理，这也让幼儿感受到学习方式的多样性。

3. 甘蔗有多粗

甘蔗长得好粗呀！到底有多粗呢？可以用什么办法来测量呢？孩子们一共进行了三次活动。

（1）第一次测量

孩子们探索用纸条围圈的方法对甘蔗的"腰围"进行测量。但是，因为测量方法有问题，而且回到班级后幼儿选择用不同的自然物（立方体积木块、子弹头玩具等）来测量纸条的长度并记录下数值，导致最后的测量结果不具备可比性。

（2）第二次测量

师幼共同总结测量的方法。孩子们习得用做标记（画起点、终点）来确定甘蔗"腰围"的方法，而且这一次大家统一用立方体积木块作为自然测量物，得出的数据就有可比性了。

（3）第三次测量

在这一次的测量过程中，孩子们认识了标准测量工具（塑料直尺、钢卷尺、软皮尺），认识了这些测量工具上的单位及刻度。教师还张贴了放大版的尺子刻度图案，帮助幼儿认识1厘米中包含10个小格子，每个小格子的长度表示1毫米。然后，还将测量工具与记录材料投放在区域中，供幼儿反复练习测量，并写下测量数据。测量结果比整数多一点儿，该怎么记录呢？教师赋予幼儿最大的权利——用自己觉得合适的图标表示，自己看懂即可。

后来，小农场劳动活动的记录表中增加了"标准测量数值"一栏，目的是引导幼儿对标准测量形成初步的感受和认识，推动幼儿的测量技能从非标准测量向标准测量发展。

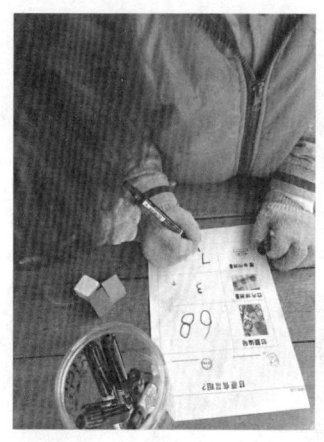

4. 甘蔗有多高

甘蔗长得好高呀！甘蔗到底有多高呢？能测量出来吗？孩子们继续进行自主尝试。

（1）数节过程中的问题与数节的方式

孩子们对甘蔗有多高很感兴趣，因此生发了数甘蔗节数的活动。他们有的从靠近泥土那端开始往上数，数到看不出分节的地方为止（因为甘蔗比较高，数到最后容易数错）；有的数甘蔗的节梗有多少个。我们成人数甘蔗的节数，一般数的是两个节梗中间的茎的数量。其实孩子们两种数数方式都可以，教师并没有过多干预，而是充分尊重幼儿的学习方式。

（2）发现更好的点数甘蔗节数的方法

在最后收获甘蔗的时候，当完整的甘蔗被砍下来、平放到地上后，孩子们发现这时候更容易点数其节数——根部较短的茎能看清楚，梢部有些茎还藏在叶子里，可以把叶子剥开再数。

可见，在实际探究中，孩子们能发现更便捷、更准确的数节方法。而教师要做的，就是给予他们充分探究的机会。

5. 对甘蔗叶子的探究

（1）帮助甘蔗剥叶

在对甘蔗地进行照料与管理的过程中，有细心的孩子发现甘蔗地上有很多叶子。小朋友们刚开始认为这些叶子都是自行脱落下来的，后来经查询资料，了解到甘蔗生长过程中是需要剥叶的，剥叶有很多好处：有利于光合作用、有利于田间管理与收获、减少病虫害、减少倒伏情况、减少气根。

孩子们认真地给甘蔗剥叶，但是他们发现剥高处的叶子需要借助梯子才得以完成，由此，同伴之间的合作悄然发生。

孩子们还晾晒了剥下来的甘蔗叶，给有需要的班级使用，这充分体现了他们也潜移默化地形成了可持续发展的观念。

（2）甘蔗叶与粽叶的对比观察

嫩嫩的甘蔗叶与粽叶有不少相似之处，教师也因此组织了观察与对比活动，引导幼儿通过多种感官发现生、熟甘蔗叶与粽叶的不同。同时，还利用家长资源，请家长与幼儿共同体验用两种不同叶子包粽子，最后集体品尝。

这个活动让孩子们进一步感受到甘蔗浑身是宝，不仅茎可以吃，可以榨取蔗糖，甘蔗叶子也是有实实在在的用处的。

6. 收获甘蔗

（1）收获计划

几个月过后，甘蔗林里面的甘蔗已经长得很高很大了，我们要收获甘蔗了。怎么收获呢？孩子们自主讨论收获时需要用到的工具以及收获的方法等。他们做好了充分的准备。这体现了他们做事的计划性。

（2）收获甘蔗时的得与失

孩子们分组合作收获甘蔗，有成功的小组，也有不成功的小组。不论结果如何，大家都热烈地谈了自己的经验和感受，同伴之间的分享，远比教师讲授的内容更容易理解，也更能入心。

（3）再次收获中的新发现

这一次，两名幼儿用立方体积木块测量了甘蔗叶的长度（61块立方体积木拼接起来的长度），他们感受到了合作游戏的重要性（一个数、一个记录），也直观感受到甘蔗叶子的长度数据比甘蔗的"腰围"数据大得多，他们自己也感受到发现的惊喜和快乐。

7. 周末小任务：吃甘蔗

这是"甘蔗"主题劳动中的家园互动内容，目的是让家长参与到活动中来，与幼儿共同学习，同时，请家长带领幼儿对比幼儿园收获的甘蔗和从水果店购买的甘蔗，引导幼儿说说自己品尝后的感受，体会收获的快乐。

8. 甘蔗的不同吃法

在周末的亲子活动中，小朋友们已经品尝过甘蔗的味道，那么甘蔗还有哪些吃法呢？在幼儿园生活馆中，我们继续探究。

首先，在老师的引导下，小朋友们尝试用小刀将小段甘蔗劈成小条，方便入口品尝。（生吃甘蔗）

其次，小朋友们将梨子清洗干净，并削皮切块，与甘蔗条一起烹煮，制作冬季养生茶——甘蔗雪梨汤（熟吃甘蔗）。

9. 幼小衔接活动"收甘蔗"

12月7日，我园原大三班的幼儿（9月起已经升入小学）与现在大二班的小朋友们共同开展以"甘蔗伴我成长"为主题的幼小衔接收获甘蔗项目活动。原大三班"甘蔗"项目组的孩子们首次尝试了自己育苗、种植甘蔗，在甘蔗的发芽期、幼苗期等时期一直参与照料、管理甘蔗地。9月，新一届大二班的孩子们接管了对甘蔗地的照管工作，而现阶段甘蔗已经到了收获阶段。两届幼儿一起开展了丰富多彩的甘蔗收获活动。此次活动，给大家留下了美好的回忆。

我园怀着"在泥土香中自由呼吸"办园的美好期望,通过种植劳动让幼儿经历辛勤劳动的过程,并感受丰收的喜悦,在幼儿内心留下更多美好的印记。愿"劳动创造幸福生活"的观念伴随孩子们的童年,甚至滋养他们的一生!

案例:保护稻谷大行动(项目活动)

【活动缘起】

上学期芒种节气时,我们计划带领孩子们到小农场割麦子。到小农场麦田去之前,大家畅想丰收的景象,还想到将麦粒磨成粉,做出好吃的包子、饺子等。可是,到了麦田,大家傻眼了——地上落着很多麦壳,麦穗捏上去扁扁的,根本就没有麦粒。在不远处有好几只麻雀!孩子们想一定是麻雀吃掉了麦粒,非常失落。最后只好带着零星的几颗麦粒回班了。

有了上次的失败经历,在这学期种植水稻的过程中,孩子们更加细心。时间一天天过去,大家惊喜地发现,水稻秆上陆续蹿出来一些稻穗。在小朋友们的眼里,这些稻穗就是特别需要呵护的小宝贝,看到了它们,孩子们到水稻田去得更勤了。大家之前遭受了挫折,这会儿正攒着一把劲呢。"快看!小鸟们又来啦!""我们得想办法(把水稻)保护起来,不能像上次那样了。"于是,保护稻谷行动正式开始了。

【活动过程】

1. 怎么让稻谷不再被小鸟吃掉?

这个问题既迫切又有价值。为鼓励孩子们想办法,老师先组织了一番讨论,小朋友们提出这样几种办法:威慑、驱赶、恐吓、投食、分享、安家、遮盖。

孩子们带着迫切的心情,第二天就自发、主动地带来各种材料——家里的床单、风铃上的铃铛、从路边捡拾的小木棍……他们恨不得立刻冲到小农场,布下层层机关,为稻田做最好的防御,和那些贪吃的小鸟展开一场大战。

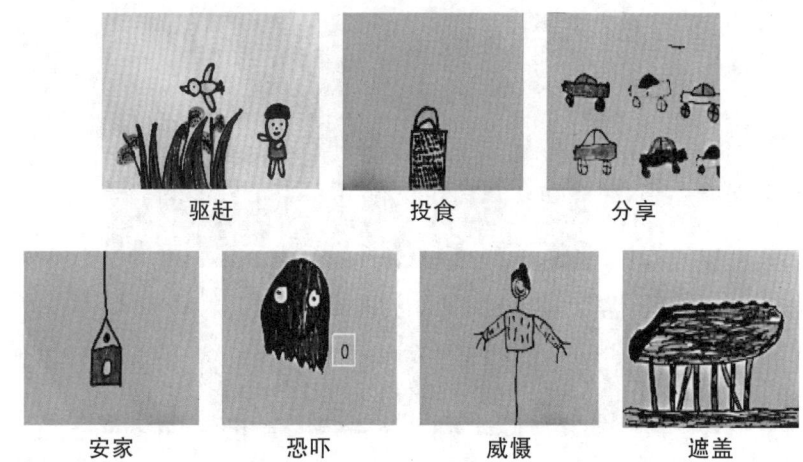

| 驱赶 | 投食 | 分享 |

| 安家 | 恐吓 | 威慑 | 遮盖 |

2. 保护稻谷进行时

（1）驱赶法

驱赶组的小朋友觉得每天都要到稻田里观望观望，这比较靠谱，小鸟来了就直接轰走，简单又方便。很巧，第一次出任务，他们就和小鸟打了个照面，还没到水稻田跟前，大家就看到有几只鸟正在偷吃。"你们快走呀！不要再吃啦！"孩子们一边喊一边跑，还不停挥手。这一招确实有效，一下子就吓跑了近处的几只鸟，可那些远处的小鸟不害怕，这可怎么办呢？

孩子们想到用长竹竿驱赶，可随后找来的竹竿，其头部都太尖了，有安全隐患。大家又想用柔软的东西把尖头包住，于是从自然物馆中找到棉花，用它们包住了竹竿的尖头。这样细心的举动，让人感觉很温暖。

除了"棉花竹竿棒"，孩子们还在班级制作了专门的"赶鸟棒"，有彩带棒、毛根棒等。观察、驱赶了几天之后，大家意识到一个问题：人不能时时刻刻都在小农场，小朋友自己还要吃饭、睡觉、学本领。怎么安排时间呢？

驱赶组的四个孩子商量了一下，迁移值日生工作的经验，决定轮流去驱赶，从集体行动改为单独执勤。他们制订了简单的计划，按各自的意愿"认领"了相应的时间段，有做完早操后、玩游戏时、散步时、起床后这些时间。另外，他们也拜托了经常在农场里的汤伯伯，只要看到小鸟来，就帮忙驱赶。

几天后，孩子们还是觉得这个方法太耗时耗力了。

（2）投食法

再来看看投食小组的做法。他们从家里带来了现成的米粒，目的是把小鸟提前喂饱。放米粒的位置也是商量好的，第一要靠近稻田，第二要分散着放。从这些策略上，可以看出孩子们是有思考和分析的，知道米粒的投放位置和田里的稻谷以及小鸟这三者之间是有关系的。

一开始，小鸟还会吃小朋友投放的米粒，可一段时间后，大家发现，小鸟对米粒根本不感兴趣了。

（3）分享法

分享组的小朋友从家里带来了心爱的玩具小汽车。经过观察，他们发现，小鸟根本不靠近他们的玩具。

（4）安家法

安家组的小朋友准备做小鸟窝。在当初讨论的时候，这一组的成员更想和小鸟和平共处，所以想到给它们建造舒适的家，让它们有休息的地方。

那做个什么样的鸟窝呢？用什么材质更适宜于小农场这样户外的环境呢？选择合适的材料也是一种智慧。老师让孩子们去生活中观察，提取已有经验。经过一番思考，大家想到塑料、竹子防水，在纸盒外表贴一层透明胶带也能达到防水的效果。

还有幼儿补充说："干脆就（把小鸟的家）放在小农场的小亭子里面，淋不着雨。"果然，倾注了爱，就是想得比较周到。

孩子们把小鸟笼挂在屋檐下、柱子上、标识牌上，这些地方都靠近水稻田。他们一边挂，一边喃喃地嘱咐："亲爱的小鸟，累了到这里休息，千万别调皮，吃田里的稻谷哦！"

之后几天，孩子们经常会来看看，可他们没有发现小鸟住进窝里去的痕迹，小鸟"辜负"了他们的良苦用心，他们心中产生了一丝失望。

（5）恐吓法

第一小分队的孩子们在稻穗上挂了一些可以发出声响的铃铛，想吓一吓小鸟。

第二小分队则在布上画了一些恐怖的图案，希望以此来吓唬小鸟。图案有幽灵、骷髅，还有拿着大砍刀的士兵，只要大家觉得足够恐怖的，全画上了。当时，有个小朋友围着水稻田转了好几圈，仔仔细细地勘察了地形，嘴里还念叨着："我一定要把骷髅头放在小鸟一眼就能看得见的地方！"孩子们真是太可爱了！作为教师，我要做的就是认真对待他们的想法、理解他们的观点，支持他们去尝试。最后，第二小分队用画有恐怖图案的布条把水稻田围了个遍。

（6）威慑法

有的小朋友觉得在水稻田旁竖个稻草人更有威慑力。大家找来了树枝、绳子和稻草，分成两组，制作稻草人。第一组在合作过程中有讨论、协商，有比较好的合作关系，稻草人很快就做好了。第二组遇到了一个小难题——怎么固定稻草人支架呢？他们在同一个地方打了很多结，尝试了好几次，都没成功，做支撑的两根棍子一直晃晃悠悠。于是，他们认真调整自己的方案，找来了一些小铁丝，在连接处绕紧，再用绳子来加固，最后捆上稻草、穿上衣服，终于大功告成。两个稻草人被一起放到稻田旁。

经过观察，大家发现，恐吓法和威慑法好像有一点作用呢！尤其是当铃铛发出声响的时候，小鸟会被惊飞。但有时候，还是有些胆子大的鸟儿会偷偷溜进来。

为了保护稻谷，孩子们真是绞尽脑汁，费尽了心思。

（7）遮盖法

遮盖小组本来的设想是找一个大盖子，把水稻田盖住。找来找去没找到，就改用家里的床单。

小朋友两人合作，把床单直接放在水稻上，却发现把稻叶、稻秆压弯了。而且，蒙上床单之后，水稻不能透气，也晒不到阳光，还怎么继续长大呢？这个方法不可行，大家愁坏了。

随后，有小朋友提议在床单上剪一些大大小小的洞，这样水稻既可以呼吸，也可以晒到阳光！

就这样，孩子们在讨论、猜测、替换、对比的过程中亲身体验，寻找着解决问题的方法，在试误中获得多种经验。

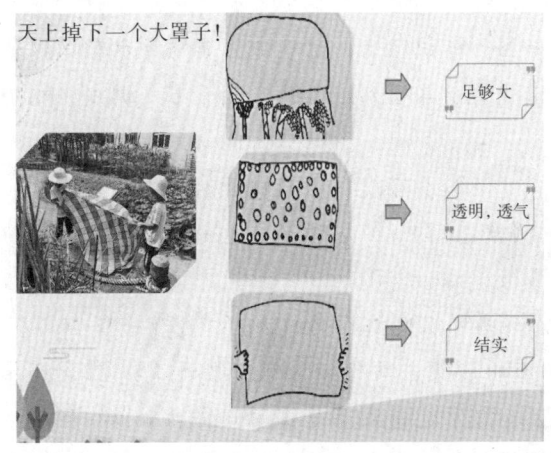

时间一天天过去，稻田里的稻谷还是开始变少了。孩子们好像还是没有找到很好的保护稻谷的办法，作为老师的我也很着急。为了推动活动发展，我申请购买了一张纱网，但并没有告诉小朋友们，而是将其放在了小农场。眼尖的孩子发现了这张纱网，大家很快讨论起来。这张纱网立即成了小农场里的大明星！因为和之前的床单相比，它透气、透光、结实，真是保护水稻的大宝贝！

可网怎么罩到稻田上去呢？直接放上去，还是会压倒稻秆。孩子们迁移了搭架子种黄瓜的经验——"给它搭个架子吧！这样就不会压倒水稻了。"正巧，幼儿园有位工人叔叔，我们请他一起帮忙，用竹竿做了一个架子，成功地把纱网罩了上去。

为了做好全方位、无死角的保护，小朋友们又仔细地把罩子靠近地面的边边角角压好、压紧。

大罩子罩起来了，孩子们悬着的心才稍微放下来。这下小鸟真的不会来了吗？孩子们躲在一旁，认真观察用纱网保护水稻田的效果。

总结与反思：

这场轰轰烈烈的保护稻谷行动，不仅给大五班幼儿带来了神奇、独特的体验，也给教师留下了深刻印象。

1. 使幼儿形成了节约粮食的观念

幼儿体验过麦子被鸟偷吃的苦涩，在这一季就一路陪伴、守护水稻长大，还打了一场稻谷保护之战。他们深切体会到，得到这些粮食有多不容易。

人类生存离不开粮食。幼儿在小农场参与对粮食的种植、养护、收获的全过程，对水稻、小麦这些粮食产生了深厚的情感。这种直观体验能深深地影响幼儿，让他们真正把"光盘"挂在嘴边，将"粒粒皆辛苦"根植于心田。

2. 心有课程意识，追随幼儿脚步

保护稻谷大行动，是真真切切解决一个实际问题，与后续的活动也紧密相连，既贴近生活，又激发了幼儿的情感。

教师当然知道只需一个大罩子就能解决保护稻谷的问题，但还是让幼儿去思考、行动，用他们的方法去实践，让他们去检验成效。为了让幼儿在设计、安排、操作中提升、拓展经验，教师乐意去当"麻烦的制造者"。

活动中，教师真切感受到幼儿想尽最大努力来保护稻谷的炽热的心，但最后因为效果不佳，时间又紧，还是做了一次干预。这个干预不一定适宜，但达到了保护效果。如果能引导幼儿进一步科学设计稻谷保护罩会更好，幼儿收获的经验和成长又会大有不同，因此教师有些遗憾。这个遗憾也启发教师反思：在追随儿童脚步的同时，理念要先行，教师要具备系统、完善的课程意识，要有较高的敏感度和自觉度，要善于找出事件背后所隐含的教育价值。

3. 走进田地，亲近、关爱自然

一直以来，成人都将幼儿视为"被关爱者"的角色，认为幼儿还小，不会向外界提供关爱。其实不然。当下，幼儿园教师有意识地引导幼儿去关爱父母、同伴，在我园种植劳动教育场景下，教师还有意识地引导幼儿去关爱自然，引导他们形成对自然环境的责任感。

活动中，幼儿深切体会到与自然和人类的关系：稻谷能引来小鸟，而我们人类也离不开粮食，想要获得稻谷还要费一些心思呢；自然界很神奇，像一个魔力环一样，把这些都融合在一起。

这也给予我们启示：我们要依托幼儿园拥有的这片珍贵的种植园地，更多地给予幼儿与自然相处的时间和互动的机会，引导幼儿从多方面感知自然，整体、深入地了解自然，从而获得更加综合的、整体的学习体验。

案例：水稻大丰收（项目活动）

1. 怎样收获水稻？

在孩子们的悉心照顾下，终于迎来了水稻的成熟期。孩子们掀开网纱罩子，用手捏捏稻穗，发现它们鼓鼓的、硬硬的。稻叶也不像之前那样直挺挺的有些扎手，已经垂下来了，摸上去软软的，颜色从绿色慢慢向黄色过渡。可以准备收割水稻啦！

怎样收获水稻呢？孩子们首先想到了镰刀，因为他们有使用经验，知道可以用这种工具来收获小麦、水稻。第一次尝试，孩子们蹲在稻田边上收割，发现很不方便，大家萌发了深入稻田去割的愿望。第二次收割，大家穿上雨鞋，下到地里去，贴近地面收割。可新的问题又来了，有的孩子求快，在把稻穗从田里传递到田埂上的过程中，不小心使稻穗滑落，掉在了泥地上。

这立刻引起了大家的重视，有孩子赶紧将稻穗捡起来，又在稻田里仔细检查了一遍，看看是不是还有其他稻穗被掉在泥地上。经历了这个小插曲以后，大家慢慢来、细细弄，生怕再浪费了它们。每个细节里，都倾注了孩子们对稻谷浓浓的爱。

2. 怎样将稻谷和水稻秆分离？

收获了很多稻穗后，应该怎样将稻谷和水稻秆分离开来呢？我们太想知道这次一共收获了多少饱满的稻谷了。

经过前期调查，小朋友了解到，可以用摘、搓、甩、敲、碾、踩等方法将稻谷弄下来。老师引导孩子们思考用哪种方法更省力，他们评选出了最省力的办法。这次的收成如何呢？大家一起来称一称——共收获 1.07 千克的稻谷。我们将稻谷带了一些回班上，也留了一些放在小农场的种子博物空间里。

怎样将稻谷和水稻分离呢

3. 大米在哪里？

从稻谷到米粒，还需要怎样的过程呢？白花花的大米究竟是怎么得来的？孩子们从小农场工具区找来了筛子、簸箕。他们迁移了沙池游戏经验，很快就利用这些工具把干瘪的稻壳先筛选了出来，接着，大家用剥、搓、碾的方式想办法把米粒从稻壳中弄出来。

4. 为什么小农场收获的大米粒和平常家里的不太一样？

看到脱粒出来的米粒，有的小朋友提出："这个米粒怎么和我家里的长得不一样呢？又细又长，是棕色的，摸上去也比较粗糙。"于是，我们进行了一番猜测和推理。老师也请孩子们把问题带回家，请教家长。原来，我们小农场种的是籼稻，家里经常吃的是粳米，品种不同；表面粗糙，是因为还未精加工，还属于糙米。

5. 糙米能吃吗？

糙米能吃吗？孩子们对感兴趣的问题总是刨根问底。查了资料后，他们发现：糙米不仅能吃，营养价值比白米还高呢！于是，大家把收获的糙米粒带到生活馆，煮成米粥来品尝。品尝劳动成果的感觉呢，用孩子们的话来形容，就是"满满的幸福"！

大自然的赐予让孩子们懂得了感恩，大家也没有忘记帮助我们一起照顾、保护水稻的汤伯伯，和他一起分享收获的喜悦。

6. 稻田一望无垠，怎样高效率地收获呢？

随着活动深入开展，孩子们萌生了新的问题：大片的稻田一望无垠，农民伯伯是怎么收获的呢？也像我们一样收割，这么辛苦吗？于是，我们找到关于农民收获水稻的视频，播放给孩子们看，丰富了他们的经验。孩子们了解到：现代农业有了很大发展，用机器来提高效率，既省时又省力。大家都感叹道："工具真的很有用！"

7. 稻草还能做什么？

我们预设了在区域活动中用稻秆吹泡泡、吹画等游戏，因为稻秆是空心的。但孩子们更想把来之不易的稻草带回家，我们满足了他们的愿望。

过了几天，一个个有意思的稻草作品陆陆续续被带回了班级，都是亲子精心制作的。有个小朋友还特别描绘了一幅小鸟吃稻谷的场景。可见，这次保护稻谷的活动深深影响了孩子。这次活动中，我们收获了稻米、创意使用了稻草。那水稻的种子是什么样子的呢？我们的探究还在继续。

案例：水资源的开源与节流（项目活动）

【活动缘起】

在环保主题活动中，师幼一起阅读了故事《甜甜的梦》，故事以"草莓味的梦"结束，在梦里，大家都爱护动物，用心守护家园。听完故事，孩子们纷纷表示要保护环境。那究竟怎样保护环境呢？贝贝说："我们需要节约用水，注意水的循环利用。比如，我阿婆就会用淘米水浇刚种的向日葵。"

午饭过后，教室外面下起了瓢泼大雨，雨滴砸向大地，操场上吐出无数个透明泡泡，大家像往常一样驻足观看。"雨下得真大！""它们都流到哪里去了？""我们可以把它们收集起来吗？""对！我们可以收集雨水，用它们浇灌植物。"

梅雨季，下了一场普通的雨，却因为幼儿的一次驻足和讨论而成为活动"催化剂"，我们班对水资源"开源节流"的探究之旅就此拉开序幕。

【活动过程】

1. 怎样收集雨水？

怎样收集雨水呢？回家找一找接雨工具吧。第二天，大家带来了各式各样的雨水收集器，有大大小小、高高矮矮的矿泉水瓶，有妈妈用空的化妆品的罐子，有小朋友的挖沙桶，等等。把这些瓶瓶罐罐拿到一起比一比，有的胖有的瘦，有的高有的矮。谁将成为"雨水收集大王"呢？每个人都对自己的雨水收集器充满了信心。

中三班的自然角有了琳琅满目的雨水收集器，其中也包括老师们提供的。老师们不约而同地选择了敞口盆。成人有时候会因为拥有了一些生活经验而失去一些参与探究的乐趣。但有了老师的加入，孩子们更兴奋。这些瓶、罐、盆成为自然角的一道小风景，收集雨水也成为近期孩子们自然角活动中的一项任务。

分析与支持：

1. 共同经验——珍视身边唾手可得的自然资源

雨水是幼儿生活中常见的自然资源，也是我们经常忽略的教育资源。本次活动中，收集雨水将成为幼儿的共同经验，幼儿将经历提出问题、建议，再进行探索的过程。

2. 角色转变——教师是共同生活者

幼儿引发了活动，教师作为共同学习者加入其中，追随幼儿的脚步，真诚地接纳幼儿的想法，支持他们和自然玩游戏，幼儿的活动热情就更加高涨，更愿意和老师分享自己发现与思考。

2. 从天上来的水都是雨水吗？

"下雨啦！"就在大家焦急等待的时候，子续的一声大喊迅速吸引了大家的注意。

"欸？什么都没有啊？"第一个冲出去的"侦察兵"沛沛疑惑道。

"我刚刚明明看到窗户上有水珠。"

"真的，在上面！"小雨说。

朝着小雨手指的方向，大家抬头望去，只见一根长长的水管斜斜地挂在墙壁上，顺着水管，有一股细细的水流下来，有一点点溅到窗户上，大部分则跌入班级门口的灌木丛中，销声匿迹了。

顺着水管向上看去，发现水管另一端连接的是楼上的空调，这难道就是传说中的空调水？

小雨迅速穿过人群，冲进教室，不一会儿，一个印着"中三班"三个字的水盆便被放在了灌木丛上。他找了一个宽口的大盆，挑选了最佳位置，开始接空调水。没多久，就收集了满满一大盆。

分析与支持：

1. 重视偶发事件中的教育价值

从天而降的不一定是自然的雨水，还有可能是"人造"的水。在对水的探究之旅中，经常有意想不到的惊喜。例如，有的幼儿被雨后棕色瓶子里的蜗牛吸引，通过讨论得知蜗牛喜欢阴暗潮湿的环境，因此它们偏爱棕色的雨水收集器。还有一些幼儿想知道雨后操场上为什么会出现泡泡、雨水最终流到了哪里、雨下得太多或太少对我们有什么影响，等等。这些都是具有教育价值的偶发事件，教师要充分重视。

2. 筛选活动价值，引导幼儿分组学习

幼儿的想法和疑问会随着活动的深入开展而层出不穷，教师不必因为大家呈现不同的兴趣而苦恼。在实践中，我们发现，幼儿最终会以不同的形式参与到对水的探究活动中。即使有的幼儿对空调水收集活动并不感兴趣，但他们也可以从"空调水探究小组"的分享中了解到水的更多特性。

3. 雨水去哪儿了？

怎么还不下雨？什么时候才会下雨呢？"等天空的颜色变得灰蒙蒙的、深深的，就会下雨。""天上有乌云的时候，雨就快落下来啦！""地上的水蒸发上升，形成云朵，云朵里的水滴越来越重，才变成雨落下来的！"沛沛这番"精彩绝伦"的言论让大家叹为观止。

过了两天，下雨了！小朋友们特别兴奋，赶紧把自己的雨水收集器放在后门口。汤圆收集雨水时自己捧着容器接，接一会儿他就看看有多少了，但是雨太小，成果不太明显。他把收集器举高，说这样可能会收集到更多雨水。

这场大家期待已久的雨不仅是小雨，还是阵雨。接雨活动结束不久，本来有些湿润的雨水收集器内部就变得很干燥了。大家疑惑：刚刚收集的雨水呢？

一连几天都是这样，等我们学完儿歌，雨就停了。有时玩过区域游戏后，很多瓶子里便空空如也。

"刚刚明明还有一点点雨水啊！"

"我看见刚刚雨停后太阳就出来了。"

"大概是晒干啦！"

"我知道，这叫蒸发！小水珠被蒸发了！"

"蒸发"是什么？

贝贝第二天带来了一本非常好的科学绘本《下雨是什么》，他向大家介绍关于雨的小知识。原来，蒸发就是小水珠在高温下变成水蒸气，又回到云朵里去啦！

我们跟随水蒸气的脚步去理解下雨是什么——小水珠蒸发到天空中之后，遇冷，凝结成小水滴，小水滴聚集成很重的积雨云，然后雨滴就会落下来啦！

原来"蒸发"就是小水珠在高温下变成了水蒸气，又回到云朵里去啦！

此时正好进入了梅雨季节，雨量会非常充沛。老师告诉大家："不要着急，雨水很快就又要来啦！"

分析与支持：

对于中班幼儿来说，"蒸发"是什么，很难用准确的言语去解释。但当他们真正走入大自然，观察到一些现象，就会发现"瓶子里的水慢慢消失"就是"蒸发"，"蒸发"了的小水珠到了天上会再变成小雨滴落下来。深奥、复杂的"水循环"原理背后其实都有生动、一目了然的自然现象。可见，细致观察是一切探究的前提，只要善于观察，便能体会探究的乐趣。大自然各种事物之间联系紧密、环环相扣，幼儿探索的脚步也更加深入，他们更主动地汲取和分享知识，相互配合着，加深对周围事物和现象的认识。

4. 怎样收集更多雨水？

轰隆隆隆，伴随着一阵阵雷声，大颗大颗的雨滴砸在了地面上！终于下大雨啦！趁着雨停的间隙，大家迫不及待地推开门，争相察看自己的雨水收集器收集雨滴的成果。大丰收！

我们把接满雨水的容器放成一排，把没有接满的容器放成一排。"咦？为什么别人的都快要装满了，而我的瓶子里却只有一点点？"润润很奇怪。看到老师们的敞口盆里装着满满的水，润润一拍脑袋，说："我明天再带一个收集器来吧！"

润润带来了新的收集器——一个小红桶！其他小朋友围过来"瞧热闹"，用手比画着。"我知道了！桶口更大更好收集！""你看，瓶口很小，桶口有这么大！"这么一对比，大家就明白了：想要接更多的雨水，不仅要收集器大，开口也要大才行啊！

在一目了然的对比下，带矿泉水瓶和化妆品罐的小朋友都坐不住了，大家利用区域游戏时间对自己的收集器进行改造——找到塑料瓶子或罐子口径最大的地方，画上标记后，沿标记线进行修剪。玻璃瓶的材质太硬，破坏后容易弄伤自己，经过讨论，大家想出了两种调整方法，一种是直接把玻璃瓶换成大口径的容器，另一种是在瓶口处加上一个漏斗。大家决定把这些办法都试一试。

分析与支持：

关于雨量的测量其实有更加专业的测量工具——量雨器。但如果一开始就告诉幼儿"标准答案"，他们便失去了深度学习的机会和自主探究的乐趣。因此，活动中教师一直支持让幼儿用自己带来的雨水收集器进行雨水的收集和测量，到活动最后才将雨量器投放到科学区。

在利用各种容器收集雨水的过程中，幼儿发现了在容器没有接满的情况下，容器口的大小与接水量有直接联系。大家在非标准测量的过程中，通过观察、对比，不断调整自己的雨水收集器，收集雨水的过程成了一个快乐的自主探究过程。

5."节约用水"只是一句口号吗？

周五，我们把这几天收集的雨水都倒在一个透明箱子里，有满满一小箱呢！大家都很开心，觉得收成还不错！

过了一个周末之后的周一，大家发现洗手池里多了一个红盆，老师请小朋友们正常洗手，不要随意挪动盆。当第四位小朋友在同一位置洗完手后，红盆里的洗手水已经很满了！老师把小朋友们辛苦收集一周的雨水和4位小朋友洗手的水放在一起。虽然没有科学测量，但通过目测也能发现：那么多小朋友辛辛苦苦收集一周的雨水，水量和四位小朋友洗一次手用的水量差不多！

"水收集起来那么不容易，用起来真快！"

"4个小朋友洗手用的水好多啊！你们也太浪费了！"

"要是我们组，这么多水可以洗5个人！"

不用老师过多言语，结论自在孩子们心间。

那么，怎样洗手更加节水呢？大家畅所欲言："洗手要专注，保证洗得又快又干净！""水流要开得细细的，打肥皂时要关水。"……

当然，节约也要体现在对水资源的再利用上。中三班的小朋友们想到了很多循环利用雨水的用法，让每一滴水都变得更加有意义！

"节约用水"不是一句简单的口号,更是一种习惯,我们还请孩子们将这个习惯带到家中。在家里,涵涵和姐姐一起思考更多节水的办法;小雨用外婆洗过菜的水冲了马桶;瑶瑶奶奶家的院子里出现了"大型"的雨水收集器,奶奶用收集到的雨水来浇灌花草。

分析与支持:

在可持续教育理念的指引下,教师注意引导幼儿批判思考环境中的可持续性发展方面的问题,幼儿的行为给他们周围的环境带来了变化,幼儿也成为成人的教育者。

在节水小实验中,用"来之不易"去衡量生活中的"习以为常",这对幼儿的影响是深刻的。活动充分贴合幼儿的生活需要,让他们体会到人对自然的依赖,反省了自身行为对环境的影响,知道要尊重、珍惜、保护环境。而且,幼儿将可持续发展的理念带到家中,节约用水变成了一种发现、一种思考,变成一件"有影响力"的事情。

6. 怎样让雨水变干净?

区域游戏时间,大家满足地看着桶里的雨水。咦,这些黑点点是什么东西?在小蓝桶和小白桶里,大家清楚地看到了脏脏的东西。之前大家都被丰收蒙蔽了双眼,而且透明容器放在地上也不太容易发现水中的脏东西。现在,大家都跑去看自己的收集器里的雨水,果然都有不少脏东西。

雨水中到底有什么?为什么会有这些东西?小雨滴到底经历了什么?大家分头去查资料,并把自己了解到的信息记录下来:小雨滴下落时会遭遇闪电(可能融合了臭氧),会从动植物身体上经过(可能带上了细菌),会从建筑物上落下(可能沾染了泥沙),会穿越脏空气(可能裹进了粉尘),有时还要被工业废气和汽车尾气熏一熏(可能包含了酸性气体)……小雨滴经过的路途,比我们想象中长得多!

雨水是污水吗?我们收集到脏脏的水来浇灌植物,合适吗?孩子们心里开始不安,有的小朋友甚至感觉用它浇灌的植物还像有点生病迹象!老师安慰道:"初期(落下来后的前15分钟左右),雨水是污水,之后,雨水中的污染物就会少很多,就不再是污水了!"孩子们还是对自己收集的雨水产生了一些"嫌弃",有的小朋友居然闻闻雨水有没有异味。

大家想让自己收集的雨水变清澈。之前大家了解过雨水是怎么进入地下水层的,孩子们受到大自然的启发,也想过滤一下雨水。他们回家就开始设计过滤装置。老师本想请孩子们单独尝试设计,很期待他们朴素稚拙的想法。结果,很多爸爸妈妈热心参与设计作品,因为家长朋友们看了班级系列活动的"报道",参与热情很高。

株株的过滤器制作出来了,他和爸爸一起操作,实现了过滤雨水的目的!他开心地将过滤器带到幼儿园,原本有些腼腆的他,会主动和老师、小朋友介绍过滤器所用的材料(家附近的沙土、石头,还有家里吸甲醛的"魔豆")。他用纱布给材料分层,并介绍为什么这样分层排序、每一层主要过滤什么——从上到下,先用石头过滤大颗粒的脏东西,然后用沙土过滤细小的脏东西,最后用"魔豆"吸附水里的有害气体。孩子们迫不及待地进行试验,真的过滤出了清清的水,雨水里黑黑的东西没有了!

> **分析与支持:**
>
> 1. 积极利用幼儿绘本、网络资源等间接经验
>
> 通过阅读绘本、网络查询等途径寻找问题的答案,获取间接知识,丰富经验。
>
> 2. 家庭支持是不可忽视的榜样力量
>
> 幼儿在同伴、教师和家庭的帮助下,主动查阅资料、分享交流、设计图纸、寻找材料、动手制作、多次实验,在这复杂的探究过程中,家庭的力量不可忽视。株株的爸爸是一名医生,工作忙碌且辛苦,平时很少在班级活动中出现,但这次活动却获得了他不遗余力的支持。他利用家中常见的材料,凭着自己的钻研精神,和株株共同制作净水器,是班级唯一一台成功的自制净水器。可见,家庭不仅为幼儿园课程提供了各种物质支持,还为幼儿提供了多种经验支撑、精神鼓励,家长的良好品质成为幼儿的高级榜样。

后来,我们还组织了参观污水处理厂的亲子活动,让幼儿更直观地了解污水净化处理过程。孩子们看到了去除较大漂浮物、沙石等固体杂质的粗格栅;去除细小颗粒及悬浮物如毛发、木屑的细格栅;沉淀细小颗粒物的沉砂池;等等。园区讲解员叔叔告诉小朋友们:一系列流程之后,清水从管道中流出,处理过的清水被家家户户用来养鱼、种花,还有一部分会流入长江。这让在场的幼儿和家长都感叹不已。

总结与反思：

　　我园鼓励教师开展项目教学，将可持续性教育的教育原则和教学法——变革性、批判性思维、赋权和主观能动性、民主等融入课程实施中。在这个项目活动中，我们不仅仅关注知识的共同建构，还关注支持幼儿做出改变的教与学的策略。在这个雨水丰沛的季节里，我们都有了很多收获。

　　1. 幼儿能够批判性地思考问题

　　雨水是幼儿生活中常见的自然资源，对雨水的一系列探究转变为幼儿的共同经验。这些共同经验有助于助推他们提出问题、建议，也有助于他们确定如何进行探索。从收集雨水到节约用水，从"开源"到"节流"，幼儿能够批判性地思考有关水资源的问题，能从自己的生活经验出发，不断思考、提问、探究、反思。

　　2. 幼儿能够给周围的环境带来变化

　　我们的雨水收集器引起了园长的注意。暑假之后，幼儿园对小农场进行了改造，在小农场的两端加上了两组"超级雨水收集器"，它们不仅可以收集雨水，还可以收集空调水。

　　在讨论节约用水的方法时，我们还了解到，马桶的冲水方式是不同的，双冲式的马桶更加节能；洗碗机和洗衣机在放满待洗碗碟、衣物之后再使用，可以节约用水；没喝完的饮用水、没有使用的净水，都可以留存下来，用来冲洗或浇灌；种植植物时，覆膜可以帮助植物保持水分，减少浇灌需求；等等。这些经验也许还没有被推广利用，但也为我们所普遍了解，使"绿色生活方式"成为可能。

　　3. 幼儿能够成为成人的教育者

　　在幼儿眼中，变化莫测的季节让他们感受到大自然的气象万千，他们对自然现象充满了好奇心，能基于自己的认知充分想象。他们的想象，有的是感性的，蕴含着丰富的对自然的情感；有的是理性的，点亮了解决问题思路。在探究雨水的这段时间里，大家似乎都有了微妙的变化——对很多自然现象变得敏感，更爱问"为什么"，愿意通过自己的观察、操作、实验主动探究。教师对"小毛娃"们的知识面、探究精神刮目相看。在孩子的影响下，家长也愿意停下来听一场雨，在雨天和孩子一起走进大自然。

　　4. 教师是幼儿的共同生活者

　　在项目活动中，教师和幼儿一起关注天气变化、收集雨水、记录水量、了解水消失的原因、探寻雨水净化的方法……教师追随幼儿的脚步而行动，真诚地接纳幼儿的想法，支持他们和雨水玩游戏。带着对大自然的尊重，教师在适宜的时候做出回应，持续激发幼儿对雨水的好奇之心和探究愿望。

　　5. 家庭是探究活动的有力后援

　　当班级活动以"连续剧"形式全面、详细地展现在家长面前时，家长因了解而理解、因感动而支持。当幼儿的经验不足支持他们的行动时，家庭给孩子们提供了经验的支撑。雨水收集、节约用水等活动都被幼儿带到家中，并被用心对待。雨水净化器的制作活动也激起了家长的兴趣。可见，幼儿园活动的主体不只有孩子和教师，还有家庭和社会，正因为多元主体的加入，才让探究活动更加生动、持续、深入。

四、家园共育活动

（一）理念上的衔接

1. 培养幼儿"从田园到餐桌"的完整认知

在探讨幼儿园种植劳动教育向家务劳动延展的过程中，"从田园到餐桌"的完整认知，构建起一条深刻而富有教育意义的生活链条，它不仅是幼儿对大自然与日常生活之间紧密联系的深刻体验，也是培养其全面发展能力的重要途径。

（1）丰富的种植体验

"从田园到餐桌"的完整认知，首先意味着幼儿能够认识到食物来源的多样性和自然循环的奥秘。在幼儿园种植园地里，幼儿亲手种植蔬菜、瓜果，如西红柿、茄子、黄瓜等。他们参与播种、浇水、施肥、除草等劳动，体验劳作的辛苦与乐趣。

通过观察植物的生长过程，幼儿能够直观地了解植物的生长周期，包括种子发芽、幼苗生长、开花结果等阶段。这一系列活动让他们直观感受到农作物从种子到成熟的全过程，理解了食物生产的艰辛与不易。同时，通过观察植物生长过程中的变化，幼儿能够学习到自然界中生命循环、生态平衡等基本概念，从而培养起对大自然的敬畏之心和爱护之情。

（2）对植物生长知识的认知

在种植过程中，幼儿见证了植物从种子发芽到幼苗成长，再到开花结果的全过程。他们学会了从多种角度识别不同植物的特征，理解了"生长周期"这个概念。通过观察植物与环境的互动，如阳光、水分、土壤对植物生长的影响等，幼儿也能初步理解"生态系统"这个概念。

（3）收获与采摘

当农作物成熟时，幼儿参与采摘、收获活动，体验收获的喜悦。他们亲手摘下果实，感受自己劳动的收获和自然的馈赠。通过收获活动，幼儿能够了解不同农作物的特点和食用方法，幼儿对食物的来源有了更直观的认识，能体会到收获之前需要付出辛勤劳动。

（4）烹饪与品尝

在幼儿园，幼儿将采摘的农作物带回生活馆，在教师的指导下参与烹饪活动，如清洗蔬菜制作沙拉，或制作简单的水果拼盘，或亲手制作其他简单的菜肴、点心等。烹饪完成后，幼儿品尝食物，感受劳动带来的成就感，同时对食物产生珍惜之情。这些劳动让他们直观感受食物从田园到餐桌的过程。

（5）分享劳动成果，提升劳动水平

回到家中，幼儿可以分享自己在幼儿园种植园地的经历，包括描述植物的生长过程、分享采摘的果实等。家长可以趁机鼓励孩子参与家庭烹饪活动，如洗菜、切菜等，促进幼儿家务劳动能力的提升。这些实践活动不仅能提高幼儿的动手能力和生活技能，还能培养幼儿的家庭责任感，他们在参与家务劳动的过程中学会分担，理解家庭成员之间的相互支持与关爱，从而有助于形成更加和谐、融洽的家庭氛围。

总之，"从田园到餐桌"的完整认知，是幼儿园种植劳动教育向家务劳动延展过程中的重要一环。它不仅能够加深幼儿对自然界和人类生活之间关系的理解，还能够促进他们提升家务劳动能力，产生家庭责任感。这一认知过程，对于促进幼儿全面发展、健康成长具有重要意义。

2. 强化"劳动创造美好生活"的价值观

将种植劳动向家务劳动延展，是强化"劳动创造美好生活"价值观的有效途径。通过参与家务劳动，如洗菜、切菜、整理餐具等，幼儿不仅能将从种植劳动中学习到的知识和技能应用到实际生活中，还能在家庭环境中进一步感受到劳动的重要性和必要性。同时，家务劳动还能促进家庭成员之间的交流与互动，能增进亲子关系，有助于营造和谐的家庭氛围。这种从幼儿园到家庭的劳动教育联动效应，有助于全社会形成尊重劳动、热爱劳动的良好风尚。

树立"劳动创造美好生活"的价值观是幼儿园种植劳动教育的重要目标之一。通过种植劳动实践与体验、种植劳动向家务劳动的延展与融合，以及对正确价值观的塑造与传承，我们可以有效培养起幼儿正确的劳动观和态度。这种家校共育的劳动教育模式，不仅促进幼儿深化劳动观念，还为幼儿的健康成长提供了良好的环境。

（二）实践活动的转换

1. 亲身参与，感受劳动之美——请家长走进劳动现场

（1）家长助教活动

家长在助教活动中扮演着幼儿的学习伙伴、引导者、情感支持者、榜样示范者以及家园沟通桥梁等多重角色。这些角色作用的发挥，不仅有助于促进幼儿全面发展，也加深了家园之间的情感联系，家园共同为幼儿营造了一个温馨、和谐、富有教育意义的学习环境。

案例：家长进课堂——制作泡萝卜

所谓"冬吃萝卜夏吃姜"，萝卜是冬季的好食材。大三班的小朋友用收获到的萝卜和助教家长一起制作了泡萝卜。在活动中，大家把萝卜洗干净、切成块，再放入适量的盐、糖、花椒等调料……

本次"冬藏"活动，是教师追随幼儿的兴趣，跟随大自然的变化，有效利用家长资源及本土资源，及时捕捉到的教育契机。教师遵循《发展指南》精神，以生活化、游戏化为活动原则，邀请助教家长带领幼儿了解食物的储存方式并进行实践，引导幼儿一起亲身体验、动手操作，探索和发现冬藏的奥秘。

这次活动，传承了中华文化的精髓，也让大家品味了人们生活的智慧。这种亲子共劳的体验，也让家长深刻感受到劳动的乐趣和价值，从而更加认同幼儿园通过种植劳动来培养幼儿劳动意识和劳动技能的教育理念。

（2）家长开放活动

在家长半日开放活动中，家长有机会走进幼儿园，直观感受到孩子们的成长与变化。家长通过观察幼儿在种植园地中浇水、除草、收获等活动，能够深切感受到幼儿对自然的热爱、对劳动的尊重以及在实践中获得的成就感。这种直观感受远胜于教师的言语描述，能使家长更加理解和支持幼儿园的教育理念。

家长半日开放活动促进了家园之间的沟通与合作。在共同参与劳动的过程中，家长与教师有了更多的交流机会，有助于形成良好的教育合力。与幼儿园种植劳动建立起连接的家长半日开放活动不是简单的亲子活动，而是深刻的教育实践。它让家园共育的理念落地生根，为幼儿的健康成长注入活力与动力。

案例：小农场劳动家长开放活动（片段）

活动当天，家长目睹了孩子们在小农场中忙碌的身影。小明兴奋地向妈妈展示他亲手种植的西红柿，那红彤彤的果实，不仅是他劳动汗水的结晶，更是自然教育的生动教材。妈妈看到这一幕，感慨地说："原来孩子对自然的热爱和责任感可以这样培养，我们以后要多支持这样的活动。"

在除草环节，李老师发现嘟嘟有些吃力，便主动邀请嘟嘟的爸爸加入进来。嘟嘟爸爸一边指导嘟嘟如何有效除草，一边与他分享自己小时候在农村的经历。这样的场景展现了家园共育的魅力。

通过种植园地劳动家长开放活动，家长能够直观感受到自然教育对孩子成长的积极影响，从而更加理解和支持幼儿园的教育理念，愿意与孩子一起参与更多的自然探索活动。家长在参与孩子学习与生活的过程中，增进了亲子关系，也与教师建立了更加紧密的联系，家园双方共同关注幼儿的成长，共同探讨教育方法，能形成良好的教育合力。

（3）暑期"夏日农场劳动乐"活动

"夏日农场劳动乐"活动，是在暑期邀请幼儿及家长共同参与的种植劳动，其深远意义在于让幼儿了解植物生长的全过程，见证植物从繁茂生长到成熟收获的完整周期。

暑期，阳光充沛，雨水适宜，正是植物茁壮成长的黄金时期。选择此时开展小农场种植劳动活动，能够让幼儿和家长深刻体会到大自然运转的规律性以及生命的奇妙旅程。在收获与采摘的时刻，幼儿亲手摘下自己辛勤劳动的成果，也是接受大自然的馈赠，那份喜悦与自豪难以言表。这一过程，不仅增强了幼儿的环保意识与责任感，还让他们理解了尊重自然、顺应自然规律的重要性。

此外，"暑期农场劳动乐"活动为家园共育提供了独特的平台。家长与孩子在共同劳作中加深了情感交流，家长也能从孩子的视角出发，理解并尊重幼儿园关于生态教育、生命教育的理念。这种基于共同目标的合作，有助于构建更加和谐、科学的育儿环境。对于教师而言，此活动不仅是生态教育、生命教育的生动实践，更是观察幼儿成长与发展情况、评估教育效果的重要窗口。

案例："夏日农场劳动乐"活动（片段）

2023年7月5日，星期三，南京市香山路幼儿园在其600平方米的小农场里，面向全南京市3—6岁年龄段的儿童，开展了两场热热闹闹、意义非凡的"夏日农场劳动乐"活动。

"夏日农场劳动乐"活动方案在市级平台发布后，31名幼儿和其家庭积极报名参与，南京市香山路幼儿园积极筹备和组织，给小朋友们带来了一场丰富多彩的劳动日活动。

在带领幼儿和其家长进入小农场劳动之前，幼儿园还不忘给小朋友们做好夏日防护——喷驱蚊水、垫汗巾。两个场次的活动中，小朋友们尽情观赏各种植物生长的美景，红色凌霄花、金黄色的向日葵花、开满墙角的紫茉莉……老师带领大家辨认各种瓜果蔬菜，有芋头、藕、荸荠、慈姑、花生、红薯、黄瓜、茄子、西红柿、秋葵、玉米、菊花脑……品种实在太丰富啦！最让小朋友们跃跃欲试的，就是酣畅淋漓的收获活动。大家一起收获红彤彤的圣女果，一起采摘白色的茄子和紫色的茄子，一起采摘秋葵、玉米，丰收的喜悦涌上小朋友们的心头，酷暑的炎热被抛在脑后。最后，大家带着从家中带来的菜叶，去喂了鸡、鸭、鹅、小兔们，那些品种丰富的珍珠鸡、乌骨鸡、芦花鸡、非洲鸭、大白鹅、小白兔等，又让小朋友们大开眼界，他们在小农场里尽情体验劳动、流连忘返。

此次活动向全市3—6岁幼儿开放，幼儿园充分发挥自己小农场的自然资源优势，让小朋友们从空调房走出来，在盛夏听蝉鸣、闻花香、参与劳动和收获，让30多个家庭度过了一个快乐的劳动日，引领了夏日健康新生活，得到了家长朋友们的一致好评。

（4）场馆日活动，将收获带回家

在幼儿园的场馆日活动中，种植园地成了分享丰收喜悦的舞台。这不仅是对幼儿的劳动成果进行展示，更是将可持续发展理念深植于家庭中的契机。

场馆日劳动活动中，在教师的引导下，孩子们小心翼翼地采摘着自己种植的农作物——翠绿的蔬菜、金黄的玉米、饱满的豆子……看到这些新鲜的农作物被打包，每个小朋友都有份，孩子们的脸上洋溢着难以言喻的喜悦。回到家中，孩子们迫不及待地与家人分享这份来自幼儿园的特别礼物，他们兴奋地讲述着种植过程中的点点滴滴：播种时的期待、浇水时的辛勤、收获时的喜悦。家人们围坐在一起，品尝着孩子亲手种植出来的蔬菜瓜果，那份清甜与满足不仅来源于食物本身，更源自对孩子快乐成长的欣慰。

通过这样的活动，幼儿园不仅将种植劳动教育成果送进了幼儿的家庭，更将可持续发展的教育理念悄然传递给了每一个家庭。家长们开始意识到，让孩子参与劳动，如烹饪、园艺等，不仅能够提升孩子的生活技能、培养孩子的责任感，还能让孩子在实践中感受到劳动的价值与快乐，从而更加珍惜自然资源，关注环境保护。幼儿园的场馆日活动，让种植劳动教育的种子在孩子们心中生根发芽，也为幼儿参与家务劳动提供了适宜的引导。园所和家庭能共同促进幼儿全面而可持续的发展，具体表现在下面几个方面。

①增强幼儿的责任感

通过种植劳动，孩子们学会了照顾植物，定期浇水、观察生长情况。家长们观察到，孩子们对自己的植物盆栽非常负责，每天都会细心照料，这种责任感的增强让家长深感欣慰，也让他们更加认同劳动教育对孩子成长的重要性。

②提升幼儿的动手能力

在种植过程中，孩子们学会了使用各种种植工具，如铲子、水壶等。他们亲手挖坑、播种、培土，这些实践活动极大地提升了孩子们的动手能力。家长们看到孩子们在劳动中的成长和进步，对幼儿园的教育理念更加充满信心。

③共享收获的喜悦

秋天，孩子们在种植区收获了自己的劳动果实，他们兴奋地分享着收获的喜悦。家长们看到孩子们脸上洋溢的笑容和成就感，也感受到了劳动带来的快乐和满足。这种情感上的共鸣让家长更加认同幼儿园通过种植劳动培养孩子的劳动情感和劳动价值观的教育理念。

④家园合作，共同育人

在种植劳动中，幼儿园充分利用家长资源，邀请有种植经验的家长作为技术指导员，为孩子们提供指导和帮助。这种家园合作的方式不仅增强了家长对幼儿园教育工作的信任和支持，也让他们更加认同幼儿园的教育理念和方法。

综上所述，家长通过亲身参与、观察孩子、见证变化以及情感共鸣等方式，对幼儿园种植劳动教育理念产生了强烈的认同。

2. 让种植劳动走进家庭

（1）将种植成果融入家庭日常饮食

小蜜蜂农场里的果实逐渐成熟，幼儿亲手种植的蔬菜瓜果可以采摘，它们从田间地头走向家庭餐桌，成为连接幼儿园与家庭的桥梁。这个过程不仅让幼儿亲身体验了食物从生长到食用的完整周期，更加深了他们对大自然、健康饮食及可持续发展理念的认识。

在家庭中，家长引导孩子把幼儿园里学到的知识应用于日常饮食准备中。首先，幼儿可以参与采摘、择菜活动，亲手挑选新鲜的食材，这一过程不仅能让他们感受到收获的喜悦，也使他们加深了对食物来源的认识。随后，在家长的指导下，幼儿可以学习清洗食材，了解不同食材的清洗方法与注意事项，这培养了幼儿良好的卫生习惯。

更重要的是，家长可以鼓励孩子参与烹饪过程。无论是简单的切菜、搅拌，还是更为复杂的烹饪技巧，都可以让幼儿在实践中学习到食物的多种烹饪方法，也体会到烹饪的乐趣与成就感。通过亲手制作食物，幼儿不仅懂得要珍惜粮食、感恩自然，更对健康饮食有了更为直观的认识。

此外，家长还可以借助这一契机，与孩子一起探讨食物的营养价值、环保包装、如何减少食物浪费等话题，进一步拓展幼儿的知识面与视野。例如，在准备食材时，引导幼儿将剩下的菜叶、果皮等自制堆肥，或进行环保小制作；在用餐后，鼓励幼儿参与食物残渣的分类回收工作，培养他们的环保意识与责任感。

综上所述，将小农场里的种植成果融入家庭日常饮食之中，不仅是幼儿园种植劳动教育的有效延展，更是对幼儿进行全方位、多角度的可持续发展教育的重要途径。通过活动场景的转换，幼儿能在亲身体验中学习到更多关于自然、健康、环保的知识与技能，为成长之路奠定坚实的基础。

（2）开展家庭种植劳动，深化幼儿园种植劳动课程的可持续性

幼儿在幼儿园里参与了教师组织的种植劳动，积累了一定的经验，而经验需要在持续性的实践活动中加以巩固，所以，把幼儿园种植劳动课程的内容延伸到家庭的种植劳动中，让家庭和幼儿园同步开展种植劳动教育，让幼儿把在幼儿园获得的种植经验更好地迁移到家庭种植劳动中，就使幼儿的学习经验有了更好的延续性，更有利于幼儿的学习和发展。

案例：开辟阳台种植小天地

在幼儿园参与种植劳动后，中二班的心心小朋友向家人分享了自己的所见所学。在家人的支持与陪伴下，心心决定在自家阳台上开辟一片小小的种植天地。从挑选种子，到搭建简易的种植架，再到种植、管理，心心都乐在其中。随着时间的

推移，阳台上的土豆茁壮成长。不久，心心将自家阳台上种的土豆带到了幼儿园，放在班级自然角。她细心地向小伙伴们介绍土豆的生长习性、养护方法，激发了更多孩子对种植劳动的兴趣。

（3）家务劳动中的环保实践

在可持续发展理念下，幼儿园种植劳动教育向家庭家务劳动延展，并不局限于种植劳动的直接延续，更深刻地体现在家务劳动中的环保实践上，如垃圾分类、节水节电等。这些环保实践不仅是家庭日常生活中不可或缺的一部分内容，更是培养幼儿环保意识、促进形成可持续发展生活方式的关键环节。我们要做的是在幼儿心中播下环保的种子，使他们成为具有环保意识和社会责任感的小公民。这些小公民在未来能够积极参与环保行动，共同推动经济、社会发展绿色化、低碳化。因此，家务劳动中的环保实践是幼儿园种植劳动教育向家庭延展不可或缺的重要内容。

（三）对可持续发展教育影响力的回溯

幼儿园开展种植劳动，在潜移默化中促进了幼儿、家庭乃至社区对可持续发展理念的深刻理解与践行。通过种植劳动，幼儿亲手触摸自然，感受生命的成长与变化，在心灵深处种下了绿色、环保、可持续发展的种子。

1. 家长的反馈与参与是评估种植劳动教育成效不可或缺的一环

家长作为孩子成长道路上的重要伙伴，其反馈与参与是评估种植劳动教育成效不可或缺的一环。在现代科技的助力下，我园也使用了多种群交流应用程序，为家园共育搭建了便捷、高效的沟通桥梁。家长通过这些渠道，能够直观了解孩子在幼儿园种植劳动中的表现与收获，他们也积极分享在家庭中进行延展教育的实践与感悟。

大三班的孩子们从小蜜蜂农场里收获了青菜籽，老师将青菜籽分发给每个幼儿，让他们带回家种植。不久，家长们往群相册里上传了孩子在家中种植、照料青菜，到最后用青菜制作食物并品尝的照片和视频，记录了孩子们继续在家亲手实践种植技能的过程。这也是很好的亲子活动,不仅加深了幼儿对种植劳动的兴趣、巩固了幼儿的种植技能,也让家长深刻体会到劳动教育的价值所在,进而在日常生活中更加注重培养孩子的环保意识与责任感。

家园沟通群是家园共育的重要阵地。在群里,教师定期发布种植劳动教育的相关信息与指导建议,鼓励家长与孩子共同参与家务劳动中的环保行动,如垃圾分类、节水节电、自制堆肥等。家长积极响应,纷纷在群内分享自己的实践经验与心得,形成了良好的学习氛围与互助机制。通过这些互动,家长不仅学到了更多关于可持续发展的知识和技能,也更加明确了自己在家庭教育中的责任与使命。

综上所述,种植劳动是一种生动的教育形式,对可持续发展教育理念与实践的影响深远而持久。它不仅在幼儿园内部构建了绿色、环保的教育环境,更通过家园共育桥梁,将可持续发展的理念延伸至家庭与社区中。

2. 家长视角的转变:从旁观者到共建者

随着幼儿对种植劳动的热情日益高涨,以及幼儿园对可持续发展教育理念的深入宣传,我园家长逐渐意识到种植劳动课程背后的深远意义。他们明显观察到孩子在种植过程中展现出的好奇心、责任感以及与自然和谐共处能力的提高,孩子们的正向变化也激发了家长的兴趣与好奇心,家长开始主动询问孩子在幼儿园的种植经历,在家中也开始尝试一些简单的种植劳动,以更深入地了解和支持孩子的兴趣。

对幼儿园的课程而言,当家长真正参与到孩子的种植劳动中时,他们便从旁观者转变为共建者。他们与孩子一起规划家庭阳台或花园的种植区域,共同挑选种子、准备土壤、搭建花架;他们和孩子一起浇水、施肥、观察植物的生长变化;他们与孩子分享种植的知识与乐趣，共同解决遇到的问题，共同面对诸多挑战。在这些实践过程中，家长不仅成为孩子成长道路上的伙伴与支持者，更成为可持续发展教育理念的传播者与实践者。

综上所述，家长成为幼儿园课程的共建者，不仅推动了家庭教育的优化与升级，更推动了可持续发展教育理念在更大范围的传播与实践。

第二节
种植劳动与其他劳动之间的多元融通

人世间的一切幸福都需要靠辛勤的劳动来创造。劳动教育是我国国民教育体系中的重要内容,也是幼儿园"全收获"课程中的重要组成部分。著名教育家陈鹤琴先生提出:"凡是儿童自己能做的,应当让他自己做。"对幼儿来说,劳动本身就是一种教育,是符合幼儿学习方式和年龄特点的综合性学习。

春耕、夏耘、秋收、冬藏,在幼儿园的小蜜蜂农场里,孩子们辛勤劳动,这里就是劳动教育最好的实践场。孩子们追随节气的脚步,以"责任田"的主人的身份,播种、观察、施肥、浇水、除草、收获……他们在种植劳动中感受着大自然的魔力。在幼儿心中,春是一颗颗种子撒入泥土后的期待,夏是池塘风光潋滟、万绿爬上枝头的惊叹,秋是稻花香里说丰年的欣喜,冬是腌萝卜封坛后的沉淀。

除了小农场里的种植劳动,幼儿也将劳动精神和劳动智慧带到其他劳动中。

幼儿的劳动从自我服务劳动开始。小班幼儿虽然年龄小,可是心不小,他们能积极主动地参与到力所能及的劳动中去:擦桌子、搬椅子、穿脱衣物、叠衣服、整理玩具……在多种多样的自我服务劳动中锻炼了生活自理能力,体验着劳动的快乐和成长的喜悦。

中班幼儿化身勤劳的小蜜蜂,肩负起更多劳动责任,楼梯上、操场上、场馆中,到处都是他们忙碌的身影。有的小朋友拿着小抹布,拎着小水桶,擦拭着大型玩具、楼梯扶手;有的小朋友拿着小扫帚、小簸箕,清扫着地面;有的小朋友撸起袖子,整理着场馆中的物品;有的小朋友三三两两合作,帮助老师收拾运动器械……回到家中,他们更是家务小能手,洗碗、择菜、扫地,样样在行。他们带着心中的爱与温暖,用双手为大家创造出整洁的生活环境,描绘着劳动的美好!

大班幼儿更加不甘示弱,他们走出幼儿园,用自己的劳动服务更多的人。他们带着劳动工具来到地铁站,和保洁阿姨一起清洁地铁站里的栏杆、玻璃、售票机等，就连广场上的公共自行车也被擦拭得焕然一新。看着劳动成果，他们个个成就感满满！他们还走进小学，了解小学值日生的职责，和哥哥姐姐一起打扫小学包干区，提前过了一把小学生的"瘾"，也更加了解小学生活，更加向往成为一名小学生。

教育家苏霍姆林斯基曾说："离开劳动，不可能有真正的教育。"我们应该在真实的生活中开展劳动教育，把热爱劳动的种子从小深植于幼儿心中，使其收获幸福生活的能力和终身可持续发展的品质。

一、种植劳动与其他劳动的相同之处

幼儿劳动教育的主要目的是培养幼儿爱劳动、爱劳动人民的感情，引导幼儿学习初步的劳动知识和技能，养成爱劳动的好习惯。无论是种植劳动还是其他内容的劳动，都有一些共同之处。

（一）关注生活，关爱自己与他人

"大自然，大社会都是活教材"。小农场是我园实施种植劳动教育的主阵地，是幼儿亲近自然的重要场所，很多活动都源于农场种植情境中幼儿的真实需求。正是因为幼儿关注生活，才能发现自然之中的变化，才有了探究的需求，才使幼儿愿意持续参与其中。

而自我服务劳动、家务劳动、木工劳动等，也都是从生活中生发需求，为自己或他人解决生活中的问题，其本质都是引导幼儿关注生活、关爱自己与他人。

（二）共同参与，持续探究

在组织实施各类劳动活动的过程中，应充分尊重幼儿自主选择的机会，给予他们充分动手探究、动脑思考的机会，引导幼儿围绕劳动内容及过程中的问题开展讨论，倾听幼儿的想法，为幼儿提供更多自由设计、自由发挥的空间。让劳动中遇到的各种各样的问题成为推动幼儿持续探究的动力，让幼儿在探究中不断创造，综合利用身边的各种资源去深入探索、解决问题。

（三）亲历劳动，全面收获

种植劳动不仅仅是松土、浇水、锄草一类的体力劳动，更是一种需要亲力亲为的综合性的活动，涉及测量、空间关系、协作、任务意识、审美、责任感等多方面能力与素养。例如，幼儿在种植劳动中了解植物的生长特点、查阅相关知识、了解相关文化、了解人类种植劳动发展的相关历程、关注人与自然之间的关系、利用植物的根茎叶花等开展创造性艺术活动等。幼儿在亲历劳动的过程中收获了成功，增长了智慧，获得了全面发展。

劳动的本质是服务于生活，在其他不同形式的劳动活动中，我们也是通过多种方式促进幼儿与教师、同伴、家长相互合作和学习，在动手动脑亲身劳动之后品尝劳动成果，幼儿的情绪情感得到满足，各方面素养显著提升。

二、支持幼儿参与多样化的劳动

（一）遵循幼儿的兴趣，不断生发幼儿与自然中的人、事、物之间的关系

我园小蜜蜂农场里得天独厚的自然资源是教育活动多样性的有力保障，为课程的开发提供了无限可能。但是，如何充分利用这些资源，使其与幼儿的经验产生连接，帮助幼儿不断拓展、丰富新经验呢？这需要教师进一步思考和探索。著名教育家杜威强调，教育应该以学生为中心、以经验为中心、以活动为中心，认为儿童应该有探索具体材料的机会，以提高认知与技能水平，如解决问题、发现新东西，以及搞明白有些东西是如何工作的，等等。

《纲要》指出，教师是幼儿学习活动的支持者、合作者、引导者。在幼儿探索过程中，教师应及时发现幼儿的兴趣和需要，搭建适宜的支架，为幼儿创造一个有教育意义且具有支持性的环境，使他们能体验探索的乐趣。这就要求教师要善于生发人、事、物之间的关系，提出启发性、开放性的问题，推动幼儿的学习走向深入，让幼儿在沉浸、愉悦的氛围中不断收获新经验。

在剥玉米粒劳动中，大四班小朋友先观看了农民伯伯搓玉米粒的视频，然后也来尝试。但晒干的玉米粒非常硬，孩子们将两个玉米棒子对搓了好久，都没能把玉米粒搓下来。很快，他们就对这项任务失去了兴趣。看到这一情况，教师自己也试了试，发现需要先从玉米棒子上剥下一条玉米粒，形成一个空隙，再用两个玉米棒子对搓，就能成功。但教师并没有将这一发现直接告诉幼儿，而是把一部分玉米棒子上的玉米粒剥下来一些，再请幼儿尝试。这一次，孩子们惊喜地发现玉米粒能剥下来了。在仔细观察对比后，幼儿很快了解并掌握了剥玉米粒的小技巧。随后，教师又提供了剥玉米粒的机器，在几次尝试后，幼儿发现需要顺时针摇动机器才能将玉米粒剥下来。这些通过动手尝试而获得的经验与技巧，在后面的丰收节活动上"闪亮登场"——一方面，幼儿用游戏规则牌的方式展现了他们剥玉米粒的方法，另一方面，小小志愿者在现场指导弟弟妹妹或其他班的同伴尝试用好方法剥玉米粒。

（二）有效的家园配合，助力劳动教育持续精彩

持久的兴趣是幼儿开展研究的动力，幼儿拥有丰富的直接经验才可能调动多种感官参与活动，才有利于培养他们思维的敏锐性和创新思考的能力。然而，仅靠教师个人的力量，利用幼儿几天一次的农场活动，远远不能保持幼儿的兴趣"热度"，应发动幼儿和家长主动参与进来。我园教师注重宣传，指导家长配合班级活

动,请家长带领幼儿主动行动。家长参与活动之后,既能了解幼儿在园活动的情况,又有了更多的与孩子交流沟通的机会。在班本化探究活动中,我园每个班都有不同的探究内容,每个班的教师都不约而同地发动家长参与其中。

小班幼儿需要收集秋天的自然物,除了在幼儿园里收集,还可以去哪里收集呢?可以去小区里、公园里、菜场里……家长和孩子们一起带着任务走进自然、社会之中,探寻、观察、对比各种秋天的自然物。有的在小区的树上找到了柚子,有的在公园的树丛里找到了色彩斑斓的叶子,有的在菜场里收集到各种秋天特有的果实……大家将这些资源带回班级,和老师、同伴一起分享"丰收"的过程。

在亲子共同参与活动的过程中,教师利用网络平台将幼儿在园活动的过程分享给家长。很多家长被孩子们精彩的表现所感动,尤其是小班家长,为自己的宝贝能在集体中大胆表现而感到兴奋,也更愿意主动参与到班级活动中。还有家长主动提出可以提供榨菜籽油的机器,让孩子们看一看、玩一玩,这为教师组织后续活动提供了新思路。

三、种植劳动与工程劳动的关系

工程劳动与种植劳动的关系是十分密切的。

(一)相互依赖关系

种植劳动与工程劳动在幼儿园教育中有相互依赖的关系。

首先,种植劳动往往需要获得工程劳动的支持。工程劳动的内容很多时候与种植劳动的工具相关,例如,时至今日,木质农具依然是种植劳动中必不可少的基本装备;工程劳动内容还与种植劳动的设施相关,许多瓜果蔬菜需要搭架子,而搭架子通常是木工工程中的木工建构范畴。此外,像平整土地、设计建造灌溉系统、搭建温室、制作种植箱等,都需要幼儿运用工程思维进行规划和实施。

其次,工程劳动内容与种植劳动的种植对象相关,种植劳动的成果也为一些工程劳动提供了必要的物质基础。例如,我园在中庭草坪种植的竹子,以及秋冬季节修剪下来的树枝,都可以成为木工工程劳动的重要原材料。

可见,种植劳动与工程劳动之间是相辅相成的关系,在工程劳动的助力下,幼儿在种植劳动中才能获得完整的经验。

(二)相互促进关系

种植劳动与工程劳动的相互促进体现在多个方面。首先,种植劳动为幼儿提供了直观的生命教育体验,激发了他们对自然界的兴趣和好奇心,这种兴趣和好奇心进而促使他们更加积极地投入到劳动,包括工程劳动中去,他们会围绕感兴趣的问题探索更多的可能性和解决方案。其次,工程劳动培养了幼儿的逻辑思维、空间想象能力和动手操作能力,这些能力在种植劳动中同样发挥着重要作用,有助于幼儿更好地规划和管理种植过程。

案例:我给豇豆搭架子

万物复苏的春天又到了,对孩子们来说,观察生命、欣赏生命、开展种养活动的大好时机又将来临。

大一班的种植田在小亭子旁边,呈三角形,光照很充分。田里面种着大家都喜欢吃的豇豆。在孩子们的精心养护下,豇豆苗一天天茁壮成长。孩子们看着亲手播种的豇豆种子发芽了,长出一片片嫩嫩的小叶子了,个个欣喜不已。大家决定一定要好好养护这些嫩绿的豇豆苗苗,于是,班级成立了"菜地管理委员会",每天都有几名"管理员"去观察、照料。大家约定:记录豇豆的最新变化后,回到班级进行小组汇报;遇到问题讨论方案、集体解决。大家忙得不亦乐乎。

周一早晨,管理员着急地说着他们的新发现:"糟糕了,豇豆苗的脑袋都耷拉下来了,还有的苗苗都睡倒在地上了。""是的是的,我也看到了。"孩子们着急地问我:"老师,这可怎么办啊?"我故作惊讶地说:"真的吗?我们一起去菜地里仔细看看吧。"大家纷纷换上装备,带着自己的种植记录本,一起来到豇豆地里。看到现场,大家七嘴八舌又说了起来:"怎么办啊?难道豇豆爬不起来了?""不会的吧?""我觉得豇豆苗可能累了,休息几天就会起来的。"听着孩子们的对话,我没有做出评判,平静地对他们说:"孩子们,别着急。请你们走到地里面,仔细摸一摸、看一看豇豆苗,想一想这些长高的苗苗为什么会垂倒在地上。"

孩子们走进田里俯身观察,有几个孩子用手在将倒在地上的藤蔓扶起来,有几个用手将苗苗托住,还有几个孩子拨弄苗苗的叶子。大家发现很多豇豆苗长出了细细长长的"鬈发",全都拖在了地上。

这一刻，正是丰富幼儿关于藤蔓植物经验的契机，我追问道："我们小农场里还有没有类似的植物，有细细、长长、蜷蜷的须须？"

孩子们拿着相机，开始四处寻找，小桥旁、池塘边、亭子前……小农场里传来了咔咔咔的拍照声。过了一会儿，有孩子向我飞奔过来。明明举着相机给我看："老师，你看，我发现了，牵牛花是细长的、蜷蜷的。"浩浩也举着相机说："老师，我看到了，丝瓜藤也是蜷蜷的、长长的。"……

我点点头，继续问："那牵牛花也是睡倒在地上了吗？"

明明说："没有，牵牛花往高高的草垛子上卷上去了。"

浩浩说："我看到丝瓜也是卷到竹竿上去了呀。"

我说："你们看得很仔细。那我们的豇豆苗是怎么回事呢？可以用什么办法解决呢？"孩子们立刻迁移经验，都说："哦，原来豇豆苗也需要搭个架子，这样它就可以和丝瓜、牵牛花一样，向上面生长了。"最后，孩子们都发现了，植物的茎如果是长长的、蜷蜷的，会向上延伸，它们就是爬藤类植物，需要借助高高的架子或者辅助物向上生长。

分析与支持：

美国教育家杜威的理论给我们教育者的启发就是：教师要创造一种激励儿童学习的环境，要尊重儿童的兴趣，聆听他们的想法，并给出回应。

幼儿通过观察发现问题后，进行了小组讨论，但因为年龄还小，他们的直接经验较少，所以没有得出什么解决问题的好方法。教师非常尊重孩子，先观察、聆听，再通过有质量问答给予回应，引导幼儿不断探索，最后幼儿迁移经验，自然而然得出"豇豆也是爬藤类植物，需要借助架子等方式帮助它向空中生长"的结论。

孩子们明白了豇豆蜷曲的茎蔓需要向上生长，我们也要给它们搭高高的架子。可是架子要怎样搭呢？

首先，我们观察了农场里的丝瓜架子，高拱门状的，是用铁丝绑在一起的。这对中班幼儿来说有点难以实现。

小农场的一体机里有给藤蔓植物搭架子的视频，大家观看之后，发现了各种各样的架子，有的是十字形的，有的像一个小帐篷，还有的是两两斜着靠在一起的。

小朋友们开始设计豇豆架子。乐乐说："我知道，就是（把）几根长棍子、几根短棍子扎起来。"我问："那到底几根呢？是长的多还是短的多呢？"乐乐说："我觉得需要4根长的、3根短的竹棍。"我接着问："是斜着搭，还是直立着搭呢？"乐乐说："那我来设计一下吧。"说着就在种植记录本上画了起来。

清清说："就是这样一横一竖地搭啊。"她还用手指比画着，可是大家半天也没看懂。她只好说："那就画给你们看吧。"也拿着勾线笔在种植记录本上画起来。

小朋友们纷纷把自己想要搭的架子画在他们的记录本上。有的画的是用单根竹棍并行捆扎；有的画的是类似于搭帐篷的方法，将3根或4根棍子斜着搭在一起，还在设计图旁边标上了数字……大家的想法太多啦，我给他们点了个大大的"赞"。

乐乐拿着设计图，说要找7根竹棍，可只有4根长竹棍，找不到3根短竹棍，这把乐乐急坏了，到处转悠着找短棍。

我笑着提醒他："那你看看长棍子能不能变成短棍子呢？"乐乐看看地上躺着的长竹棍，抓了抓头。旁边的美美对他说："我们把长棍子锯断，不就是短棍子了吗？"我对他俩竖起了大拇指。乐乐高兴得抱起了美美，对她说："哎呀，你的办法真好！我们马上去木工坊锯断长竹棍吧。"两人拿着几根长竹棍，和汤伯伯一起到木工坊，准备开动电锯。汤伯伯突然问："你们要锯多短啊？"这个问题一提出来，两个孩子都愣住了。乐乐说："我没量啊。"美美说："那赶紧量一下吧！"乐乐说："短的要跟小农场里面丝瓜架子那根短的一样长。"于是，美美拿着卷尺，拉着乐乐，迅速到丝瓜地里，两人合作拉住卷尺，在尺上做了标记后返回木工坊，开始给长竹棍做标记，最后开动电锯，锯出了3根短竹棍。这下，7根长短不同的竹棍都有了，他们开心地拿着棍子返回小农场。

分析与支持：

　　设计架子这个环节，渗透了 STEM 教育理念。幼儿综合运用猜想、设计、测量、标记、验证等方法，完成了设计架子的工程，他们还充分利用了幼儿园场馆的空间和相关工具，设计构思、木工操作、测量比较等能力在这个环节紧密联系。教师非常了解幼儿，善于观察幼儿，能紧紧跟随幼儿的兴趣和活动过程提出一些有效的启发性问题，为幼儿提支架，推动幼儿深度思考、实际操作，使活动层层推进，让幼儿在积极探索中获取知识。活动过程还呈现出同伴经验互通的重要性。所以，在大班，引导幼儿以小组合作的形式开展活动，是明智的，非常有利于同伴间相互学习。

　　傍晚时分，孩子们拿着自己寻找到或制作出来的长短不一的竹棍，带着自己的设计图，开始在豇豆地里搭架子。我也请来了汤伯伯进行指导。孩子们在汤伯伯的帮助下，将竹棍倾斜着插进泥土里，两边斜插长竹棍，呈人字形，中间用短竹棍捆绑进行加固。可在长竹棍上绑短竹棍时，麻绳总是往下滑，打结了也还是往下滑，这是为什么？虽然又遇到了问题，可这次大家似乎不那么着急了。我悄悄指指旁边的汤伯伯，大家立刻就明白，可以请教汤伯伯。汤伯伯来了一次现场示范讲解，告诉大家几种捆绑方法：一种是左右缠绕，一种是上下缠绕，还有一种是上下左右交叉缠绕，这样接触面增加了，捆绑得最牢固。听完后，大家明白了，是自己的捆绑方法不对。于是，孩子们两三人一组，一个人扶着竹架子，一个人缠绕麻绳，还有一人用剪刀剪断麻绳。他们配合得很好，但是他们力气不够，捆得还是不够紧，仍然出现了往下滑的情况，汤伯伯又进行了个别指导和帮助。1 个小时后，豇豆架子终于全部搭好了！孩子们小心翼翼地把豇豆苗都系在了架子上，他们看到豇豆苗的脑袋都高高昂起来了，别提多开心了，个个都很有成就感，觉得自己很了不起。放学时，好多孩子领着家长一起来到我们的豇豆地里参观自己搭的架子。

分析与支持：

《发展指南》指出，儿童最好的学习方式是直接感知、实际操作、亲身体验。给藤蔓植物搭架子是综合性的木工工程劳动，对我园幼儿来说是有一定挑战的，而且幼儿也没有交叉捆绑麻绳的相关经验，在技能的掌握与应用上需要练习时间。但是幼儿都积极参与了这个活动，并且在劳作中乐此不疲。面对困难，他们积极探索，不断尝试。

幼儿园开展种植劳动教育，是我们利用大自然中的教育资源促进幼儿全面发展的过程，种植劳动与木工工程劳动相结合，加速了幼儿的学习的成长。

四、种植劳动与饲养劳动的关系

幼儿园中的种植劳动与饲养劳动是相互依存、相互促进的两个方面，它们共同构成了幼儿探索自然、了解生命的重要桥梁，对于培养幼儿的环保意识、生命观念及综合素质具有不可替代的作用。

（一）生态共生关系

种植劳动与饲养劳动在幼儿园教育中形成了生态共生的关系。动物的粪便是植物生长需要的天然肥料，而植物为动物提供食物和栖息地。这种生态共生关系，不仅有助于幼儿理解自然界中的物质循环和生态平衡，还使他们在实践中体验到劳动成果之间相互转化和相互利用的关系。

（二）情感共鸣关系

种植劳动与饲养劳动在幼儿的情感层面上也引发了共鸣。幼儿在照顾植物和小动物的过程中，逐渐培养对生命的尊重和关爱之情。他们学会了耐心观察、细心照料，体会到了生命的脆弱与坚韧，这种情感共鸣增强了他们的同情心和责任感。同时，种植劳动与饲养劳动的结合，也为幼儿提供了更多的交流和合作机会，促进了幼儿之间情感的交流和友谊的发展。

案例：小鸭成长记

大三班开展了一项为期两个月的照顾小鸭的活动。教师首先引导幼儿了解小鸭的生活习性和饲养要求，然后组织幼儿参与对小鸭的日常照料工作。活动中，幼儿表现出极大的兴趣和责任感，他们定时喂食、换水、清理鸭舍，还细心观察、记录小鸭的成长变化。

1. 萌鸭来啦！——幼儿与鸭子的亲密日常

随着时间的推移，孩子们发现照顾小鸭子的任务并不如想象中那么简单。除了吃鸭饲料以外，它们还喜欢吃什么呢？

"我奶奶老家养过鸭子，它们吃菜叶的，我见过。"

"它们还吃生菜叶的，我在池塘里看到过。"

在教师的引导下，孩子们展开了热烈的讨论，还制订了观察计划，决定亲自尝试为小鸭子准备多样化的食物，并记录下它们的反应。

哪里有可以尝试喂给小鸭子吃的食物呢？农场里就有各种各样的蔬菜！于是，孩子们来到农场，收集他们认为小鸭子会吃的食物，有米粒、青菜叶、生菜叶、莴苣叶、稻谷等。一段时间后，孩子们发现这些食物小鸭子都吃了。经过猜想、实验，再通过查询资料，大家知道了鸭子是杂食性动物，很多东西都会吃。

每天，孩子们都迫不及待地来到农场，开始一天中最期待的"工作"——给小鸭子寻找食物。

婉婉蹲下身子，用小手轻轻拨开菜叶，仿佛在挑选最鲜嫩的那一张。找到心仪的菜叶后，她还会先自己闻一闻，确认是"小鸭子的最爱"，再将其带回班级。因为担心小鸭子吃不下整张菜叶，她用剪刀将叶子剪碎，这才小心翼翼地递到小鸭子嘴边。看着它们"咔嚓咔嚓"地享受，婉婉的眼睛弯成了月牙形。

当妍妍兴奋地展示着她为小鸭子准备的"活力早餐"——面包虫时，小雅立刻被吸引过来，瞪大眼睛好奇地问："妍妍，你是怎么想到给它们吃这个的呀？它们会喜欢吗？"妍妍得意地笑了笑，解释道："我听爸爸说，小鸭子需要吃高蛋白的食物才能长得快，所以我就想着给它们试试这个。"说完，她指着小鸭子们，只见它们正津津有味地享用着面包虫。

在照顾小鸭子的过程中，孩子们也经历了从陌生到熟悉、从依赖到独立的变化。他们学会了如何观察小鸭子的需求、如何为它们准备食物、如何清理它们的住所……这些看似琐碎的任务，却让他们感受到什么叫责任与担当。

2. 小鸭搬家记——幼儿给鸭子的新家扩容

在孩子们的细心呵护下，鸭子迎来了成长的飞跃。曾经小巧玲珑，如今羽翼渐丰，昔日温馨的小窝已难以容纳它们日益庞大的身躯，给鸭子换笼成了迫在眉睫的任务。"小鸭子变得好大呀！""这个笼子有点小。""我们需要一个大笼子让小鸭子们住！"孩子们积极地想为小鸭子准备一个宽敞的家。

"我的家里有个空着的笼子，曾经住过兔子！""我家狗狗已经有了新房子，现在有个空着的狗笼！"经过讨论，最后大家决定将一个蓝色的狗笼作为鸭子的新居。

3. 画笔下的生灵——幼儿与小鸭共绘的自然画卷

时光流逝中，孩子们对小鸭子的爱如同春日里的小草般茁壮成长，愈发浓郁。他们不仅在日常的饲养与照顾活动中对小鸭子倾注了无尽的关怀，更用稚嫩的小手拿起画笔，为小鸭子们绘制了一幅幅生动形象的写生画。他们不仅在描绘小鸭子的形态，更是在抒发自己对小鸭子深深的情感。那些画面是孩子们爱的印记，记录着他们与鸭子之间每一个温馨、动人的瞬间。

4. 小鸭散步记——幼儿与鸭共舞的欢乐时光

春日暖阳下，孩子们手牵小鸭，漫步在幼儿园的草地上。小鸭嘎嘎欢歌，与孩子们的笑声交织成曲。这不仅是孩子们与大自然亲密接触的宝贵机会，也是培养他们责任感与爱心的重要实践。他们注意到小鸭子对周围环境充满了好奇，于是纷纷停下脚步，与小鸭子一同欣赏美景。

5. 从笼到塘——小鸭居所迁徙记

不久，孩子们发现小鸭子长得更大了，笼中的空间愈发局促，鸭子往往只能低头蜷缩在角落，用喙轻轻梳理着那不再蓬松的羽毛。

"你看，它们好像在开'转圈舞会'呢，但它们怎么看起来都有点晕乎乎的呀？"

都灵有些着急地说："它们可不是在跳舞哦，是这个房子太小了，它们都不能好好伸懒腰和踢腿了。"

旁边的亮仔也加入了讨论："它们是不是想要一个大大的、可以游泳的乐园啊？就像我上次去公园看到的那片大湖一样。"

孩子们意识到，鸭子不仅需要食物和水，更需要可以自由活动的空间。他们开始讨论如何让小鸭子更舒适地生活。

孩子们围坐在一起，认真讨论如何帮助小鸭子重获自由。有的孩子提议继续扩大笼子的空间，有的则建议为它们寻找一个更适合的家园。最终，大家共同决定把鸭子送到幼儿园的小池塘里，希望它们在那里能够自由自在地游泳、快快乐乐地嬉戏。

6. 塘边情深——幼儿爱心的延续

来到小池塘边的小鸭子，像是探险家发现了新大陆，眼睛瞪得圆溜溜的，脚丫迫不及待地拍打水面，溅起朵朵水花。原先生活在池塘里的大鸭大鹅叫起来，仿佛在欢迎新来的小伙伴。小鸭子欢快地游弋，时而潜水寻宝，时而追逐嬉戏，自由得像风中的羽毛。

孩子们望着两只小鸭子悠悠地游向池塘深处，心中满是不舍，仿佛送别了亲密无间的玩伴。她们的小手紧紧抓着衣角，眼眶微微泛红，但嘴角却努力上扬，因为她们知道这是小鸭子最好的归宿。

"再见！要记得我们哦！"媛宝挥手向小鸭子告别，声音里藏着一丝哽咽。

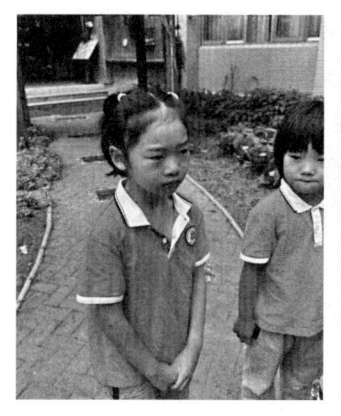 

7. 陪伴小鸭成长——幼儿的牵挂与责任心

日子一天天过去,孩子们的心始终牵挂着那片池塘。每当放学的音乐声响起,他们便迫不及待地奔向小池塘,手里提着装满食物的小篮子,眼睛里闪烁着期待的光芒。

"看,小鸭子在那里等我们呢!"小六月惊喜地指着水面。只见一群鸭子迅速游拢过来,仿佛知道是好朋友们来了。

孩子们在池塘边撒下新鲜的菜叶,看着小鸭子争先恐后地啄食,脸上洋溢着满足和幸福的笑容。这一刻,所有的不舍都化作了温馨与甜蜜,小鸭子与幼儿之间的情谊,在这小小的农场里,继续发芽、生长。

综上所述,幼儿园种植劳动与其他劳动形式之间存在着密切的联系。种植劳动与工程劳动、饲养劳动等相互依赖、相互促进,共同构成了幼儿园劳动教育的完整体系。幼儿园通过整合各类劳动形式,可以为幼儿提供更加全面、丰富的实践机会和教育资源,促进他们在身心健康、科学认知、情绪情感等多方面的发展。幼儿园应充分以种植劳动这一教育形式为抓手,加强与其他劳动形式的整合与互动,为幼儿的学习与发展创造更好的环境和条件。

五、种植劳动与班级自然角活动的有效融合

《发展指南》指出,幼儿园教育要以为幼儿后继学习和终身发展奠定良好素质基础为目标,以促进幼儿体、智、德、美各方面的协调发展为核心。我园结合"全收获"理念,强调教育要体现在生活中的方方面面,要调动幼儿的认知、情感、社会交往以及动作技能等多方面的综合能力,让幼儿在劳动中学习与收获经验。

种植劳动作为一种实践活动,让幼儿亲身见证自然的循环,亲历植物的生命历程。从播种的期待到收获的喜悦,幼儿不仅能学到关于植物的丰富知识,更能深刻体会到悉心照料植物的劳动价值和意义。

班级自然角则宛如一个微观的生态世界，为幼儿提供了近距离观察和研究生物多样性的机会。当我们将种植劳动与班级自然角的活动有效融合时，不仅为幼儿创造了又一个学习空间，更创设了一个能全方位促进幼儿发展的环境。在这个环境中，幼儿通过亲身体验提升自己的动手能力、观察力、思考力，进一步培养对自然的亲近与喜爱之情。在合作完成照料、管理自然角任务的过程中，幼儿的团队协作能力和社会交往能力也得到锻炼和增强。幼儿在与大自然和"小自然"的亲密接触中，实现知识、技能、情感和价值观等的"全收获"，为他们未来的发展奠定坚实的基础。

（一）种植劳动与班级自然角活动相融合的优势与教育价值

1. 种植劳动与班级自然角活动相融合的优势

（1）近水楼台，自然角成为幼儿生活与学习环境的一部分

班级自然角通常位于走廊，临近教室，属于室内环境的一部分，更是幼儿日常生活和学习环境的有机组成部分。幼儿在自由活动、自我服务劳动时间或游戏时间，都能随时走进自然角，与其中的植物和动物进行亲密接触，对它们进行观察与照料。这种近在咫尺的自然环境，为幼儿提供了能够随时随地进行观察和探索的便利。自然角的存在也为教室增添了生机与活力，让幼儿在温馨、自然的氛围中学习和成长。

（2）满足幼儿，提升幼儿某些方面的经验

班级自然角可以根据班级幼儿的兴趣和需求进行个性化的设置。教师通过观察幼儿的兴趣点，选择他们感兴趣的植物或生物进行展示和养殖。例如，如果班级幼儿对蜗牛感兴趣，可以在自然角中放置蜗牛观察盒，让幼儿了解蜗牛的生活习性。同时，自然角为幼儿提供了持续观察和记录的机会。一旁放置的操作材料，如放大镜、纸、笔等，供幼儿持续进行观察和记录，幼儿可以通过绘画、文字等方式记录动植物的生长变化、动物的行为特征等。在长期的观察过程中，幼儿能够逐渐积累某一领域的专业知识和经验，形成系统的认知。

（3）规模适中，便于幼儿反复交替进行相关种植操作和科学实验

班级自然角的规模合适，便于教师组织幼儿进行频繁的种植操作和简单的科学小实验。例如，进行水培植物和土培植物对比实验，观察不同栽培方式对植物生长的影响；尝试观察不同光照强度下植物的生长情况；等等。这种反复交替的实验操作，让幼儿不断验证自己的想法，培养幼儿的科学思维和实践能力。而且，由于自然角临近班级，幼儿可以随时根据实验结果调整和改进实验方案，进一步深化对科学知识的理解。教师还可以将幼儿在自然角中发现的科学知识融入集体活动或谈话活动中，延续幼儿对科学探究的兴趣，帮助幼儿巩固经验。

2.种植劳动与班级自然角活动相融合的教育价值

教师能够将幼儿的年龄特点、已有的经验水平与现有的环境及具体条件相结合,精心创设班级自然角种植环境,而后循序渐进地带领幼儿开展探索,并认真记录幼儿成长的关键节点。例如,小班教师结合小班幼儿对色彩鲜艳、形态可爱的植物更感兴趣这一特点,根据他们初步认识一些植物的经验水平,在教室里宽敞明亮的窗台处摆放几盆不同品种的开花植物。在此后的活动中,教师请幼儿用小手触摸叶片或花朵,并结合美术领域活动,为幼儿提供超轻黏土等操作材料,供幼儿进行艺术创作与表现。也可以将捏塑作为幼儿进行持续观察记录的一种形式,如:今天植物刚出现了花苞(捏一个小花骨朵儿),一周过去了,慢慢舒展开几片花瓣(根据花瓣数量搓小圆球)……

(二)种植劳动与班级自然角活动相融合的实施策略①

1.师幼共创——自然角环创与水墨绘画氛围相结合,彰显班级特色

我园一个大班将自然角与水墨绘画氛围相融合,大胆赋予自然角水墨国风的环境创设主题——左侧墙壁上展示幼儿在水墨绘画馆画的水墨柿子、假期制作的花生壳创意画,以及幼儿绘制的花生种植过程示意图,右侧的小圆桌上摆放着纸黏土柿子、小茶壶、毛笔字作品,窗户边的小书架里陈列着关于自然的绘本——几处元素交相辉映,别有风味,一旁的绿萝、红掌等绿植,进一步给幼儿以清新、自然的视觉感受。

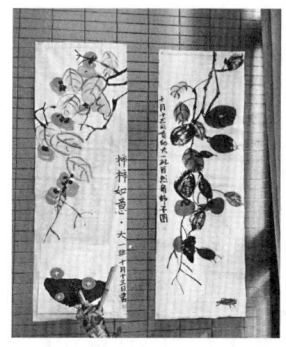
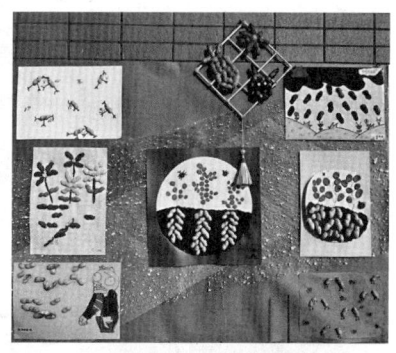

---

① 这部分内容以南京市香山路幼儿园某届大班"好柿'花'生"主题中的自然角活动为例。

《发展指南》指出：艺术是人类感受美、表现美和创造美的重要形式，也是表达自己对周围世界的认识和情绪态度的独特方式。这个班级用我国传统文化的瑰宝——水墨画的形式来体现自然角的美，引导幼儿首先通过观赏来提高欣赏美、发现美和表达美的能力，似是让幼儿开展一场与古人之间的对话，凸显了该班的环境特色。

2. 区域联动——自然角活动与区域活动渗透、交融

（1）土培花生与水培花生的对比实验

从中班开始，该班幼儿就在自己班的小农场"责任田"里种植花生，现在刚好是秋收时节，教师观察到孩子们对花生的探索意犹未尽，而自然角正是开展后续活动的良好平台。在小农场，幼儿曾经亲历了土培花生的过程，松土、播种、锄草、浇水、收获、晾晒、清洗，最后品尝，而在自然角，教师引导幼儿继续土培花生，但增加了一组对照物：水培花生。

通过对比实验，幼儿零距离地体验植物生长的全过程。在自然角旁，教师附上两本观察记录小册子，供幼儿记录观察到的现象，记录表设计有"姓名""日期""天气"和"我的发现"四个栏目。幼儿需要综合运用数学、书写准备和观察力等方面的知识，同时结合天气变化情况，观察、记录两组花生的生长变化。

 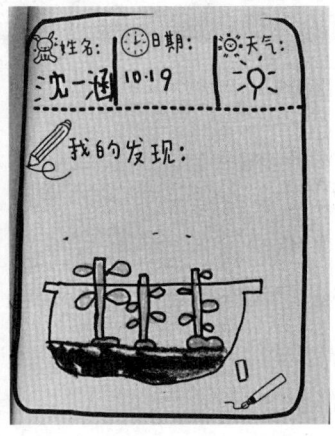

（2）科学探究及操作实验，让花生壳变废为宝

花生仁可以食用，花生壳又可以做什么呢？该班幼儿提出了这个疑问。借此机会，教师提供了模板、锤子、擀面杖以及花生壳，让幼儿进行探究、思考和操作，并在班级中集体讨论。最后，师幼共同查阅资料，发现花生壳的营养价值很高，里面富含纤维素，将其研磨成碎渣，可以用来喂牲口、当花肥。这项探究活动符合大班幼儿的年龄特点：提出问题，而后通过调查来获取信息，最后解决问题，将经验应用于实践。幼儿在直接感知、亲身体验与实际动手操作的过程中，获得了丰富的直接经验，劳动变得富有童趣，也更具教育意义。

（3）花生壳创意画

除了探究花生壳的营养价值以外，还可以研究它的纹路，来做花生壳创意画。通过花生壳创意画活动，幼儿仔细观察花生壳的外形，切实进行联想，发挥想象力和创造力，亲手操作，将花生壳做成各种各样的美术作品。通过将生活中的果实、果壳等原材料融入美术活动，孩子们潜移默化地提高了审美能力和创造能力，增强了审美意识，感受到生活与大自然中处处都有美的事物，逐渐拥有一双会发现美的眼睛。

（4）观赏区，水墨意蕴中的秋收冬藏

观赏区，小圆桌、小茶壶、绘本、纸黏土与书法作品，几者交相辉映。幼儿的手工操作能力也在其中彰显：投放了纸黏土和纸盘后，幼儿就会将欣赏感受表达出来，创作出"柿子"系列作品。旁边的书架上则放置了关于秋天的绘本。在这里，笔、墨、茶、书、泥相融，实现了可持续理念下的区域活动的融合。

3. 家园合作——全主体参与，全过程配合，全要素渗透

"全收获"的"全"是指多层次、多方面、多主体，说明种植劳动教育不只是让幼儿收获食物。"全收获"理念指导下的种植劳动，意味着不仅能给幼儿带来多样化的活动、多方面的经验，还能促进教师、家长等成人的发展。"全收获"种植劳动超越了传统的种植活动，它的核心价值在于增进幼儿的亲自然情感，有助于幼儿了解各类作物的生长规律与变化。

在这个主题实施前,教师与家长进行沟通,家、园相互配合,共同为创设自然角做充足的准备。首先,幼儿自主确定想带的材料,而后进行分组准备,最后,教师将幼儿从家里带来的各类瓜果种子和寄居蟹分类放置于自然角内。

瓜果种子分别展示在鲜花种子区、瓜果种子区、坚果种子区。教师引导幼儿看一看、摸一摸、闻一闻、吃一吃,探索这些种子的形状、硬度、气味、滋味,让幼儿利用多重感官加深体验。在与孩子的对话中,可以发现,每一个果实都可以生发出不同的课程故事,需要教师细心观察、辨析。秋天当然少不了柿子的身影,在拥有很多"好柿"的环境中,会不会有好事发生呢?大家想到,柿子晒干之后可以成为柿饼,这个过程也可以让幼儿去操作、感知,体会其中的奥秘。

自然角中饲养的小动物是可爱的寄居蟹。通过展板,幼儿可以清楚地了解寄居蟹不同身体部位的名称(触角,大、小螯,眼柄,胸足,前、后甲,肛门,水袋,尾部),了解它们的饮食习惯(喝的:矿泉水、蒸馏水或凉白开;吃的:水果类的均可,一天喂一次,不能吃蛋白质),了解应该怎样照顾它们(定时换水、喂养,经常带它们晒太阳),了解它们是如何换壳的(看它们的心情;如果壳小了,肯定要换;一般一年换1-2次,新的壳比之前的大1-2cm;旧的壳可以用来做装饰物)。

在"全收获"理念下开展的自然角活动,既关注幼儿参与种植饲养活动的全过程,也关注幼儿的全面发展和可持续发展;既关注幼儿对某种动植物或在某个领域的经验,更注重引导幼儿感知自然角整体的生态环境和生物之间的关系。在幼儿园、家庭、社会多主体合作下,关注每个儿童收获的经验、获得的发展。

4.融合创游——创造性游戏与"全收获"理念共融

自然角里晒干的瓜果皮和鲜花等材料,还会被投放到创造性游戏"茶韵留香"中去,让孩子品尝"晒秋"后的成果,进一步体验"秋天的盛宴"。孩子们了解了果茶、花茶的冲泡方式与流程,体验了我国源远流长的茶文化。

总之,在种植劳动"全收获"课程中,自然角里的活动以游戏为基本方式,使各个领域的经验相互联系、渗透。教师创设良好的条件与机会,使幼儿在游戏中充分发展。

幼儿的经验是有延续性的，在可持续发展理念下，要促进幼儿全方位发展，就需要教师将具有教育意义的活动渗透在一日生活的各个环节。

（三）融合活动中的教育指导

1. 明确教师的角色定位

首先，教师是引导者。在幼儿茫然不知所措时适时介入，把握幼儿活动中出现的主要问题，通过提问、追问、引导同伴学习等多种方式，推动幼儿正确开展探究，允许幼儿犯错，但更鼓励幼儿通过探究获取正确的经验。其次，教师是支持者。教师根据小、中、大班幼儿不同的年龄特点，选用活动策略和方法，注意游戏化情境的设置，同时，充分利用家长资源、幼儿园资源和周边资源，为幼儿提供必要的材料和帮助，鼓励幼儿积极尝试。最后，教师也是合作者。教师事先思考幼儿可以从种植活动中收获的关键经验有哪些，通过融合活动还可以获取哪些新经验，明确自身要了解哪些正确的科学知识、规范的操作方法等，教师先做到心中有数，再与幼儿一起参与种植劳动和其他活动，在活动中与幼儿平等互动，促进幼儿成长。

2. 通过有效提问，开展启发式教学

在幼儿参与种植和观察等活动时，教师巧妙提问，可以激发幼儿思考和探索的欲望。例如，当植物生长缓慢时，教师可以问："为什么这株油麦菜长得没有其他的快呢？"引导幼儿观察，引发幼儿思考。"你可以比一比你和它谁高吗？"通过追问引导幼儿深入探究。"你会用什么方法进行比高？"用开放性问题引发幼儿"头脑风暴"。"我们可以怎么做，来帮助长得矮的油麦菜？"启发幼儿分析油麦菜植株偏矮的原因，提出解决方案。

3. 注意开展安全教育，引导幼儿规范操作

在种植劳动教育和融合活动中，教师须向幼儿强调安全注意事项，如正确使用工具、避免接触危险物品等。同时，应教给幼儿规范的操作方法，如怎样浇水不会伤害植物、如何使用小铲子松土、怎么正确除草等，确保幼儿在安全的环境中进行活动，习得正确的操作方法。

综上所述，我园教师从儿童视角出发，从自然角这个"点"入手，与种植园地活动、区域活动串联起整合的"线"，打造幼儿学习、实践的"面"，进而构建课程"立方体"。通过将种植劳动与班级自然角有效融合，幼儿在认知、情感、社会交往等方面都有了显著的发展和进步，这也是自然角活动作为种植劳动课程不可或缺的一部分的价值所在。

第四章

幼儿园种植劳动的课程管理、审议及观察研究

第一节
幼儿园种植劳动课程管理制度

"全收获"课程理念引领下的种植劳动是一种综合性的学习,完整的劳动教育应包含劳作行为实践、收获劳动成果、分享劳动价值各个阶段。种植劳动中,幼儿"从一粒种子开始"开始培育作物,参与育苗、种植、管理、收获,见证作物开花、结果、丰收,最后与大家共同享用劳动成果,亲历劳动全过程。幼儿在劳动中学会使用工具,了解各种植物的特性,理解植物成长的条件和生长变化的规律,学习和运用数量关系、空间关系等解决问题,尝试计划、猜测与验证,尝试记录表征与分享交流。幼儿在种植劳动中获取的经验是多元的,是指向幼儿全面发展的。

在推动种植劳动发展的过程中,我们常常思考如何分配有限的种植资源,如何将种植活动与一日活动相串联,如何提升教师种植劳动教育专业素养等。经过实践摸索,我们逐步整理出适用于我园的种植劳动教育管理方法。

一、活动设置与安排

幼儿园的种植劳动包含班级自然角种植和小农场种植两部分,其中小农场种植是种植劳动的主阵地。为了有效利用小农场里的土地资源,我们合理规划各班进入小农场的时间,从课程的时间安排和进度安排上提前做了规划。

(一)贴合规律,灵活调整

起初,我们仅在班级活动中轮流安排了相对固定的种植劳动活动时间,但经过一段时间观察,教师反馈:植物生长是有周期性的,每周一次固定时间开展种植活动,经常使大家错过植物重要的生长节点,或短期内无事可做。

因此,我们开展讨论,决定从课程安排上对种植劳动时间进行灵活调整,允许班级教师根据小农场中植物生长的实际情况来安排活动时间。同时，为了避免在同一时间段有多个班级进入小农场，我们投放了"种植劳动活动预约板"，各班根据实际需求预约本周进入小农场的时间。

（二）留足时间，推动观察

除了每周都安排种植劳动时间外，我们还以"场馆日"活动的形式，让中、大班幼儿自主选择、混班进馆，每次活动时长约1.5小时。在充足的时间里，幼儿在场馆内自由、自主、持续地劳动和探究。具体流程如下：

1. 穿戴防护工具。
2. 制订计划，明确分工。
3. 选择工具和劳保用品。
4. 任务开始：劳动、观察、探究。
5. 分享与整理。

（三）多元形式，促进探索

根据小农场的改造和变化，我们将其划分为13-17个区域，由每个班"认领"一个区域，开展班级种植劳动。各班负责"责任田"里的所有劳动内容，从翻土、种植，到管理、收获，体验种植劳动全过程。教师带领幼儿参与种植活动、记录植物生长档案、建立幼儿活动档案……引导幼儿感知植物生长的奥秘。

当所有班级都认领完"责任田"后，有一部分剩余的区域，这些区域或由教师和班级幼儿自主选择，或由项目小组来"认领"，或供教研组开展专题研究，也可以由感兴趣的几位教师合作"承包"。

在认领"责任田"的时候，我们将选择权交给班级教师和幼儿，他们需要根据兴趣和时令等选定种植对象，还要考虑地块的位置与阳光、水源等的关系，开展综合探究，选择最适宜的土地。例如：西瓜地应选择阳光充足的地块，芋头和丝瓜可以种在同一块土地上（因为它们需要的生长环境相似，都需要有充足的水分），等等。

在种植劳动教育中，我们赋予儿童更多权利，重视幼儿的兴趣和经验，由幼儿决定种植对象，并鼓励幼儿进行个性化种植，如套种、多品种种植、对比种植，等等，使幼儿在种植过程中可以进行更为多样化的探究。

小农场地块认领表及种植对象和劳动内容安排（示例）

地号	具体种植对象	认领班级	负责人	当前任务	联系电话
2	青萝卜、红萝卜	中一	孙老师	制作新介绍牌	……
6	白色圆萝卜、白色长萝卜	中二	朱老师	制作新介绍牌	……
3	秋葵	中三	刘老师	制作新介绍牌	……

续表

地号	具体种植对象	认领班级	负责人	当前任务	联系电话
11	矮脚黄、青梗青菜、红生菜、绿生菜	中四	郭老师	制作新介绍牌，第一周收获空心菜，准备种植新品种	……
5	山药	中五	……		……
8	香菜，芹菜	大一	……		……
10	甘蔗	大二	……		……
7	芋头	大三	……		……
12	大白菜，甘蓝	大四	……	制作新介绍牌	……
9	山药	大五	……		……
1	菊花脑				
4	水稻		场馆日活动（集体）		
13	油菜				

二、师资配备与培训

《纲要》指出，教师应成为幼儿学习活动的支持者、合作者、引导者。确实，教师要树立尊重幼儿、以幼儿发展为本的理念，要明确教师与幼儿不是教与被教的关系，而是共同成长的伙伴关系。教师要充分发挥引导作用，强化教育的社会功能，从培养"完整的人"的角度，满足幼儿内在发展的需要，满足社会对未来人才的需要。因此，教师本身必须随时成长，发掘自己的潜能，努力支持、辅助幼儿学习与成长。

（一）注重教师的自主学习

在种植劳动教育中，教师可以通过阅读专业书籍、查阅文献资料、参与网络学习等形式，充实自己的理论知识，不断提升对种植劳动的认知与理解水平，时常更新自己的教育观念。这为教师评估幼儿劳动素养、制订具体的行动计划、切实有效地开展指导奠定坚实基础。教育活动本身是一种行动，种植劳动更是一种实践性极强的教育活动，要求教师具备相应的行动及反思能力。我园教师通过年级组学习、项目小组活动等形式，经常开展研讨。讨论中，大家畅所欲言，在"头脑风暴"、碰撞思维的过程中，教师的反思意识与专业能力不断加强。此外，我们还通过咨询种植经验丰富的同行或农业专家，了解种植的基本要领，和幼儿一起参与劳动，以便及时、清楚地甄别幼儿的种植劳动行为，做出正确的价值判断，不错失教育契机。

(二)组织开展专题教研

在开始实施种植劳动教育时,我们就成立了种植劳动教研组,围绕种植劳动教育中遇到的实际问题进行系列、深入的专题研究。我园从种植劳动教育的背景、任务、计划等方面进行架构和设计,推动教师参与教研,经常通过集中讨论和分析帮助教师积累相关经验。

种植劳动教研组工作计划(2020—2021学年)(示例)

一、指导思想

农艺馆是我园重要的场馆之一,劳动教育活动也是我园课程内容之一。随着信息科学技术的迅速发展和普及,现代幼儿教育也有了更高、更新的目标,相关政策文件也要求幼儿园逐步将先进的信息技术与教育教学活动相融合。教研组将在"自主收获"理念引领下,重点研究如何运用现代化信息技术对农艺馆里的种植、养殖活动进行管理,丰富并优化农艺馆活动设计与实施路径,激发儿童自主游戏、探究的兴趣,真正将儿童在农艺馆中的学习过程转变成儿童自主学习、自主发展的过程,促进幼儿经验的积累和生命的成长。

二、本阶段研究任务

本学期,将"'自主收获'理念下幼儿园农艺馆信息化建设的实践研究"课题的研究与日常种植劳动及农艺馆劳动教育活动相结合,重点解决教师在教学中的疑问:农艺馆种植劳动活动可以运用信息化设备吗?哪些信息化设备或手段适合用在此处?怎样使用这些设备才符合"自主收获"理念?

针对上述任务,拟具体开展下列活动。

1.理念学习(理念先行)

(1)明确通过农艺馆种植劳动信息化建设丰富"儿童自主收获"的内涵。

(2)梳理农艺馆现阶段已有的种植劳动信息化设备,对其进行分类及价值分析。

2.教研活动(实践落实)

(1)开发呈现幼儿自主学习过程的"农艺馆劳动工具使用微视频"。

(2)开发或优化农艺馆种植劳动活动案例,以"一课多研"的形式,研究如何在农艺馆种植劳动活动中更合理、有效地使用信息化设备,以进一步体现"自主收获"理念。

三、研究成果目标

1."幼儿园农艺馆小型信息化学习设备及其教育功能"一览表(初稿)

2.《小工具 大用途——农艺馆工具使用微视频》

3.农艺馆种植劳动信息化活动案例(中、大班各一篇)

四、本学期教研组组员的目标任务

1.每人完成一条微视频、一篇包含信息技术利用的农艺馆活动案例。

2. 每次观摩活动请认真做好：(1) 幼儿观察记录表；(2) 活动反思。
3. 完成活动小结一篇，重点总结心得与体会。
……

在教研组引领下，教师化被动为主动，与同事深入分析幼儿园农艺馆小型信息化学习设备及其教育功能，并形成了明晰的表格；探索各种农艺小工具的使用方法；从儿童视角发现、感受种植劳动中的自主学习……

（三）邀请专家引领实践

前行的道路上离不开专家的引领和指导。我园充分利用各类资源，邀请专家走进小农场，来到种植劳动现场，与师幼亲历劳动实践。当我们对资源利用方向不明确时，专家帮助我们拓宽思路；当我们对各种动植物缺乏了解时，专家为我们讲解生命起源与物种更迭的奇妙；当我们缺乏劳动经验时，专家和我们一起走到田间地头，体验劳动的艰辛与劳动者的智慧。

"在自然里翻滚吧——第一届香幼宝宝丰收节"活动中，我们邀请虞永平教授一同参与。

这一天，中、大班正在进行晨间种植劳动，虞教授来了。在这个深秋的日子里，孩子们熟练地使用小铁锹、小锄头、小镰刀等儿童劳动工具，专注、投入地在种植园地里收获芋头、山芋和水稻，他们沐浴着晨间的一缕缕阳光，享受着丰收和劳动的喜悦。

接着，幼儿园向虞教授呈现了"丰收节"时令节庆活动总结研讨会现场。参加此次研讨会的有园长、教科室老师、年级组长和各班班组长，大家一齐观看《丰收节》视频，轻松、愉快地回顾了"丰收节"节庆活动过程，并从课程资源的开发、班本课程的实施与思考、儿童的学习与发展以及多方教育力量的推动等方面，充分表达了自己的收获和感受。在分组研讨中，两组成员围绕"充分挖掘幼儿园课程资源"建言献策：丰富种植园地里的种植品种，进行对比种植；规划设计幼儿园山坡、长廊等区域，增补柿子、山楂等果树；对自然资源进行深度的价值分析；等等。

虞教授表示非常高兴能参与老师们的教研活动，他认为这样的总结非常有意义，并点拨我们：种植活动本身就是"一和许多"的过程；幼儿园要注重课程资源库的建立、使用和管理；课程的可持续发展需要教师不断学习通识性知识，需要教师持续学习……

三、资源保障与管理

小农场中，优越的自然资源为种植劳动教育提供了无限可能，家庭、社会的各项资源也是不可忽视的部分。高效整合资源、有效利用资源，是开展种植劳动教育的一个重要环节。

（一）建立课程资源库

为了更好地收集和优化资源，我们利用信息平台建立了课程资源库，从园内环境资源、自然及社会资源、文本资源、家长资源等多方面收集资源。例如，在"文本资源"中，收录了有关种植劳动的教案、视频、案例、观察记录等，方便教师相互借鉴、学习；在"园内环境资源"中，收录了目前园内各类自然资源，以及对园内资源的价值分析、对种植劳动场地的规划与更新计划等。资源库实时更新，鼓励师幼探索、使用。

（二）制订资源管理制度

在使用资源的过程中，为了能及时更新和优化各类资源，我们制订了相应的资源管理制度。每学期初，根据计划，提取资源库中相应的资源，供各班随时查阅；学期末，各部门提交本学期更新的资源，由资源库负责老师分门别类地归档到位；学期交替的时候，由业务部门对资源库的内容进行审议，淘汰与调整资源的内容、形式、种类，保障课程资源适应种植劳动教育的需要。

（三）提升资源利用效率

资源库的建立，是为了服务于各项活动。在实践中，我们发现，对同一种植物的种植劳动活动，不同的教师会从不同角度去思考并引导幼儿，往往在"老课新上"的基础上也会出现一些共性问题，因此，针对"有效利用资源"进行活动前审议尤为关键。例如，时隔2年，小农场里再次进行芋头的种植，B老师在组织幼儿挖芋头这个环节遇到了困难，觉得挖芋头对中班孩子来说太难了，很多孩子挖着挖着就放弃了，还有很多芋头被工具损伤了。其实，在前一次的芋头种植活动中，A老师就已经遇到这些问题，并且带着幼儿探讨且解决过。在集中讨论时，B老师反思：要有效利用资源库中已有的资源，要对已有资源进行充分的学习和梳理，对一些共性问题，可以提前调整策略，以提升幼儿的经验。

四、家、校、社协同

种植劳动教育除了可以在幼儿园里开展，也可以进入家庭和社会中。尤其是暑假期间，正是农场里植物生长旺盛的时节，各班认领了暑期照顾和养护植物的任务，孩子们与教师、同伴、家长一起走进园内，观察植物的变化，感受种植劳动的每个阶段。

种植劳动暑期课程反馈表 1

课程名称	收割空心菜				
返园时间	7月7日	返园人员	中一班	带队教师	×××

活动照片

活动实录及反思：

在这收获的季节里，我们班种植的空心菜成熟啦！在老师的带领下，中一班的小朋友们来到了小农场的空心菜地，准备收割。

空心菜应该怎么采摘呢？拔、摘、剪，哪一种方法最方便呢？我们先来试一试！

"老师，快看，我拔到了一棵！"

"老师，我知道空心菜是空心的哦！我在家帮奶奶摘过空心菜。"

"你觉得空心菜的茎像什么呢？"

"像一根小管子。"

孩子们戴上小手套，拿着小镰刀，认认真真地开始收割起来。

六六一只手扶着空心菜的根，另一只手拿着小镰刀，慢慢地切割，很快，一大片空心菜就被我们收割完了。

陈鹤琴先生说过：大自然、大社会都是活教材。在种植、收割空心菜的一系列活动中，孩子们感受空心菜的生长变化，体会自己动手收获的乐趣和成功的喜悦，不仅了解了空心菜的播种、栽培、收割的全过程，还学习了简单的农具的使用方法，他们更加关注科学探究的过程和事物的变化。更重要的是，他们在学习过程中培养了爱心、耐心、责任心，提升了观察、比较等多方面的能力，真正体验到劳动的快乐。

种植劳动暑期课程反馈表 2

课程名称	暑期种植劳动				
返园时间	7月16日	返园人员	大班组教师	带队教师	×××

活动照片

续表

> **活动实录及反思：**
> 这次活动，老师们负责给甘蔗、山药、黄瓜、山芋、向日葵、秋葵这六种作物除草和浇水。老师们集合后，由汤老师给大家分配了小组任务：三四位老师负责给一种作物除草和浇水。大家清楚任务后，立刻戴上手套，拿起镰刀和锄头，开始忙碌起来。
> 一段时间没有打理，农场里的杂草都长得很高，草丛早就成了昆虫们最佳的藏身地，老师们在劳作中难免被小虫子叮咬。黄瓜种植区，由于前两天下了雨，泥土十分潮湿，一脚踩进去，如同踩进了烂泥里。在秋葵种植区除草的老师不小心挖到了一个蚂蚁巢穴，因为又要下雨了，密密麻麻的小蚂蚁爬进爬出的，忙着搬家。山芋种植区的周围都是小径，一眼望去，杂草茂盛得把所有可落脚之处都遮盖住了。向日葵开得正好，引来大大小小的蜜蜂在花丛间穿梭飞舞。虽然每个种植区里的劳动都有其艰辛之处，但老师们相互帮助，互相鼓劲，努力克服困难。
> 生机勃勃的农作物也给大家很多惊喜：秋葵开了花；黄瓜藤上结出了小黄瓜；在山芋地里，已经可以挖出一两颗长得很有分量的山芋；那一片金灿灿的向日葵，看着就让人心情愉悦……这些都是劳作中的乐趣。
> 在大家积极、认真的参与下，除草工作很快就有了成效，过道上都是大家辛苦除下的一堆堆杂草。
> 除草劳动结束后，大家根据前两天的降雨量以及土地的实际干湿程度，给有需要的作物浇了水。随后，又一起清理过道上的杂草，装了整整四大袋！收拾整理完，此次活动圆满结束。
> 在本次活动中，老师们亲身参与劳动，为之后组织实施种植劳动课程积累了经验。老师们也看到，在作物生长旺盛的夏季，小农场是需要打理、照料的，也是很值得探究的。在日常的教学活动中，可以多组织幼儿来小农场打理作物，观察作物生长，感受农场里的生机，丰富他们对农作物以及自然界里各种小昆虫的认知，丰富他们的种植劳动实践经验。

此外，我们鼓励教师和幼儿走进社会，参与各种种植劳动活动，感受自然资源带来的新体验、新经验。以下是我园微信公众号发布的一则精彩内容的片段。

小小田园生活家（片段）

秋天是丰收的季节，清风摇动稻千亩，在悠悠稻香中，挥洒在春和夏的汗水，终于可以在金黄的秋日得到回报。是时候让小朋友们回归农田，化身一日田园生活家，来农场赴一次秋日丰收盛会啦！

1. 稻花香里忙收获

春种一粒粟，秋收万颗子。从育苗插秧，到长穗结实，要经过多久，稻种才能成为一碗米饭？孩子们首先对水稻的生长过程进行了了解，然后，戴上手套，拿起工具，开始收割啦！割稻子、捆稻子，打谷，做美食……大家融入自然，体验秋收的快乐。

(1) 割稻子

(2) 贴福/打稻谷

稻谷收获后，需要哪些工序，才能来到餐桌上？

古法贴福——古时候，人们会在谷仓上贴"福"，寓意给稻谷添福气，让谷仓变成"福仓"，表达了对万物丰收的美好期许。

传统脱壳——割好的稻子要怎么脱出米来？大家运用传统的摔、打技巧，将稻谷一点点打入谷仓中，体验传统秋收文化。

(3) 大米 DIY

大米饭团——压一压、揉一揉，亲手做的饭团最好吃。

大米布丁——搅一搅、蒸一蒸，大米布丁我最爱。

（4）挖山芋 / 搭烤炉 / 磨豆浆

除了收割稻谷，大家还开展了其他秋收劳动。

挖山芋——找准一个山芋，一下一下用力地挖！

搭烤炉——刚刚挖出来的山芋，好想尝尝哟！炉子要搭得窄一些、长一些。再去拾一些细树枝用来烧烤吧！

爆米花——这是大家的最爱，一起体验玉米粒变成爆米花的过程吧！品尝最原始、但最有童年味道的爆米花！

磨豆浆——磨豆，制作豆浆，品尝豆浆。自己磨出来的豆浆更有滋味！

这是一场秋天里最美的邂逅。一次秋收，是一次探索，更是一次成长。硕果累累、生机盎然的田园生活，让孩子们尽情拥抱大自然，体会劳动的快乐！

我们对大自然的探究没有结束，期待我们更多的故事吧！

第二节
幼儿园种植劳动课程审议

一、种植劳动课程审议的内涵

审议是指通过对课程活动中特定的对象、现象进行深入考察、讨论及权衡,从而做出一定选择的活动。幼儿园种植劳动课程审议,指课程开发主体对种植劳动教育实践情境中的具体问题反复讨论或权衡,以获得一致性的理解与解释,最终做出一致的、恰当的种植劳动课程变革的决定和相应策略。课程审议是幼儿园教育过程中不可或缺的一环,其重要性日益凸显,它不仅关乎课程内容的优化与调整,更直接影响到幼儿的学习与发展。一般来说,教师、校(园)长、家长、政府行政人员、专家、社区人员等都有可能参与课程审议;在种植劳动课程审议过程中,主要力量有专家、园长和一线教师。

二、种植劳动课程审议的过程

种植劳动课程审议不是单一环节的活动,而是包含了多个环节的综合性活动,是一个从问题到建议再到解决办法的过程。关于种植劳动课程审议的过程,通常经历以下阶段:明确问题—分析问题—形成策略。

意识到种植劳动实践中存在的问题,明确问题的实质,是课程审议的首要环节。然而,不是所有的实践问题都值得被审议,只有那些真实存在,而教师又缺乏解决策略的问题,才值得进入审议程序。例如,疫情背景下,面对幼儿居家学习的情况,种植劳动教育如何开展?对这个问题的审议,不仅让我们获得了特殊时期开展种植劳动教育的特殊策略,也让我们重新审视幼儿园种植劳动的价值与文化内涵，深刻理解人与自然的依存关系，从而更加鉴定地致力于实施可持续发展的早期教育。

其次，分析问题。问题分析得越透彻，解决问题的策略就会越丰富，越具有指导意义。我们一般可以分析问题的表现、分析问题可能造成的影响，或者分析问题的成因。例如，在关于"棉花收获后可以做什么"的课程审议中，中班教师首先通过"头脑风暴"梳理出三项重要的、连续的劳动内容：剥棉籽、处理与利用棉花、收获棉花秆。然后大家讨论每项劳动内容中幼儿可探究的具体问题和可开展的劳动，并深入分析了幼儿可以从中获取的经验。

最后，形成策略。这一点很好理解，因为课程审议的最终目的总是指向解决问题。

三、种植劳动课程审议的类型及例举

虞永平教授立足于课程开发所面临的具体问题，从课程审议解决问题的功能性角度，来划分幼儿园课程审议的类型。他建议将课程审议分为形成性审议、选择性审议、展开性审议、论证性审议和判定性审议。[①]

（一）形成性审议

所谓形成性审议，是以对课程观念、内容、方法、策略、资源等进行创新为目的的课程审议，常常通过"头脑风暴"、学习和研究共同体研讨等方式进行。

如，在新冠疫情背景下，虞永平教授指导我园教师学习、理解"可持续发展教育"理念，我园开始用"可持续发展"理念指导课程建设。当时，将这种新的理念运用在幼儿教育领域的案例还比较少，老师们对这个理念的理解也不够充分，因此，在一次专家工作室的活动中，我们基于该理念开展课程审议，虞教授也给我们提供了许多切实可行的建议，使我们更加坚定地开展对可持续发展的"全收获"课程的研究。

案例：专家工作室引领下的一次形成性课程审议

主持人：你们认为什么是可持续发展的早期教育？

沈老师：我觉得这里面有两个关键词，一是"可持续发展"，强调螺旋式发展、全面发展，关注的面要更广，涉及社会、环境、文化、经济，等等；二是"早期教育"，这就意味着跟儿童有关，强调教育行为对儿童可持续发展所起的作用。

刘老师：儿童也应获得可持续发展的权利。

---

① 虞永平. 论幼儿园课程审议 [J]. 学前教育研究，2005，(01)：12.

陈老师：可持续发展的早期教育，目的是"可持续发展"。我认为就是强调人与人、人与万物之间的和谐共生关系，强调人是生态系统的一分子。

刘老师：《幼儿与环境——致力于可持续发展的早期教育》书中有一个关键词——"赋权"。我认为可持续发展的早期教育就是要充分赋权。

李老师：这是观念的转变，要让教育者、成人改变，发挥教育者、成人的影响力，给幼儿赋能。

刘老师：对的，要发挥成人的影响，成人要做出榜样，厘清我们与自然的关系，然后将影响力辐射到幼儿家庭。

张老师：我们要提升幼儿与自然的亲密度，引导幼儿探索与自然的关系。

何老师：可持续发展教育不仅仅指向自然领域，还应包含经济、社会、文化……我们要根据幼儿的兴趣设置课程。

刘老师：没错，可持续发展的教育涉及更多层面。

李老师：成人的想法应更深入，要把活动做得更有意义。

孔老师：要让孩子拥有面对真实世界并解决真实问题的能力。

能老师：我觉得"可持续发展"强调生命是一个"圈"，各要素应平衡。

刘老师：可持续发展的早期教育应具有改革性、赋权性、参与性等特点。要关注早期教育与可持续教育的关系，就是在环境中教育、关于环境的教育、为了环境的教育。

主持人：大家讲得都很好。那么，基于可持续发展的观念，我们的课程内容如何优化？

李老师：从收获活动，到食育课程，再到处理食物残渣、堆肥，让生物肥回到菜地，这样就是一个循环。

沈老师：播种、除草、施肥、收获等，幼儿要全过程地参与。

汤老师：比如，"兔子朋友"课程活动，活动内容不应只是喂养兔子，兔子粪便的利用方法等也可以引导幼儿了解。生物界是一个生态圈，可以引导幼儿了解动物与植物的关系。

李老师：从小农场的活动引发对其他问题的探究，由幼儿的关注、好奇引发其他活动，如探究土壤的湿度、酸碱度，了解气象，探究天气的变化规律等。

刘老师：我们要多倾听孩子，多和孩子在小农场走一走，寻找教育契机，提升孩子的系统性思维。

能老师：我从当前的过度消费想到剩饭剩菜。我们可以联系生活现象，让孩子在农场进行种植、收获、加工等一系列活动，让他们体会食物来之不易。

主持人：小农场还有哪些可以优化利用的资源？

能老师：可以开辟实验田，给幼儿做种植实验，种什么、种哪里、怎么种，都赋权给孩子。

刘老师：可以尝试种不同样态的植物，有的是直立的，有的是悬垂、倒挂的。充分利用幼儿园的边边角角种植。把幼儿园看作更大的"实验场"，赋予孩子更多的权利，优化幼儿园环境。

王老师：可以引导孩子探究不同土质、土壤对植物生长的影响，充分利用泥土资源。

虞永平教授：我之前建议大家阅读《幼儿与环境》，今天听了大家的讨论，可以看出大家思想高度的提升。当前，国家倡导可持续发展理念，且国际社会也高度认同该理念。而在今年讨论这个话题，也具有十分重要的现实意义。病毒只是可怕、可恶的吗？不，有的病毒也是有用的。我认可你们让每个班去思考一个可持续发展的行动计划，如果真的这样坚持三年，可以影响社会。行动方案也要有，要包括时间、空间、路线图。刚刚有老师提到"堆肥"，你们知道堆肥如果没有经过发酵会产生霉吗？霉会到菜里去，所以堆肥不简单的，要有一定程度的水，让它发酵。从此一例，也可以看出环境的复杂性。我们要关注环境中各元素之间的关系，如授粉，就是动物和植物的关系。我们要把可持续理念真正融入学前课程，种植园地的活动只是课程的一部分，要让每一寸土地都产生教育效用，比如，你们的小池塘边可以种垂柳。受疫情影响，今年"阳台课程"的热度非常高。自然教育是可持续发展教育的一部分，它有两个层次，一个是"自然中的教育"，另一个更高的层次，应该是"关于环境的教育"，而现在很多幼儿园还只停留在"自然中的教育"层面。大家今后要朝着更高层次的自然教育继续努力。

（二）选择性审议

在种植劳动教育中，当教师面对众多的课程资源、课程内容、教育策略，不知如何选择时，课程审议就是必要的。对课程内容、资源、方法及策略等要素进行选择的审议，就是选择性审议。

下文通过呈现我园一次关于"甘蔗"的课程资源的审议活动，来介绍选择性审议过程。

案例：关于"甘蔗"课程资源的选择性课程审议

"甘蔗林"是我园小农场里一道靓丽的风景，也是"全收获"课程中独特的课程资源。为了更好地利用这个资源，支持幼儿发展，课程组以集体研讨、观摩活动等形式，协助项目组老师开展深入研究和分析。

首先，在沙龙活动中，老、中、青三代教师畅谈自己关于"吃甘蔗"的经验和故事。

"70后"教师："我们是用嘴去撕甘蔗皮的。"（这也太让人惊讶了！）

"80后"教师："我是嚼切好的甘蔗块，嚼过后吐渣子。"

"90后"教师:"曾经因为啃甘蔗掉了牙,于是再也不吃甘蔗了!"

"60后"教师:"我们那个年代,更多的是吃甜粟。"("甜粟"?是什么样的?)

"00后"教师:"我们是直接喝甘蔗汁。没有饮料好喝。"

那当前幼儿园里的"10后"呢?他们是怎样吃甘蔗的?他们见过甘蔗生长吗?

接下来,教科室结合老师们的零散经验,筛选、整理出一份关于"甘蔗的一生"的资料。资料以图文结合的方式,介绍了甘蔗发芽期、幼苗期、分蘖期、伸长期、成熟期等阶段的基本特征,以及用甘蔗制糖的过程,使全体老师获得了相对完整、科学的关于甘蔗的经验。我园在前些年种植过甘蔗,但因不可抗力(新冠疫情防控期间师幼均不在园),大家对甘蔗生长过程的观察与探究是缺失的,而这份资料弥补了老师们缺失的经验,特别是丰富了大家关于甘蔗分蘖期和伸长期的经验。老师们了解到,所谓分蘖,就是禾本植物分枝,水稻会分蘖,但竹子不会分蘖;所谓伸长,就是拔节,这个时期需要适度给甘蔗剥叶,以利于光合作用。这些经验,使后续的甘蔗种植活动有了更多的内容和拓展方向。

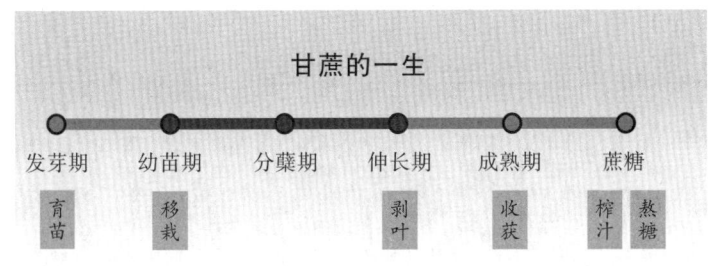

最后,教师基于知识经验储备,以幼儿的兴趣、需要和问题为导向,参照《发展指南》目标中各年龄段幼儿的典型表现,研讨"甘蔗"这个课程资源可以生发哪些值得幼儿探索的活动,可以帮助幼儿获得哪些新经验。随后,教科室将预设的教育活动和预期的经验收获用表格形式呈现出来。

"甘蔗"课程资源可能生发的活动及幼儿可获得的相关经验

可能生发的活动	幼儿可获得的相关经验
甘蔗是怎样种植的?	1.通过学习,了解甘蔗种植方式的与众不同。 2.在自然角中开展甘蔗茎秆发芽实验,观察全过程。 3.在成人帮助下,积极尝试用甘蔗种苗和甘蔗茎秆种植甘蔗。 4.在种植甘蔗的过程中,充分体验劳动的艰辛和同伴合作的重要性。
甘蔗苗是不是长得太密了?	1.关注甘蔗苗的生长情况,在甘蔗每个生长阶段都承担一些照管任务。 2.学习间苗的方法,尝试给甘蔗地间苗,观察并记录间苗后甘蔗的生长状况。

续表

可能生发的活动	幼儿可获得的相关经验
甘蔗藏在哪里？	1. 对被叶子包裹住的甘蔗茎秆产生好奇心和探究兴趣。 2. 知道剥叶对甘蔗生长的重要性。（接受更多阳光、减少虫害） 3. 尝试给甘蔗剥叶，观察并记录剥叶后甘蔗茎秆外表颜色、节长等的变化。
甘蔗多高？多粗？	1. 用数字标记法点数甘蔗林里甘蔗的总数。 2. 和甘蔗比高，再对比甘蔗和农场里其他植物的高度，萌生给甘蔗测量高度的想法。 3. 尝试用数节数的方法比较不同甘蔗的高度。 4. 尝试利用纸条和其他非标准测量工具测量甘蔗的"腰围"。 5. 初步学习厘米尺的使用方法和数字记录法。
甘蔗的叶子有什么用处？	1. 比较甘蔗的叶子和其他植物叶子的不同。 2. 了解甘蔗叶子的用处，晾晒枯黄的甘蔗叶子。 3. 萌生用甘蔗叶子包粽子的想法，在成人的帮助下品尝甘蔗叶子的味道。 4. 绘画甘蔗叶子，感受甘蔗叶子特殊的美。 5. 用非标准测量工具和厘米尺测量甘蔗叶子的长度，在生活中寻找长着长长叶子的植物。
甘蔗成熟了吗？	1. 学习判断甘蔗是否成熟的方法。 2. 制订收获甘蔗的计划，和同伴合作完成收获甘蔗的任务。 3. 熟练使用耙子、锄头、儿童铁锹等工具。 4. 收获后，观察完整的甘蔗（根、茎、叶），继续开展深入探究。
好想吃甘蔗	1. 搜集、了解各种甘蔗美食，萌生品尝甘蔗美食的愿望。 2. 努力尝试给甘蔗刨皮，将甘蔗切块并品尝甘蔗，分享交流品尝甘蔗的感受。 3. 在生活馆里尝试用甘蔗汁熬糖浆，了解甘蔗是含糖量极高的水果，了解红糖、白砂糖等都是用甘蔗制成的。 4. 了解蔗糖有助于降火、排毒以及补充铁元素等功效，尝试在家、在园制作并品尝甘蔗美食。
风雨中的甘蔗林	写生、发表感想、创作儿童诗、创作关于甘蔗的歌曲……
我爱甘蔗林	

综上，经过一系列研讨活动，教师对课程资源有了更多的认识，充分体会到对课程资源进行有效利用是需要多次选择和思考的，选择性课程审议是较好的研讨方式，既拓展了课程活动的广度，又加深了幼儿学习的深度。

（三）展开性审议

当课程理念已明晰、课程内容已基本确定，但课程内容往往只是堆积起来，组织实施的线索不明朗，在这种情况下，课程审议的作用是进一步打开课程开发的思路，这样的课程审议就是展开性审议。

案例：关于花生与棉花种植活动内容的展开性课程审议

有一年，小农场在经历了炎炎夏日之后迎来秋分，此时，小农场里各类作物生长茂盛，有的作物已经果实累累。正值开学初，我们把握契机，每周及时针对各班的种植劳动内容开展研讨，发布"周种植劳动任务清单"，提醒各班及时采收劳动成果。在一次专家工作室的活动中，我们围绕大班、中班两位老师分享的种植活动案例（两个班分别种了花生和棉花），开展了关于种植活动内容和组织实施的展开性课程审议。

"好事'花'生"（大班活动）的预设过程是：9月发现花生成熟了——利用图片、视频衔接经验——以不同的方式收获花生——制订后续活动计划（继续收获、花生寻宝、花生壳创意画、自然角水培）

"和棉花的第一次接触"（中班活动）的预设过程是：寻找棉花——多感官观察棉花——发现棉花会变颜色——收获棉花——在班级区域中观察棉花，发现棉籽——棉花艺术造型——发现棉花能一直生长到12月

两位老师分享思路后，大家集思广益，聚焦花生和棉花的各生长阶段，梳理出重要的、连续的活动内容、活动过程，预估幼儿经验与能力方面的收获。下面呈现的是教师小组研讨的内容。

课程审议研讨记录表1

研讨主题	可持续发展视域下种植劳动内容和幼儿经验优化——以大班"好事'花'生"活动为例	
研讨人员	大班教师	
活动内容	活动过程	幼儿的收获
落花生的基本特征	1. 观看视频，理解关于落花生的科学知识。 2. 再次在自然角种花生（土培）并观察。 3. 探究花生芽。	1. 了解关于落花生的科学知识。 2. 了解花生芽的营养价值（食育活动）。
收花生	1. 收花生的方式：拔、用工具（锄头）挖…… 2. 土里为什么会遗留花生？ 3. 对收获方式的再讨论（基于幼儿的体验）。 4. 发现花生的各种形态。 5. 晒花生。	1. 获得成功的体验。 2. 了解多种收获方式、对劳动工具（锄头、铁锹、筛子、手）功能的讨论和交流。 3. 增强精细观察能力（对事物大小、颜色等的观察）。
花生的食用价值	1. 机器榨油法，花生渣是否适合用来堆肥？ 2. 花生油和生活区活动的结合。 3. 花生米外皮补血功效探究。 4. 花生美食（生活馆）：盐水花生、炒花生米、花生糖。 5. 花生美食（家庭）：虎皮花生。	1. 了解花生的价值（食用油、营养价值、润滑剂等）。 2. 利用花生在生活馆里习得一些劳动技能。

在众人经验的"碰撞"下，关于"花生"的种植活动越来越丰富，活动思路也越来越开阔。有的老师问："土壤中未收获上来的花生为什么发芽了？"于是，"花生发芽现象"成为一个有趣的讨论话题。经过调查，大家明白了：土壤中的花生发芽，是因为它们已经错过了最佳成熟期，而在温暖、潮湿的土壤中，它们就是种子，被催芽了。那这些发了芽的花生能否顺利成长？这又指向花生日后的生长环境等问题。花生与自然环境、人们生活之间的联系，被一点点地发掘出来，都成为课程资源的一部分。

课程审议研讨记录表2

研讨主题	可持续发展视域下种植劳动内容和幼儿经验优化——以中班"与棉花的第一次接触"活动为例	
研讨人员	中班教师	
活动内容	活动过程	幼儿的收获
剥棉籽	1.一朵棉花有多少棉籽? 2.全班一共收集多少棉籽? 3.处理棉籽,将其变成种子。 4.榨棉籽油。	1.提升观察、比较、记录能力。 2.提升探究能力。 3.学习计数。 4.学习表达与交流。 5.学习工具使用方法。 6.了解棉籽与人们生活之间的关系。
处理与利用棉花	1.收下来的棉花如何保存? 2.如何使棉花变白? 3.弹棉花(工具和防护工具)。 4.制作各种棉花艺术品。 5.制作棉线(如何使棉线细而不断?)。 6.制作棉花小被子。 7.认识棉花与人们生活的关系。 8.探究棉花花朵变色的情况。	1.更多的表征与表达方法。 2.提升艺术表现能力。 3.了解棉籽与人们生活之间的关系。 4.学习工具使用方法。 5.提升问题解决能力。 6.学习分工与合作。 7.提升主动性。 8.产生热爱棉花、热爱大自然的情感。 9.提升对生态平衡的认知——进一步理解植物与环境的关系(探究棉花花朵颜色的变化)。
收获棉花秆	1.探究棉花秆的收获方法。 2.讨论收获后棉花秆的用途。 3.尝试收获棉花秆。 4.利用棉花秆制作美工作品。 5.将棉花秆碾碎制作肥料。 6.用碾碎的棉花秆培育蘑菇。	1.提升计划能力。 2.学习工具使用方法。 3.提升艺术欣赏与表达能力。 4.提升团队合作能力。 5.了解棉花秆与人们生活的关系。 6.产生热爱劳动的情感。

之前我园几位老师,在专家的指导下,已经出版了关于"棉花"的课程故事专著《棉花躲猫猫》,但是大家依然乐于围绕棉花开展讨论,这就说明,任何时期都可能产生新的课程生长点,课程活动的参与者不同、实施者不同,都会催生诸多变化。在本次研讨中,大家重点对棉花秆的收获方法和用途做了深入思考:幼儿如何将硬硬的棉花秆从土地中收获上来?教师需要引导他们多次尝试,找到合适的工具;教师还可以引导幼儿对棉花秆进行艺术加工;最后还可以碾碎棉花秆,将碎末投放到自然角,培育蘑菇。这些想法,对未来的课程活动而言,都是具有创新意义的。

(四)论证性审议

对设想、方案或计划的可行性进行论证,也是课程审议的重要内容,这就是论证性课程审议。这种审议类型,主要是审议课程设想、活动方案或计划的可行性和合理性,审议中,除了要关注设想、方案或计划本身,还要关注其实践场景。

如,我园将可持续发展理念融入"全收获"课程,在探索过程中,为了证明可持续发展理念能够在幼儿园课程中得以落实，课程组在专家工作室的引领下，进行了充分的讨论，形成了翔实的课程审议记录。

案例：关于在课程中落实可持续发展理念的论证性课程审议

讨论会开始后，李园长首先带领大家回顾了将可持续发展观与"全收获"课程理念相融合的经验，接着，赵老师用"以竹代塑"活动为例，介绍了可持续发展教育的一次实际行动，孔老师介绍了国外一些具有代表性的可持续发展教育的做法，如日本的环境教育、自然教育等，杨老师和陈老师分别介绍了深圳市第三幼儿园和南京市实验幼儿园实施过的体现可持续发展观念的课程活动案例。在聆听了这些分享内容后，课程组的老师们深受启发，联系我园的教育实践展开了讨论。

陈老师：我们要让幼儿把新的理念带入家庭，开展"反向教育"，让幼儿去传播一些可持续发展理念。日本通过食育贯彻可持续发展理念，那么，我们如何结合国情开展食育活动？

虞永平教授：的确，可持续发展理念需要被推向社会，每个家庭都付出一些行动，就可以产生很大的影响。要将可持续发展理念传播给家长。

李园长：教师要把可持续发展理念融入自己的思想中，然后才能通过自己的行为把理念传给孩子，再让孩子带入家庭。

汤老师：我觉得，刚才几位老师介绍的案例都似曾相识，其实，一些体现可持续发展理念的行动，我们幼儿园也一直在做，但我们还可以拓展我们这些行动的深度和广度。

魏老师：老师们经过学习，对可持续发展理念也有了全新的思考，那么，在一线的教学活动中，怎么落实这个理念呢？举个例子：落叶，除了用来进行观察、艺术创作，还可以变成腐叶土等。

王园长：我们要让环境变成课程，例如，我们园有孩子提出来，大树下经常凹凸不平，小朋友容易被绊倒。那么，如何改造大树下的"凹凸地"？这是具有探究价值的，关键是要赋权给孩子，让他们去行动，去想办法改造环境。

李园长：没错，我们要从课程管理角度整体规划幼儿园各处的环境，让环境变成课程。

孙老师：一些较早走可持续发展之路的国家，公民能从点滴小事做起，践行可持续发展理念。我们其实也一直在做这些事情，但是还不够系统，不够深入。在以后的工作中，我们要多思考，深入贯彻可持续发展理念。

何老师：以前我认为可持续发展理念很抽象，通过最近的学习，我懂得了，孩子每天接触的环境，都是落实可持续发展理念的基础资源。我们要关注对物的多效性利用，还要尊重、关心特殊群体，尊重文化多样性。

刘园长：一方面，我们要打开视野，认识到可持续发展是全世界的行动；另一方面，我们要创设一些条件，支持教师成为可持续发展的人。比如，这样的研讨活动就拓展了教师的视野，助力教师持续发展。

李园长：是的，我们还可以"反刍"其他国家、其他幼儿园的做法，从而影响我们自己的课程行动。

薛老师：自然环境本身就是可持续发展的，不可持续是因为人在利用自然时打破了它的可持续性，所以，我们要进行可持续发展的教育，这种教育首先要基于环境本身。幼儿园自身就是一个生态系统，已经做了很多生态化营造，比如，堆肥就是对资源的再利用，雨水收集器也是一个生态装置。幼儿园要基于环境对孩子进行亲自然教育，激发孩子对环境的热爱之情，比如，可以让孩子拿出一些稻谷给鸟吃。在幼儿园里，人与自然和谐，人与动物和谐，孩子们就潜移默化地体会到我们贯彻的教育理念就是可持续发展理念。

虞永平教授：要有"希望生态"的理念，就是要能看到未来，为未来着想。怎样亲近自然？有六个方面——亲近自然不只是表面的观察，还是整体深入的感知；亲近自然不只是任务的完成，还是愿望的激发；亲近自然不只是单一的学习，还是综合经验的共生；亲近自然不只是短暂的行为，还是持续探究的行动；亲近自然不只是信息的了解，还是思考的不断深入；亲近自然不只是空间的拓展，还是鲜活课程的生发。今天的世界关注教育的细节，可持续发展理念在幼儿园是可以得到践行的。

（五）判定性审议

在课程实施过程中，当一种实践及其成效的价值无法确认或者有明显的个体差异时，便需要进行判定性审议。这种课程审议也是幼儿园较为常见的一种课程审议类型。

如，为了探究劳动教育是如何支持幼儿的学习与发展的，我园课程组进行了一次"劳动教育中对幼儿的观察与支持"主题研讨。

案例：围绕"劳动教育中对幼儿的观察与支持"话题的判定性课程审议

主持人：大家觉得种植劳动、工艺劳动、工程劳动各自的特点是什么？

朱老师：种植劳动，它与自然密切相关，幼儿参与植物生长的全过程，在这个过程中也参与多种方式的劳动。

孔老师：种植劳动可能更多地强调体力劳动，劳心更劳力。

张老师：在种植劳动中，幼儿学会使用工具（铲子、镰刀、耙子等），认识植物，感受事物之间的关系。

陈老师：种植劳动最能体现"关系思维"，植物的生长与土壤、气候条件等有密切的关系，比如，花生适合种在沙土中。

杨老师：对，植物与天气的关系很密切。有一年，雨下得多，西红柿、黄瓜都烂在地上。

主持人： 那工艺劳动有哪些特点呢？

陈老师： 工艺劳动强调技能，活动中，手部肌肉和协调性等得到发展。

杨老师： 相较于其他劳动，工艺劳动最大的特点是它的审美性更强，工艺劳动要创造美的事物，和幼儿的艺术欣赏、艺术创作等能力密切相关。

主持人： 工艺劳动体现生活性和实用性，做出来的东西和生活密切相关，可以运用到生活中去，比如笔筒、花瓶、杯子、花灯等。那么工程劳动有哪些特点呢？

丛老师： 首先，工程劳动是以解决问题为目的的，它具有很强的综合性，指向多领域的协调发展；它还具有系统性，包括计划、设计、实施、优化、总结等过程。

王老师： 我觉得它偏向于科学领域的活动，涉及力学知识，能培养幼儿的空间感等。

主持人： 工程劳动还具有复杂性，例如，团队需要更多地合作，劳动内容较为复杂，还包含一些概念，如承重、支撑、滚动、稳定，等等。那么，种植劳动的经验能否向其他劳动类型融合、渗透？

朱老师： 可以。种植劳动中的技能可以迁移，比如，在农场学到的搭架子的技能，就可以迁移到木工活动中。

丛老师： 搭建植物架子时用到钻孔技术，这方面经验也可以向工程劳动迁移。

张老师： 不仅是技能的迁移，还有学习品质的迁移。种植劳动中的分工合作、耐心、坚持性等好的学习品质，也能迁移到其他劳动中。

主持人： 请各位老师分享一下，你在劳动实践中是如何支持儿童学习的？

朱老师： 我通过日常轶事观察，发现幼儿分不清杂草与农作物，于是，我引导幼儿看图片识别杂草、看杂草样本记住杂草的样子、阅读种植牌上的信息认识农作物。我利用这些方法帮助幼儿区分杂草和农作物。幼儿在拔杂草的过程中也遇到了一些困难，有的杂草没拔出根，我就教他们连根拔草的方法，还教他们用工具挖出草根。

孔老师： 我对一个叫加霖的小朋友进行过个案观察。藕塘里的藕成熟了，加霖主动报名下塘拔藕。第一次下塘，他遇到了很多问题，如找不到藕、脚拔不出来等，他感到有些失落。我积极带领孩子们寻找解决办法。我跟孩子们一起看视频，知道了可以先把荷叶清理掉，可以踩茎找藕。我们也邀请农场汤伯伯加入挖藕队伍。这一次，加霖又报名了，他跟其他小朋友合作挖藕，最终获得成功，他非常开心。

杨老师： 我向大家展示两张照片。第一张照片上是幼儿第一次完成的"大树衣服"作品，这个作品完成后，小朋友们站在旁边欣赏，兴奋之余，却感觉有点不满意,觉得作品有这些问题:不温暖、有点小、颜色不鲜艳、不够好看。我们知道,工艺劳动具有较强的审美性,基于这个认识,我们老师发动全园力量,收集了更多的布料、旧衣物、帽子、围巾等,提供给孩子们。在又一次制作"大树衣服"之前,我们也引导幼儿讨论,让他们拿着各种材料去大树身边比对,商量用哪些颜色做衣服给大树穿会更好看,他们还说,浅色的衣服可以搭配一些亮色做点缀,比如配上红色、黄色等。他们还学习编织三股辫来装饰大树。这一次,孩子们还给大树戴上帽子、围巾,我拍下了第二张照片。小朋友们看着这次的作品,说:"虽然给树戴了围巾和手套,但还是感觉大树会冷。""因为它的衣服很薄,你看我们都穿得很厚,才不冷。""过几天(气温)就(到)零(度以)下了,我们得快点给大树做一些厚衣服。"于是,小朋友们又决定利用布艺馆里的许多毛线给大树制作一件毛衣。做毛衣需要较高的技巧,我们请了专业的老师来指导小朋友们——先均匀地把毛线绕到树上(做纬线),然后再穿经线,最后装饰一些彩色毛球、麻花辫等。大家合作完成了第三次作品,这一次,小朋友们说:"这下终于感觉大树不冷了,还很漂亮呢!"在整个过程中,教师的支持主要就是提供各类资源,有物质方面的资源,也有人力方面的资源。有了这些,幼儿才能进行深度学习。

……

主持人: 通过大家的讨论和分享,我深刻地感受到,劳动真的是幼儿的综合性学习,从各种劳动中获得的经验、品质是可以互相迁移的。在接下来的教育实践中,我们也会继续贯彻这些理念和精神,支持幼儿全面、可持续的发展。

第三节
幼儿园种植劳动中教师的观察研究

观察,既是教师研究与理解幼儿的主要方式,也是教师基于对幼儿的研究及理解,设计与改进教学活动、支持与促进幼儿发展的逻辑起点。

种植劳动作为幼儿的综合性学习,对于幼儿的学习和发展具有重要意义,教师应以专业的视角观察幼儿,基于幼儿经验,审视事件中所蕴含的教育价值,支持和满足幼儿获取新经验的需要。

教师应掌握观察的艺术,密切关注幼儿的行为表现,通过细致的观察来洞悉幼儿的经验需求,并设定恰当的教育目标。同时,教师应记录并收集幼儿的行为数据,持续追踪他们的经验发展,并深入解读其行为背后的意图及成长需求。此外,教师还应基于观察结果,及时调整教学活动的目标、内容、策略等,使幼儿成为积极主动的学习者,促进幼儿全面、可持续地发展。

一、种植劳动教育中,教师观察什么

观察什么,取决于教师对种植劳动发展价值的认知。

我们认为,种植劳动是幼儿的综合性学习,对幼儿劳动素养的培养、五大领域的发展和学习品质的提升都有重要价值,因此,教师的观察内容也可以从"劳动素养""五大领域"和"学习品质"三个维度展开。

种植劳动教育中教师的观察维度与观察要点

观察维度	观察要点
劳动素养	1. 植物生长的基本认识 （1）观察幼儿是否能识别不同种类的种子、幼苗及成熟的植物，是否了解它们的基本生长需求（如需要阳光、水分、土壤等）和生长过程。 （2）注意幼儿是否能描述植物从播种到发芽、生长、开花、结果的生命周期。 （3）观察幼儿是否对植物的生长环境（如土壤湿度、光照强度等）有一定的认识，并能简单解释这些因素如何影响植物生长。 2. 劳动工具与材料的使用 （1）观察幼儿是否能正确识别和使用种植劳动工具（如小铲子、水壶等），了解它们的基本功能和用法。 （2）注意幼儿是否了解不同肥料、土壤对植物生长的作用，并能在指导下选择使用合适的材料。 3. 种植操作技能 （1）观察幼儿是否能按照步骤进行种植活动，如松土、播种、浇水、除草等，注意其操作的准确性和熟练度。 （2）观察幼儿在种植过程中是否懂得控制力度，避免对植物造成伤害，如避免过度挖掘、踩踏植物等。 4. 观察与记录能力 （1）观察幼儿是否能定期观察植物生长情况，并用自己的方式（如图画、符号等）进行记录。 （2）注意幼儿是否能发现植物生长中的细微变化，如新叶子的长出、花朵的绽放等，并能简要说明原因。 5. 劳动态度与责任感 （1）观察幼儿是否能对自己的种植任务负责，如是否按时浇水、除草，能否展现出一定的责任感等。 （2）观察幼儿是否热爱劳动，并在劳动中不怕辛苦，展现出一定的坚持性。
五大领域	1. 健康领域：观察幼儿在种植活动中身体动作的协调性，体力、耐力的增长，以及对自然环境的适应能力。 2. 语言领域：倾听幼儿描述植物生长过程、分享种植经验，了解其表达能力，了解其对新词汇和概念的学习情况。 3. 社会领域：评估幼儿在同伴合作中讨论、分工、互动以及解决冲突的能力，观察幼儿如何与他人共享资源、交流意见。 4. 科学领域：注意幼儿对植物生长周期、环境条件影响等自然现象与科学现象的好奇心和探索欲，注意其运用观察、实验等方法进行科学探究的能力。 5. 艺术领域：鼓励幼儿通过绘画、手工等形式表达种植体验，观察其如何将自然之美融入艺术创作之中。
学习品质	1. 兴趣与参与度：观察幼儿对种植活动兴趣的程度，观察其是否积极参与各项劳动，如播种、浇水、除草等。 2. 问题解决能力：观察幼儿在种植过程中遇到问题时（如植物枯萎等）的反应，观察其能否主动寻求帮助，或尝试自己解决问题。 3. 创造力与想象力：观察幼儿在种植过程中能否发挥自己的创造力和想象力，如设计有趣的种植方案，或展开丰富的想象。

需要说明的是，在观察幼儿时，教师需要根据当下种植劳动的主要教育目标有所侧重地选择一些维度进行观察，并不是对一次活动开展观察就一定要包括上表中列出的所有方面。

二、种植劳动教育中观察幼儿的具体做法

在种植劳动教育中观察幼儿时,我们倾向于用轶事记录法作为核心的观察记录手段。轶事记录法是一种质性观察方法,侧重于在自然、非结构化的环境中,捕捉并详细记录个体或群体在特定情境下发生的、具有代表性或教育价值的具体事件。它不仅关注幼儿的行为表现,还深入探究行为背后幼儿的动机、情感反应及社交活动,为我们提供了一幅幅生动、细致的图景。

通过轶事记录法,我们记录下幼儿在劳动中的珍贵瞬间,包括劳动场景、幼儿的言行举止与面部表情,以及幼儿与同伴或教师的交流互动情况等,力求还原真实、立体的种植劳动现场。为进一步增强观察记录的丰富性和准确性,我们还会巧妙地运用拍照、录音、拍视频等信息化手段来辅助记录。教师记录下来的丰富的过程性信息,为后续分析幼儿行为、调整教育策略等都提供了有力依据。

在用轶事记录法观察幼儿在种植劳动中的行为时,可以遵循以下步骤:

1. 设定观察目标

在观察前,教师需要明确本次种植劳动的观察目的,即希望通过观察,了解幼儿在哪些方面的成长和发展。明确观察目的有助于教师在观察过程中保持专注,并收集到有针对性的信息。

2. 选择观察对象

根据观察目标,确定要观察的幼儿或幼儿群体,确保观察具有针对性。

3. 准备记录工具

准备记录表、纸、笔,或一些电子设备,用于记录观察到的细节。

4. 进行观察记录

在幼儿进行种植劳动的过程中,教师或观察者应有详有略地记录幼儿的行为、语言、表情等。例如,记录幼儿是如何正确使用各种种植工具的,是如何与同伴进行有效交流的,对种植活动的整体反应和态度怎样,等等。这些记录不仅包括幼儿在种植过程中的具体操作步骤,还应涵盖他们在活动中的情绪变化、兴趣点以及可能遇到的困难和解决方法。通过这些详细的观察记录,教师可以更好地了解每个幼儿在种植活动中的表现,为今后的教学活动提供有力的支持,或指明改进的方向。

5. 开展分析与反思

遵循"观察是为了改进教学和促进发展"这个理念,观察结束后,教师应认真对幼儿的行为表现进行评估,分析幼儿行为背后可能的原因,并提出相应的教育支持策略。教师可以从环境创设、材料投放、适宜方法等方面思考,采取适合幼儿目前发展水平的策略,或定一个略高于幼儿目前所处水平的目标,以支持和满足幼儿获取经验的需要,助推幼儿发展。

6. 应用观察结果

将观察结果应用于教育实践，如调整教育策略、提供个性化的指导等，以促进幼儿在劳动中获得全面发展。

种植劳动是劳力又劳心的过程，幼儿除了能收获一些明显的劳动成果之外，他们的思维、情感、学习品质等方面也会出现变化，因此，我们应将观察、理解儿童作为教师的常态化教育行为，使其贯穿于种植劳动教育的始终，明确观察目的，掌握观察方法，从不同角度关注幼儿在种植劳动中的兴趣、态度和行为倾向，然后，凭借经观察和分析得出的判断，不断完善种植劳动教育的具体实施方案，使活动目标层层分解，落实到促进幼儿以多元、自主的方式学习和发展上来，落实到丰富幼儿积极、健康的情感体验上来，落实到助推幼儿增长有益于其一生的经验上来。

三、种植劳动教育中幼儿行为表现观察记录表例举

幼儿行为表现观察记录表 1

观察对象	渝舒（女/3岁3个月）	班级	小一班	记录人	朱丽萍
观察时间	10月12日 15：31	观察地点		种植区	
观察实录	\multicolumn{5}{l}{渝舒看到自己种植的大蒜长高了，很开心，老师让她自己收获大蒜，告诉她可以用小剪刀将大蒜剪下来，并讲解了剪刀的使用方法以及安全注意事项。 渝舒尝试使用剪刀，但她不知道如何拿剪刀，不知道将哪些手指放入剪刀柄的洞洞里。老师就手把手地教她：将大拇指和食指分别放进剪刀柄的两个洞洞里；大拇指和食指分开，剪刀就会张开嘴巴，大拇指和食指合起来，剪刀就会闭上嘴巴。老师还握着她的手，带她试了几次。可等到渝舒独立操作时，她将手指伸得直直的，不知道弯曲，小剪刀在她手里不听话，怎么也用不好。渝舒开始着急了。老师在一旁耐心地用语言指导，继续手把手带着她尝试。在反复练习下，她终于可以操作剪刀了，当成功剪下一棵大蒜后，她开心地笑了。}
评估内容	\multicolumn{5}{l}{健康领域： 使用剪刀 -0　未达到"表现1"水平。（表现1：能用剪刀沿直线剪，边线基本吻合。） 安全规则 -1　在提醒下能注意安全，不做危险的事。}

续表

观察分析	从渝舒使用剪刀的情况来看,她前期没有相关经验,这次是她第一次学习使用剪刀。她手部小肌肉缺少锻炼,精细动作发展得不够好,使用起来有困难。在学习使用剪刀的过程中,渝舒因为很长一段时间都学不会,情绪上急躁起来,但是能在教师的引导和帮助下慢慢调节情绪,不乱发脾气,并能逐渐疏解消极情绪、平复心情,保持情绪安定。
教育支持策略	1. 为渝舒提供更多的锻炼手部小肌肉的活动机会,如画画、剪纸等,进一步促进其手部精细动作发展。 2. 进行家园沟通,在家里请家长让渝舒自己的事情自己做,发展其动手能力,增强其自我服务能力。 3. 在渝舒情绪激动、害怕时,多给予她鼓励和耐心,慢慢引导她、帮助她,帮她克服困难,缓解紧张情绪,及时给予她表扬和肯定。

幼儿行为表现观察记录表 2

观察对象	婧琛(女/4岁1个月)	班级	小二班	记录人	丛琮
观察时间	3月23日 10:22	观察地点		种植区	
观察实录	最近,我们班开展了"'郁'见花开"课程活动,婧琛领到的小任务是照料水培的郁金香。只见她拿起放大镜,一边仔细观察郁金香的根部,一边详细地同我说她的发现:"老师,郁金香长出了很多细细密密的根,它们是白颜色的。"紧接着,她把放大镜移到郁金香的叶子部分,进行观察,说:"郁金香的叶子是包着的,有点像……像香蕉(皮)。"我请婧琛拨开叶子,继续看。她看了一会儿,笑着说:"老师,我找到了花苞!有点红红的。是不是要开出红色的小花啊?"接着,该给郁金香换水了,婧琛小心翼翼地把郁金香一支一支轻轻放在托盘里,将杯子里已经发黄的水倒出去,接着灌入新的水。新水灌到一半,婧琛看向我,问:"老师,为什么水还是脏的呢?"我答:"是杯子里粘着很多脏东西呢。"婧琛不慌不忙,拿起杯子多冲了几下,把剩余的、粘在杯口的脏东西冲掉,实在冲不掉的,她就用手指轻轻刮去。最后,她往杯子里倒上清水,再把郁金香一个个放入、摆正,完成了换水工作。					
评估内容	**健康领域:** 情绪的稳定性-1 情绪比较稳定,很少因一点小事哭闹不止。 **语言领域:** 表达与讲述-1 愿意表达自己的需要和想法,必要时能配以手势动作。 **社会领域:** 责任感-1 喜欢承担一些小任务。 **科学领域:** 观察能力-1 对感兴趣的事物能仔细观察,能发现其明显特征。 探究方法-1 能用多种感官或动作去探索物体,关注动作所产生的结果。					

续表

观察分析	首先，婧琛非常愿意承担照顾郁金香的小任务，对老师给予的任务有良好的配合度。从她完整的观察过程来看，她能用清楚的语言表达自己的发现，能调动多种感官去感受郁金香明显的特征，甚至是一些细节特点（如郁金香花苞的颜色）。在换水环节，婧琛能根据老师的指令，一步步稳定地完成每项步骤，不怕脏和累，将水培杯清理干净，充分表现出她独立自主的品质。
教育支持策略	1. 将婧琛照顾水培郁金香的过程拍成小视频，请其他幼儿看一看、评一评过程中的优点，共同学习。 2. 给婧琛发小印章，对其顺利完成任务表示肯定。 3. 请婧琛进一步尝试对郁金香做观察记录，定期记录其生长过程。

幼儿行为表现观察记录表 3

观察对象	小三班幼儿	班级	小三班	记录人	王婕
观察时间	3月29日 14：44	观察地点		种植区	
观察实录	这天上午，我和孩子们一起种植茄子。我们一起来到小农场，我拿出茄子，问小朋友们："这是什么呀？你吃过吗？"咖啡豆等几个孩子就叫起来："这是茄子！我喝过茄子汤的。""对！这是茄子。今天，我们来把茄子种子种在泥土里，看看它是怎么发芽、长大的，好吗？"小朋友们听到我的话，都开心地蹦蹦跳跳。我拿出装有茄子种子的盒子，说："等下，我们要把茄子种子种到这片泥土里，你们愿意做老师的小帮手吗？""愿意！"我抓出一把茄子种子，放在手心里，让幼儿观察。"小朋友，你们看茄子种子是什么样子的？"一一说："小小的，圆圆的。"可可说："是绿颜色的，像一颗小珠子。"小朋友们各抒己见，大声说出了自己的发现。"那现在我们一起来松土吧！"孩子们拿起小铲子，在泥土上铲出一个个小洞洞，然后将茄子种子均匀地放到洞洞里，有的小朋友还将土拍结实。"小朋友们，茄子宝宝要长大，还需要什么呢？"我问道。梦梦说："还需要阳光和水。"我对她竖起了大拇指："那我们再给茄子浇点儿水吧！"于是，梦梦拿起小水壶，给刚种下的茄子种子浇起水来。				
评估内容	**科学领域：** 探究兴趣-1 喜欢接触大自然，对周围的很多事物和现象感兴趣。 感受探究的喜悦-5 探索中有所发现时感到兴奋和满足。				
观察分析	为了使孩子们能亲身参与种植活动，观察了解种植的每个步骤，感知植物的生长过程，体验劳动的快乐，我园将种植活动纳入幼儿园一日生活的日常工作体系中，不仅在每个班都开辟了自然角，而且每个班都在小农场"承包"了一块地，种植不同的农作物。经过这一次的茄子播种活动，幼儿已基本了解播种的一般步骤。				
教育支持策略	多带幼儿实地探究、亲身体验，让幼儿亲身参与对植物成长过程的观察并照料种植物，感受大自然的奇妙，体验劳动的快乐。				

幼儿行为表现观察记录表4

观察对象	凌霄（男/5岁3个月）	班级	中一班	记录人	赵琳
观察时间	3月30日 14：45	观察地点		种植区	
观察实录	今天我们班在小农场的活动是种植秋葵。秋葵是幼儿在平时生活中接触不多的植物，秋葵的种子长什么样？秋葵该怎么种？这些对幼儿来说都十分陌生。我们请教了汤爷爷。汤爷爷告诉我们，秋葵要点种，我们要在地上均匀地戳一些小洞，在每个小洞里放3颗秋葵种子，然后盖上薄薄的营养土，再浇水、覆膜，就可以了。缪缪看着紫色的秋葵种子，好奇极了："秋葵种子居然是紫色的！好神奇呀，这个像假的玩具一样！"他认真数着秋葵种子的数量，将它们3个3个地"送回家"。我问道："洞洞里都种好种子了吗？"缪缪仔细检查了一下，发现有几个洞里还是空着的，于是就补上种子。全部完成后，他小心地用营养土覆盖住种子，再轻轻地浇水。准备覆膜了，缪缪问道："为什么要覆膜呀？"汤爷爷说："这样更暖和，秋葵就会快快发芽啦！"					
评估内容	**健康领域：** 使用工具 -5 能使用简单的劳动工具或用具。 **语言领域：** 能听懂常用语言 -5 听不懂或有疑问时能主动提问。 愿意交流 -5 愿意与他人讨论问题，敢在众人面前说话。 **社会领域：** 喜欢群体活动 -5 在群体活动中积极、快乐。 **科学领域：** 探究兴趣 -5 对自己感兴趣的问题总是刨根问底。 认识常见动植物 -5 能察觉到动植物的外形特征、习性与其生存环境之间的关系。 感知人与世界的关系 -5 初步了解人们的生活与自然环境之间的密切关系，知道要尊重和珍惜生命，要保护环境。					
观察分析	1.幼儿能通过观察发现植物和温度之间的关系，在探究中认识周围的事物和现象。 2.幼儿能清楚地表达自己的想法和观点，愿意讲话，并具备清楚表达的能力。 3.在活动完成后，幼儿能清楚地介绍自己的种植过程。 4.幼儿对种植活动感兴趣，乐于提出各种问题，喜欢探究。 5.幼儿善于发现问题，并愿意动手动脑去探究、尝试，具有初步的探究能力。					

续表

教育支持策略	1. 和幼儿一起，通过户外活动、参观考察、种植活动等感知植物的多样性和独特性，初步了解植物生长、发育、成熟和死亡的过程。 2. 引导幼儿关注植物的外部特征，思考环境对植物生长的意义。 3. 结合幼儿的生活需要，引导他们体会人对自然、植物的依赖。 4. 每天留充足的时间与幼儿交谈，谈论其感兴趣的话题，询问和听取他们对自己事情的意见等。 5. 认真对待幼儿的问题，引导他们猜一猜、想一想。 6. 为幼儿提供一些有趣的探究工具，用自己的好奇心和探究积极性感染、带动幼儿。 7. 和幼儿一起探索并分享周围新奇、有趣的事物或现象，一起寻找问题的答案。

幼儿行为表现观察记录表 5

观察对象	小峤（男/5岁）	班级	中二班	记录人	苗慧
观察时间	11月23日 10：28	观察地点		种植区	
观察实录	"老师，草莓开花了！"小峤从走廊跑进教室，喊着，"你快来看看！"我们一起来到自然角，小峤指着草莓说："你看！在这里，开花了！""真的呀！你好细心，发现了它！"我说。"我过来浇水的，就看到了！"小峤说。"你仔细看过草莓花是什么样子的吗？"我问。"嗯……花瓣是白色的，里面的花心是黄色的！看上去圆圆的！"小峤边看边说，"是不是后面会结草莓了？"他开心地问。				
评估内容	科学领域： 认识常见动植物-3　能感知和发现动植物的生长变化及其基本的生长条件。 探究兴趣-5　对自己感兴趣的问题总是刨根问底。 探究行为-5　能经常动手动脑寻找问题的答案。 感受探究的喜悦-5　探索中有所发现时感到兴奋和满足。 观察能力-5　能通过观察、比较与分析，发现并描述不同种类物体的特征或某个事物前后的变化。 语言领域： 愿意交流-5　愿意与他人讨论问题，敢在众人面前说话。 表达与讲述-5　能有序、连贯、清楚地讲述一件事情。 口语发展-5　讲述时能使用常见的形容词、同义词等，语言比较生动。				
观察分析	小峤在游戏中自主观察到草莓开花的现象，并主动将自己的发现分享给教师。在交流过程中，可以看出他的表述很有条理，对草莓花朵充满兴趣，也有一定的观察能力。他对草莓后续的生长满怀期待。				
教育支持策略	1. 积极肯定幼儿的观察发现，引导幼儿继续观察并进行表述。 2. 提供做观察记录的相关材料，便于幼儿随时对发现的现象进行记录。				

幼儿行为表现观察记录表 6

观察对象	沐睿（男/5岁7个月）	班级	大二班	记录人	徐宋
观察时间	3月31日 15：21	观察地点			种植区
观察实录	去年秋季，我们收获了一些种子。春天正好是播种的季节，小朋友提议可以把去年收获的种子种下去，于是，自然角多了3个育苗盆，里面分别撒了黄豆、花生、南瓜子。 一天早上，沐睿跑过来，说："南瓜种子都长毛毛了，坏掉了！它长不出来了！""那怎么办呢？"我问他。他说："要把它扔掉。"于是，我给他取来一次性手套，沐睿将垃圾桶拿过去，将发霉的南瓜子一个一个扔进了垃圾桶。 过了两天，沐睿突然跑过来，跟我说："我知道怎么种南瓜了！南瓜子的壳太硬了，芽发不出来，需要把（它的）壳剥掉，才能长出小牙牙。"					
评估内容	**科学领域：** 观察能力-5 能通过观察、比较与分析，发现并描述不同种类物体的特征或某个事物前后的变化。 探究方法-5 能用一定的方法验证自己的猜测。					
观察分析	1. 沐睿观察种子的生长情况时，能够发现不同的种子其生长情况也不同：最先发芽的是黄豆种子，水培和土培的都发芽了；花生种子虽然没有长出小芽芽，但渐渐裂开了一条缝；水培的南瓜种子不仅没有发芽，还发霉了。说明沐睿观察细致，具有初步的探究能力。 2. 在观察结束后，沐睿还通过绘画方式将各类种子的发芽情况记录了下来，说明他具有运用图画进行表征、记录的能力。 3. 教师询问沐睿是怎么知道要将南瓜子剥壳来帮助其发芽的，沐睿说是他思考的。这说明沐睿拥有发现问题和尝试解决问题的能力，有初步的通过观察、对比和实验来验证猜想的科学思维。					
教育支持策略	1. 对沐睿的想法提供支持，和他一起尝试剥开南瓜子的外壳，再进行育苗，引导他通过实验来验证自己的猜想。 2. 鼓励沐睿用绘画、照相、做标本等办法记录观察和探究的过程与结果，并将相关记录呈现在环境中，帮助其他幼儿丰富经验，带动其他幼儿积极分享自己的发现。					

幼儿行为表现观察记录表 7

观察对象	宏度（男 /6 岁 1 个月） 泽宇（男 /6 岁 6 个月） 佳歆（女 /6 岁 5 个月） 梓晞（女 /6 岁 2 个月） 记云（女 /5 岁 9 个月）	班级	大二班	记录人	朱丽萍
观察时间	4月3日 10：31	观察地点			种植区
观察实录	几名幼儿在区域游戏时间来到自然角，他们分工完成了浇水、喂食等日常照顾动植物的工作，然后拿放大镜细致观察前期培植的植物的变化，观察对象有水培的碗莲，还有水培土培对比种植的花生、南瓜、黄豆。他们将观察结果以图画的形式记录下来，并请教师帮忙记录观察日期和他们表述的话语。 				
评估内容	**语言领域：** 表达与讲述-1 愿意表达自己的需要和想法，必要时能配以手势动作。（梓晞） 表达与讲述-3 能基本完整地讲述自己的所见所闻和经历的事情。（佳歆） 书写姿势-3 在成人提醒下，写写画画时姿势正确。（宏度、泽宇、佳歆、梓晞、记云） 表达与讲述-5 能有序、连贯、清楚地讲述一件事情。（宏度、泽宇、记云） 愿意进行书面表达-5 愿意用图画和符号表现事物或故事。（宏度、泽宇、佳歆、梓晞、记云） **科学领域：** 观察能力-3 能对事物或现象进行观察比较，发现其相同与不同。（佳歆、梓晞） 认识常见动植物-3 能感知和发现动植物的生长变化及其基本条件。（宏度、佳歆、梓晞） 观察能力-5 能通过观察、比较与分析，发现并描述不同种类物体的特征或某个事物前后的变化。（宏度、泽宇、记云） 探究记录-5 能用数字、图画、图表或其他符号记录。（宏度、泽宇、佳歆、梓晞、记云） 认识常见动植物-5 能察觉到动植物的外形特征、习性与其生存环境之间的关系。（泽宇、记云）				

续表

观察分析	1. 5名幼儿在活动中能清楚地表述自己的观察结果，能说清楚植物种子的变化。 2. 5名幼儿通过观察水培土培的植物种子，能够发现不同的种植条件对种子发芽情况的影响，说明他们具有初步的探究能力。 3. 记云、泽宇、宏度在活动中善于发现问题，并能分析原因，积极寻找解决办法。 4. 5名幼儿都能用图画、符号、数字等记录观察结果，在记录对比培育的植物种子的状态时，教师引导他们在记录纸中间画线，将同一种种子的发芽情况记录在同一张纸上。
教育支持策略	1. 和幼儿一起观察、照顾自然角的动植物，引导幼儿感知生物的多样性和独特性，了解生物生长、发育、成熟、繁殖和死亡的过程。支持幼儿自发的观察活动，对他们的发现表示赞赏。 2. 通过提问等方式引导幼儿思考，并对事物进行比较观察和连续观察。 3. 给幼儿提供丰富的材料和适宜的工具，支持幼儿进一步探索。 4. 鼓励幼儿用绘画、照相、做标本等办法记录观察和探究的过程与结果，并将相关记录呈现在环境中，帮助其他幼儿丰富经验，带动其他幼儿积极分享自己的发现。

后　记

在南京市香山路幼儿园里，让小朋友、大朋友们流连忘返的，自始至终都是这块600平米的种植园地——"小蜜蜂农场"。小朋友喜欢地里的石头和虫子、池塘里的鸭子和大鹅、笼子里的孔雀和小兔，喜欢在土里挖来挖去，喜欢给植物浇浇水、给菜地除除草，喜欢摘果子、摘豆子，喜欢挖芋头、挖红薯……他们喜欢农场里的一切。只为这里的天是蓝蓝的，地是软软的，呼吸的空气是新鲜的，脚步是自由的。

刚入园的孩子想来这里，因为来这里走走，就忘记了想妈妈，看到紫色的茄子，就想用小手去摸一摸，这一摸，脸上就露出了笑脸。放学时，孩子们带着家人来到这里，白天没看够的、没玩到的，都要让家人也看一看、玩一玩，他们向家人介绍自己照料的植物，特别得意。甚至隔壁小学的孩子也愿意在这里和孔雀对话，学大白鹅唱歌，一待就是半天……

这块土地，对孩子们的吸引力就是这么大！

在这里播下一粒小种子，叶芽儿就会占满你的心田。

还有来我们幼儿园访问的大人们，每每面对这一片葱茏绿意，都会相互"出题"："你说说，这些都是什么菜？""你说。"嬉笑、猜测半天，大家都说不全乎，言语间，却都是对童年生活、对家乡的深情回忆。这时，幼儿园的老师和孩子们就会骄傲地上前解说："这是高粱，这是小米，这是艾草，这是油菜，这是白茄子，这是粉秋葵……"

其实，刚开始，我们对这些也都不懂。但被专家团队引着、被种植能手带着，慢慢地，我们也成了"半个农夫"了。我们有位菜园伯伯，陪伴我们开展种植劳动，你听——"汤伯伯，汤伯伯，你快来！"孩子们奶声奶气地呼唤菜园伯伯来给蔬菜"做诊断"。有他在，苗苗们都活啦，小鸭子、小兔子都听他的话。在汤伯伯的带领下，我们学会了点豆、种瓜，学会了使用镰刀、铁锹，学会了育苗、堆肥……还有虞爷爷，他每次来我们园，都先走到小农场，这里的小苗苗就像他的学生，在他的关心下茁壮成长。利用亭子牵引藤蔓，是他启发的；利用根、茎、叶、花、果实开展"全收获"课程，是他指点的；把单一的观察变成综合的劳动，也是他指引的;现在,他还让我们坚定地带着小朋友们在自然中充分探究、学习,发现事物间的各种关系,生发各类有趣的活动。

  农场里,忙碌、快乐的身影来来往往,大家收获的是沉甸甸的甜蜜,留下的是大自然的风云变幻、朗月繁星,以及破土的芽儿、欢叫的虫儿……

  在这片土地上,人们和植物、动物共同生活着,相互依存着。

  未来皆可期!

南京市香山路幼儿园全体师生